高顿财务培训 GOLDEN FINANCE

高顿税务峰会 Golden Tax Summit

税务智慧

——一流税务总监的实战经验合集

高顿税务峰会（GTS） 编著

中国财政经济出版社

图书在版编目（CIP）数据

税务智慧：一流税务总监的实战经验合集／高顿税务峰会（GTS）编著．—北京：中国财政经济出版社，2012.5

ISBN 978－7－5095－3557－8

Ⅰ.①税… Ⅱ.①高… Ⅲ.①税收管理－经验－中国 Ⅳ.①F812.423

中国版本图书馆 CIP 数据核字（2012）第 058072 号

责任编辑：卢关平　　责任校对：黄亚青

封面设计：孙俪铭　　版式设计：兰　波

中国财政经济出版社 出版

URL：http：//www.cfeph.cn

E－mail：cfeph＠cfeph.cn

社址：北京市海淀区阜成路甲 28 号　邮政编码：100142

营销中心电话：010－88190406　北京财经书店电话：64033436　84041336

北京财经印刷厂印刷　各地新华书店经销

787×960 毫米　16 开　17.25 印张　279 000 字

2012 年 6 月第 1 版　2012 年 6 月北京第 1 次印刷

印数：1—3 000　　定价：36.00 元

ISBN 978－7－5095－3557－8/F·2975

（图书出现印装问题，本社负责调换）

本社质量投诉电话：010－88190744

序

高顿财务培训 GOLDEN FINANCE　GTS 高顿税务峰会 Golden Tax Summit

《税务智慧》是第一本汇聚业界税务精英智慧和经验的书，以理论为指导，以实践为目的，让每一位读完此书的税务从业人员都能读有所用。本书将为企业财税从业人员提供最新最具实践意义的税务知识与案例分析，帮助您在竞争激烈的知识经济中脱颖而出，不断优化自身从而创造新价值；同时也让广大没有机会来到现场聆听高顿税务峰会（Golden Tax Summit，GTS）的专业人士可以通过汇编的丛书感受到 GTS 税务平台分享和交流的宗旨，之后我们还将陆续推出税务思想领袖、国际税务筹划实务等系列丛书，为推动中国税务领域的交流发展做出贡献。

如今税务在企业的发展中起着举足轻重的作用，其地位绝不亚于财务。然而在纷繁复杂的税务环境之中，税务从业者所要面临的挑战也在持续地交替更迭：中国个税改革和增值税扩围，债务危机下的欧盟增值税变化，亚太地区商品服务税的集体变革……2011 年喧嚣的税务环境深深影响着每一个企业前进的步伐，我们在寻找什么、关注什么、做什么、该怎么做，才能更好地把握税收政策的不断更新与深化、改善企业的税务管理现状、有效地规避涉税风险等等，成为了现今不可忽视的问题。

纵观在中国从事财税工作的职业经理人，在面对复杂多变的中国税务环境时，无一不感叹如今税务工作的高难度。但是关于税务实践操作和解决问题的书籍却少之又少，往往以厚重的法规和枯燥的理论为主，为了满足广大读者的需要，GTS 特此整理了历年举办的税务峰会论坛上众多成功税务精英的精彩演讲和实务经验，从实践的角度出发结合理论和政策要点，为您道出一个个税务领域的小故事！高顿税务峰会（GTS）已在 2011 年成功举办数场大型峰会和论坛，聚集了上千位来自企业的财税高管、政府嘉宾、权威专家等持续打造集权威性、专业性、时效性及创造性于一体的高端税务分享交流平台并时时传播税务领域最新最热的知识和话题，同时推动税务领域的持续发展。

《税务智慧》秉承高顿税务峰会（GTS）分享交流的理念，汇编2011年成功举办的各大税务峰会、论坛、研讨会等精华内容，横跨税务各个领域，包含最新最热的税务话题：跨国企业税务风险管理、如何成为一流的税务总监、企业并购重组税务处理、国际税务筹划等等，力求简洁、实用、生动，让企业的财税管理人员看得轻松，用得明白！

《税务智慧》一书的成功出版要感谢GTS编委会的成员们，他们是：杨赢、余卉洁和贾璞，同时也要感谢对于本书内容作出重大贡献的吴东明、陆易、周自吉、范佳蔚、彭飞、励贺林、段从军等税务职业经理人。GTS呈将此书献给专注中国税务领域、聚焦中国纳税筹划的财税职业经理人，希望能给您的工作带来更多的启发和指导，与GTS一起成长共同应对中国税务的挑战！

高顿税务峰会（GTS）

2012年1月17日

目录

税务智慧——一流税务总监的实战经验合集

第一章

中国税法更新

中国税收政策更新与展望

2011 年是“十二五”规划的开头之年，也是实现中国经济发展方式转变的关键之年。在这一年中，国家出台了一系列新的税收政策，以帮助企业和个人应对通货膨胀压力、抑制投机性房地产投资、减轻企业和个人税负、合理调整产业结构。下面 GTS 将为您细数 2011 年中重要的税收政策更新，并展望未来两年中资源环境税收政策方面的发展方向。

一、中国税收政策更新

2011 年中国有五次大的税收政策改革，分别是房产税改革、个人所得税改革、资源税改革、增值税扩围上海试点以及其他一些优惠政策变动。其中房产税改革和增值税扩围将另设篇幅为您详细介绍，本文中 GTS 将依次为您介绍个税、资源税以及其他的新政策。

1. 个人所得税改革

个人所得税（以下简称“个税”）改革从 2009 年 5 月开始成立课题研究组着手制定分步实施的改革规划，并于 2011 年 6 月 30 日在十一届全国人大常委会第二十一次会议上投票通过了关于修改《中华人民共和国个人所得税法》的决定。此次个税改革相较以往，民众的参与度是最高的，国务院在广泛征求了各阶层民众的意见，并综合考虑财政收入各方面因素之后，确定了提高起征点至 3500 元以及调整 9 级税收级次为 7 级的修改方案。具体的修改内容如下。

（1）此次修改个人所得税法的内容

①提高工资、薪金所得减除费用扣除标准。这次个税改革将工薪所得减除费用标准由原来的每月 2000 元提高到 3500 元。涉外人员工薪所得总减除费用标准保持每月 4800 元不变，其中将涉外人员工资、薪金所得每月减除费用由 2000 元/月提高到 3500 元/月，同时将涉外人员附加减除费用

标准由原来的2800元/月调减为1300元/月。

②合理调整工资所得税率结构。将现行工薪所得9级超额累进税率修改为7级，取消15%和40%两档税率，将最低一档税率由5%降为3%，适当扩大了3%和10%两个低档税率的适用范围。第一级3%税率对应的月应纳税所得额由原5%税率对应的不超过500元扩大到1500元，第二级10%税率对应的月应纳税所得额由500元至2000元扩大为1500元至4500元。对第三档以上税率的级距也作了相应调整。调整后，应纳税所得额适用前两档低税率的纳税人占工薪所得纳税人的比重达到90%以上，进一步减轻中低工薪所得纳税人的税收负担。同时，还扩大了最高税率45%的覆盖范围，将原来适用40%税率的应纳税所得额并入45%税率，加大了对高收入者的调节力度（见表1-1）。

表1-1　　个人所得税税率表一对照表

个人所得税税率表一（工资、薪金所得适用）

级数	全月应纳税所得额	税率（%）
1	不超过500元的	5
2	超过500元至2000元的部分	10
3	超过2000元至5000元的部分	15
4	超过5000元至20000元的部分	20
5	超过20000元至40000元的部分	25
6	超过40000元至60000元的部分	30
7	超过60000元至80000元的部分	35
8	超过80000元至100000元的部分	40
9	超过100000元的部分	45

（注：本表所称全月应纳税所得额是指依照本法第六条的规定，以每月收入额减除费用2000元以及附加减除费用后的余额）

个人所得税税率表一（工资、薪金所得适用）

级数	全月应纳税所得额	税率（%）
1	不超过1500元的	3
2	超过1500元至4500元的部分	10
3	超过4500元至9000元的部分	20
4	超过9000元至35000元的部分	25
5	超过35000元至55000元的部分	30
6	超过55000元至80000元的部分	35
7	超过80000元的部分	45

（注：本表所称全月应纳税所得额是指依照本法第六条的规定，以每月收入额减除费用3500元以及附加减除费用后的余额）

③相应调整个体工商户及承包承租经营所得税率级距。为平衡个体工商户、承包承租经营者等生产、经营所得纳税人与工薪所得纳税人的税负水平，此次改革（税法修订）也相应调整了生产、经营所得税率表，即维持5级税率级次不变，对五档级距都相应作了扩大调整（2~3倍）（见表1-2）。

表 1-2　　　　个人所得税税率表二对照表

个人所得税税率表二（个体工商户的生产、经营所得和对企事业单位的承包经营、承租经营所得适用）

级数	全年应纳税所得额	税率（%）
1	不超过 5000 元的	5
2	超过 5000 元至 10000 元的部分	10
3	超过 10000 元至 30000 元的部分	20
4	超过 30000 元至 50000 元的部分	30
5	超过 50000 元的部分	35

（注：本表所称全年应纳税所得额是指依照本法第六条的规定，以每一纳税年度的收入总额减除成本、费用以及损失后的余额）

个人所得税税率表二（个体工商户的生产、经营所得和对企事业单位的承包经营、承租经营所得适用）

级数	全年应纳税所得额	税率（%）
1	不超过 15000 元的	5
2	超过 15000 元至 30000 元的部分	10
3	超过 30000 元至 60000 元的部分	20
4	超过 60000 元至 100000 元的部分	30
5	超过 100000 元的部分	35

（注：本表所称全年应纳税所得额是指依照本法第六条的规定，以每一纳税年度的收入总额减除成本、费用以及损失后的余额）

④延长申报纳税时间。此次改革将个人所得税的申报缴纳税款时间由原先的次月 7 日内延长至 15 日内，与其他主要税种的申报缴纳时间一致起来，便于纳税人、扣缴义务人到税务机关集中办税，以减轻扣缴义务人和纳税人的事务性负担。

（2）具体举例

①年终奖计算方法。由于新个人所得税法是从 2011 年 9 月 1 日开始实行的，因此纳税人 2011 年 9 月 1 日前实际取得的工资、薪金所得，无论税款是否在 2011 年 9 月 1 日以后入库，均应适用税法修改前的减除费用标准和税率表，计算缴纳个人所得税。纳税人取得的全年一次性奖金按照新个税法口径计算缴纳个人所得税。

②特殊行业计算方法。对采掘业、远洋运输业、远洋捕捞业等特殊行业实行按年计算的纳税人，其取得的工资、薪金所得按照以下方法计算缴纳个人所得税：平时取得的工资收入按照税法的相关规定预扣税款，年度终了后汇总全年收入除以 12 个月，算出月均收入额，前 8 个月的应纳税款按照税法修改前的减除费用标准和税率表计算，即应纳税额 =［（月均收入额 - 2000 元）× 修改前的适用税率 - 速算扣除数］× 8；后 4 个月的应纳税款按照税法修改后的减除费用标准和税率表计算，即应纳税额 =［（月均收入额 - 3500 元）× 修改后的适用税率 - 速算扣除数］×

4；全年实际应纳税额 = 前 8 个月的应纳税款 + 后 4 个月的应纳税款 - 平时预扣税款。

③个体工商业户、独资或者合伙企业计算方法。具体到生产经营所得项目，鉴于个体工商户、个人独资企业和合伙企业的生产经营所得是按年度计算，而且是在一个完整的纳税年度产生的，这就需要分段计算应纳税额，即：9 月 1 日前适用税法修改前的减除费用标准和税率表；9 月 1 日（含）后适用税法修改后的减除费用标准和税率表。

年终汇算清缴分段计算应纳税额时，需要分步进行：一是按照有关税收法律、法规和文件规定，计算全年应纳税所得额；二是计算前 8 个月应纳税额：前 8 个月应纳税额 =（全年应纳税所得额 × 税法修改前的对应税率 - 速算扣除数）×8/12；三是计算后 4 个月应纳税额：后 4 个月应纳税额 =（全年应纳税所得额 × 税法修改后的对应税率 - 速算扣除数）×4/12；四是全年应纳税额 = 前 8 个月应纳税额 + 后 4 个月应纳税额。

对企事业单位的承包经营、承租经营所得比照上述计算方法计算缴纳个人所得税。

2. 资源税改革

《资源税暂行条例》（国务院令［2011］第 605 号）及其实施细则（财政部令［2011］第 66 号）于 2011 年 11 月 1 日施行。此次《资源税暂行条例》修订的核心是将在西部地区进行试点的改革方案推广至全国，即在全国范围内实施石油、天然气资源税从价计征。但与西部试点方案不同的是，油气资源税税率不再是试点时的 5%，而是规定为 5% ~10% 的税率浮动范围。焦煤征税税额则从原来的 0.3 元/吨 ~5 元/吨提高为 8 元/吨 ~20 元/吨，一般煤炭则仍为 0.3 元/吨 ~5 元/吨，二者仍均采取从量计征方式。

《资源税暂行条例实施细则》规定，原油、天然气的税率均为销售额的 5%，焦煤的税率为 8 元/吨。

《资源税暂行条例》及其实施细则的修订和施行，意味着资源税改革步入新阶段。

3. 其他政策更新

（1）增值税营业税起征点提高

10月28日，财政部颁布第65号令——《关于修改〈中华人民共和国增值税暂行条例实施细则〉和〈中华人民共和国营业税暂行条例实施细则〉的决定》，该决定明确自2011年11月1日起，增值税起征点的幅度调整：（一）销售货物的，为月销售额5000～20000元；（二）销售应税劳务的，为月销售额5000～20000元；（三）按次纳税的，为每次（日）销售额300～500元。

营业税起征点的幅度调整：（一）按期纳税的，为月营业额5000～20000元；（二）按次纳税的，为每次（日）营业额300～500元。

（2）国家税务总局明确纳税人资产重组有关营业税问题

为明确资产重组有关营业税问题，国家税务总局制定并发布《关于纳税人资产重组有关营业税问题的公告》（国家税务总局公告2011年第51号）文件。该文件规定：纳税人在资产重组过程中，通过合并、分立、出售、置换等方式，将全部或者部分实物资产以及与其相关联的债权、债务和劳动力一并转让给其他单位和个人的行为，不属于营业税征收范围，其中涉及的不动产、土地使用权转让，不征收营业税。本公告自2011年10月1日起执行。此前未作处理的，按照本公告的规定执行。

（3）西部大开发优惠政策延期十年

8月，财政部、海关总署和国家税务总局联合下发《财政部、海关总署、国家税务总局关于深入实施西部大开发战略有关税收政策问题的通知》（财税［2011］58号），明确自2011年1月1日至2020年12月31日，对设在西部地区的鼓励类产业企业减按15%的税率征收企业所得税。该通知还明确，对西部地区内资鼓励类产业、外商投资鼓励类产业及优势产业的项目在投资总额内进口的自用设备，在政策规定范围内免征关税。

GTS提醒纳税人需要注意的是，关于纳税人必须符合条件的《西部地区鼓励类产业目录》目前国家发展和改革委员会（以下简称“发改委”）正在起草，将另行发布。

二、中国税收政策未来展望

GTS专家认为，当前中国宏观税负已经达到了一定程度，政府提出的“十二五”规划中也以结构性减税为主要目标导向，因此，未来四年中国将继续完善结构性减税的政策，优化税制结构，重点发挥税收对经济的调控作用。

1. 资源税改革进一步覆盖到煤炭业

原油、天然气资源税从价征收改革增加了新疆试点地区的财政收入，对于垄断油企和地方政府实现了收入再分配，并带动了当地民生工程的发展。2012 年可能会将新机制带到煤炭业，形成从量征收到从价征收的配套改革方案。但该方案可能会给煤炭企业增加较大税收负担，并带来通胀效应。

2. 开展碳排放权试点

国家发展和改革委员会日前宣布，同意北京市、天津市、上海市、重庆市、湖北省、广东省及深圳市开展碳排放权交易试点。相关人士透露，国家要求上述试点省市在 2013 年年底前启动碳交易市场，如果上述试点工作被证明有效，将扩大试点区域范围，增加试点企业数量。

GTS 认为，短期内开征碳税的可能性不大，但相关部门一直在调研开征环境税的可能性。短期而言，可能只是将排污企业原有的针对二氧化硫、氮氧化物的排污费改为环境税，而且还会采取相应的税收返还措施，所以对纳税人的税收负担影响不大。但从行业来讲，环境税的征收对燃料发电、钢铁、有色金属、建材等行业的税负影响可能比较大，并可能促使原材料以及能源价格的上涨，进而影响到消费品价格。

中国内地海关监管最新动态

随着“十二五”规划中强调的海关分类通关改革的加速推进，在全国各大关区均有企业被海关以“进出口货物商品编码归类”、“进出口商品价格”申报不实等理由调查，不少企业受到了海关的处罚，不仅影响了企业的整个产业链，使企业蒙受了经济损失，也致使企业面临巨大的税务风险，降低了企业的信用度。由此可见，在中国企业对外贸易额不断增加的情形下，实时了解海关监管最新动态对整个企业的发展至关重要。

本文从海关监管最新动态数据出发，详细介绍进出口商品归类问题、海关估价与转移定价问题，并归纳总结海关特殊监管区域的相关政策。

一、2011 年中国内地海关监管动态

1. 海关监管最新动态数据

2011 年 1 ~ 9 月，全国海关征收关税和进口环节税 12789.03 亿元，同比增长 32.59%，2011 年前三个季度的海关税收已经超过了 2010 年全年。截至 2011 年 11 月，全国外贸进出口总值 33096.2 亿美元，比上年同期增长 23.6%。其中，出口 17240.1 亿美元，增长 21.1%；进口 15856.1 亿美元，增长 26.4%。贸易顺差 1384 亿美元，收窄 18.2%。统计显示，自 2011 年 8 月份以来，全国月度出口增长速度逐月回落，分别为 24.5%、17.1%、15.9% 和 13.8%。

2. 2011 年中国内地进出口关税概览

中国加入世界贸易组织的降税承诺已于 2010 年全部履行完毕，2011 年最惠国税率将维持不变。中国 2011 年版的进出口税目总数将由 2010 年的 7923 项增加至 7977 项。

（1）中国内地对外签署的自由贸易协定（安排）

➢ 亚太贸易协定

➢ 中国—智利自由贸易协定

➢ 中国—巴基斯坦自由贸易协定

➢ 中国—新西兰自由贸易协定

➢ 中国—新加坡自由贸易协定

➢ 中国—东盟自贸协定

➢ 中国—秘鲁自由贸易协定

（2）中国内地与港澳台特别经贸安排

➢ 中国内地与香港/澳门关于建立更紧密经贸关系安排

➢ 海峡两岸经济合作框架协议

（3）中国内地正在谈判的自由贸易区

➢ 中国—海湾阿拉伯国家合作委员会（海合会）

➢ 中国—澳大利亚

➢ 中国—冰岛

➢ 中国—挪威

➢ 中国—南部非洲关税同盟

➢ 中国—瑞士

（4）中国内地正在研究的自由贸易区

➢ 中国—印度

➢ 中国—韩国

➢ 中、日、韩

二、海关商品归类

海关商品归类是海关监管、征税及统计的基础，归类的正确与否与报关人的切身利益密切相关，直接影响到进出口货物的通关速度及税负。不恰当的商品归类可能导致适用的关税税率错误、适用的出口退税率错误等，引起海关对商品编码提出质疑，对企业加以税务稽查，使企业承受很大的税务风险。本部分主要介绍商品归类的规则，并介绍相关案例。

1. 商品归类规则

中国进出口税则在《商品名称及编码协调制度》[1] 的6位编码的基础上，加上了第7、8位“本国子目”，另外，为执行海关监管，国家的许可和税收政策，增加了第9、10位附加码。以2003年本国子目录6112.1100“针织或钩编的棉制运动服”为例：

编码	6 1	1 2	1	1	0	0
位数	1 2	3 4	5	6	7	8
含义	章号	顺序号	一级子目	二级子目	三级子目	四级子目

其中后面还有第9、10位：

➢ 6112.1100.11 棉制针织或钩编男式运动服套装

➢ 6112.1100.19 棉制针织或钩编女式运动服套装

2. 进出口商品归类的依据

➢《商品名称及编码协调制度》及其归类总规则；

➢《中华人民共和国进出口税则》；

➢《进出口税则商品及品目注释》；

➢ 海关总署发布的关于商品归类的行政裁定；

➢ 海关总署发布的商品归类决定。

◈ [案例1]“商品归类错误”酿“大祸”

背景：

2010年4月，某A在审核公司向海关申报进口某原料应提交材料时，发现国外供应商提供的商业发票中原料对应的商品编码与公司此前向海关申报的编码不符，旧编码的关税率为15%。某A即查阅了海关税则，随后确认公司一直沿用的商品编码是错误的，正确的商品编码（新编码）的关税率为20%。该公司在获悉这一情况之后，并未与海关部门沟通，而是采取了修改原发票上编码的方式，继续沿用错误编码。被海关发现之后，该

---

① 海关合作理事会（世界海关组织前身）于1983年6月通过《协调制度公约》及其附件《商品名称及编码协调制度》，该制度自1988年1月1日起正式生效，一般每5年对商品归类目录做一次较大调整及修改，成员国海关每年根据本国关税制度、贸易政策等对本国子目进行微调。

公司主要涉案人员被公诉机关以“走私罪”起诉，受到严厉处罚。

GTS 专家总结：

GTS 专家提醒，企业税务人员应该时刻关注进出口税则的更新、商品归类目录及税率的变化，防止出现上述案例中的失误，加强企业税务风险管理，在出现类似问题的时候，应主动与海关相关部门联系，做出修改，切勿“因小失大”。

三、“海关估价”与“转让定价”探讨

1. GTS 专家总结：海关在进口货物估价中关注的重点

（1）关联方交易中，从海关估价的角度判断转让定价政策是否合理

①进口价格“过低”或波动。

②特殊关系对“成交价格”的影响。

（2）特许权使用费是否应计入进口货物完税价格

根据《中华人民共和国海关审定进出口货物完税价格办法》（海关总署令第 148 号）第十一条第三款规定：以成交价格为基础审查确定进口货物的完税价格时，未包括在该货物实付、应付价格中的下列费用或者价值应当计入完税价格：买方需向卖方或者有关方直接或者间接支付的特许权使用费，但是符合下列情形之一的情况除外：

- 特许权使用费与该货物无关；
- 特许权使用费的支付不构成该货物向中华人民共和国境内销售的条件。

2. 海关估价基本程序和方法

海关估价的基本程序如图 1－1 所示。

3. “海关估价” vs. “转让定价”

海关估价与转让定价可做以下对比（见表 1－3、表 1－4、表 1－5）。

4. GTS 专家关于海关估价中的风险控制的建议

关于海关估价中的风险控制的建议主要有：

第一，当公司的进出口申报价格适用 WTO 估价协议时，不排除会遇到海关审价的问题，年度关联交易申报表及同期资料的涉“关”内容也可

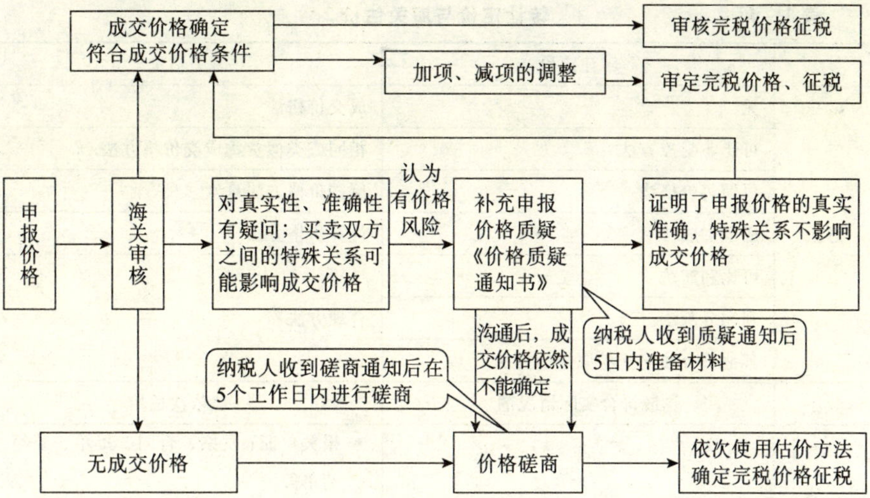

图 1－1 海关估价基本程序图

表 1－3　　转让定价与海关估价 1

	转让定价	海关估价
基础	经济合作与发展组织（OECD）转让定价指南	世界贸易组织（WTO）估价协议
原则（相同）	独立交易	独立交易
对象	货物、服务、融资、无形资产等的关联交易	进出口货物价格
税种	所得税、增值税、营业税等	关税、增值税、消费税
关注点	• 企业整体利润率 • 防止进口价格过高；注意关联关系对定价的影响，注意功能风险分析	• 单笔货物完税价格 • 防止进口价格过低；注意特殊关系对定价的影响
审查概率	多数情况下按年度对企业的经营状况实施事后审查（追溯 10 年）	主要是在货物实际进出口时进行逐笔审查，也可以在货物进出口后的一定期间内进行跟踪审查（追溯 3 年）
数据库	公开数据库、付费专业数据库、非公开数据库	进出口报关数据、公开市场数据等
调整结果	不低于中位值	最低成交价格

表 1－4　　转让定价与海关估价 2

	转让定价	海关估价
方法	无	成交价格法
	可比非受控方法	相同或类似货物成交价格方法
	再销售价格法	倒扣价格方法
	成本加成法	计算价格方法
	可比利润法	合理方法
	利润分割法	
	其他符合独立交易原则的方法	
顺序	最符合实际情况的	一般依次适用
文件	• 关联交易申报表 • 同期资料 • 合同 • 协议 • 发票等各种单据	• 报关单证：发票、合同、提单、装箱清单等 • 与货物买卖有关的支付凭证及其他商业单证、书面资料和电子数据等 • 货物样品 • 与进出口活动有关的货物和生产经营情况 • 银行或者其他金融机构开立的单位账户的资金往来情况 • 国内税务情况

能会引起海关估价，所以在确定企业转让定价政策的时候，事先与海关沟通，确认转让定价政策及调整是否可被海关接受。

第二，遇到海关审价问题时，在法律规定的时限之内，积极“举证”，应对海关“质疑”。

第三，重视与海关相关部门磋商，遇到问题可适当寻求中介机构帮助，或者向上一级海关机关寻求沟通机会。

四、海关特殊监管区域政策解读

1. 现有海关特殊监管区域的基本特征

（1）审批：均需要经过国务院审批

（2）基本政策：纳入国家级开发区范畴，同时享受所在地区国家赋予开发区的优惠政策

表 1－5 海关估价与转让定价关于关联关系的一些规定比较

	特殊关系（海关估价）	关联关系（转让定价）
股权控制	• 买卖双方为同一家族成员 • 一方直接或间接地拥有、控制或持有对方 5% 或以上公开发行的有表决权的股票或股份	一方直接或间接持有另一方的股份，或者双方直接或间接同为第三方所持有的股份，达到 25% 以上
经营控制	• 买卖双方互为商业上的高级职员或董事 • 一方直接或间接地受另一方控制 • 买卖双方都直接或间接地受第三方控制 • 一方是另一方的雇员、高级职员或董事	• 半数以上的高级管理人员或至少一名可以控制董事会的董事会高级成员，是由另一方委派或者同为第三方委派 • 一方半数以上的高级管理人员同时担任另一方的高级管理人员，或者一方至少一名可以控制董事会的董事会高级成员同时担任另一方的董事会高级成员 • 一方的生产经营活动必须由另一方提供的工业产权、专有技术等特许权才能正常进行 • 一方的购买活动、销售活动、接受劳务或提供劳务中有一项或多项主要由另一方控制
共同利益	买卖双方是同一合伙的成员；买卖双方在经营上相互有联系，一方是另一方的独家代理、经销或受让人，如果符合前款的规定，也应当视为有特殊关系	• 一方对另一方的生产经营、交易具有实质控制，或者双方在利益上具有相关联的其他关系 • 一方与另一方之间借贷资金占一方实收资本 50% 以上，或者一方借贷资金总额的 10% 以上是由另一方担保

（3）海关监管：均采取封闭式围网管理，有严格的监管设施和监管标准

（4）基本功能：一般认为属于“境内关外”区域，具有保税功能

（5）管理体制：中央与所在城市政府两级管理，管委会为市政府派出机构

2. 主要海关监管区域基本情况表（见表1－6）

表1－6　主要海关监管区域基本情况表

	保税区[1]	出口加工区[2]	保税物流园区[3]	保税港区[4]	综合保税区[5]
位置	均在东部地区，主要在港口	东部地区，西部地区，中部地区，加工聚集地	在东部地区，在西部地区，一般与保税区相邻	东部地区，西部地区，一般在港口	东部地区，中部地区，西部地区，加工贸易聚集地
审批机关	国务院审批（已停止审批）	部委审核提出意见；报国务院批准			
功能（保税）	保税仓储、出口加工、转口贸易，区内展示	出口加工、保税物流、检测维修	国际采购、国际分销、国际配送、国际中转、流通性简单加工	仓储物流，对外贸易，国际采购、分销和配送，国际中转，检测和售后服务维修，商品展示，研发、加工、制造，港口作业	保税加工、保税物流、进出口贸易、采购分销、金融服务、展示展览
面积	相对小	小	小	大	大

① 保税区是指经主权国家海关批准，在其海港、机场或其他地点设立的允许外国货物不办理进出口手续即可连续长期储存的区域。

② 出口加工区是指一个国家或地区为利用外资、发展出口导向工业、扩大对外贸易而设立的以制造、加工或装配出口商品为主的特殊区域。

③ 保税物流园区是指经国务院批准，在保税区规划面积或者毗邻保税区的特定港区内设立的、专门发展现代国际物流业的海关特殊监管区域。

④ 保税港区是指经国务院批准，设立在国家对外开放的口岸港区和与之相连的特定区域内，具有口岸、物流、加工等功能的海关特殊监管区域。

⑤ 综合保税区是设立在内陆地区的具有保税港区功能的海关特殊监管区域，由海关参照有关规定对综合保税区进行管理，执行保税港区的税收和外汇政策集保税区、出口加工区、保税物流区、港口的功能于一身，可以发展国际中转、配送、采购、转口贸易和出口加工等业务。

3. 主要海关特殊监管区域的税收政策比较（见表1－7）

表1－7　　主要海关特殊监管区域的税收政策比较

<table>
<tr><th></th><th>保税区</th><th>出口加工区</th><th>保税物流园区</th><th>保税港区/综合保税区</th></tr>
<tr><td>进口免税政策</td><td colspan="4">• 区内基础设施、生产建设项目所需的设备、物资
• 区内企业经营所需的机器、设备、模具、装卸设备、仓储设施及其维修用零配件等
• 区内企业和行政管理机构自用合理数量的办公用品等</td></tr>
<tr><td>进口保税政策</td><td>• 加工出口产品所需的原材料、零部件、元器件、包装物等
• 保税区内储存的货物</td><td>• 加工出口产品所需的原材料、零部件、元器件、包装物等</td><td colspan="2">• 境外进区货物</td></tr>
<tr><td>出口退税政策</td><td>实际“离境”退税</td><td colspan="3">• 入区退税
• 供区内企业使用的国产基建物资、机器、设备等
• 供区内企业开展业务的国产货物及其包装物料
• 从区外进入加工区供区内企业和行政管理机构使用的生活消费用品、交通运输工具等，不予退税</td></tr>
</table>

五、涉“关”税务筹划案例分析

[案例2]“成交价格”与“交易价格”

背景：

境内子公司B系境外投资方A在中国设立于海关特殊监管区域的全资贸易公司。投资方A出于商业原因，决定关闭子公司B，但对留存在海关特殊监管区域内存货不再返运回原产国，而是以对折低价甩卖至境内买方C公司处。其在海关特殊监管区域库存的货物，由于存放时间过久、款式已经过时且老旧，并且部分零件也有损耗。该批存货报关缴纳关税时，海关对过低的进口价格提出质疑（见图1－2）。

案例分析：

①完税价格≠成交价格≠发票价格。海关对申报价格真实性有疑问时，有权履行价格质疑程序；当认为企业低报价格时，有权履行价格磋商程序。

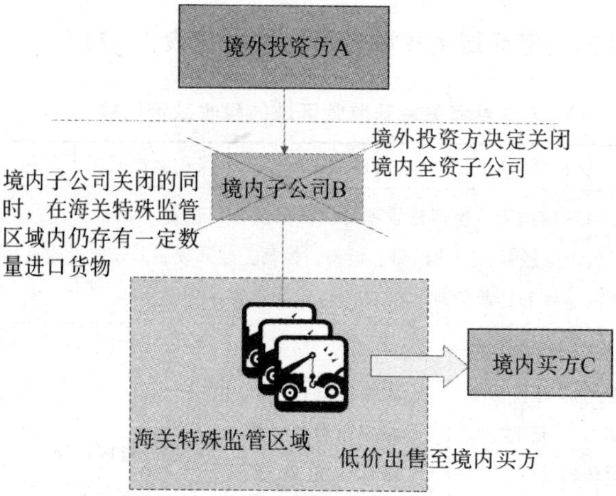

图 1－2

②该案例中投资方 A 决定将存货以对折低价甩卖至境内买方 C 公司，海关可能怀疑 A 公司与 C 公司是否为关联方关系。

GTS 专家总结：

第一，海关对该存货过低的进口价格提出质疑时，企业应抓紧时间进行举证，鉴定该存货的耗损程度，证明该存货目前的市场行情适用该价格的合理性，或者寻找市场上独立第三方同类或相似货物的销售价格等。

第二，积极保持与海关部门的沟通，适时可“往上”寻求沟通。

第三，企业应向海关递交年度关联交易申报表及同期资料中的涉“关”内容等资料，证明该价格并非关联交易价格，寻求海关的认同。

[案例 3] 加工贸易内销货物的估价

背景：

某电子公司于 2005 年投产，生产的电子产品主要面对国外市场，除投产之初有少量一般贸易进出口外，几乎完全通过加工贸易进出口。2010 年 12 月，海关在核查中发现，该企业分别于 2010 年 4 月和 10 月向母公司支付商标使用费；此外，还分别于 2010 年 2 月、8 月和 11 月向母公司支付技术专利费。

经询问企业人员和调阅有关协议、合同，得知原因在于电子公司在 2009 年 10 月 9 日至 2007 年 10 月 9 日这段时间内，将母公司的专用商标用在了加工贸易进料加工成品的内销上；同时这些内销成品还使用了母公司的专有技术（即为设计、生产、销售产品而使用的有效的且必需的技术信息、技术数据、销售信息），因此才需向母公司支付商标使用费和技术专利费。

政策依据：

根据《中华人民共和国海关审定进出口货物完税价格办法》（即海关总署令第148号）第十一条第三款规定：以成交价格为基础审查确定进口货物的完税价格时，未包括在该货物实付、应付价格中的下列费用或者价值应当计入完税价格：买方需向卖方或者有关方直接或者间接支付的特许权使用费，但是符合下列情形之一的除外：

- 特许权使用费与该货物无关；
- 特许权使用费的支付不构成该货物向中华人民共和国境内销售的条件。

处理结果：

①海关首先调取该企业在协议期间发生的、与所支付的特许权使用费有关的所有内销成品信息；

②然后将内销成品按单耗折算成对应的加工贸易进口料件，再对这些料件的金额进行汇总和排序，最后选出占总金额比例最高的一项料件作为征税客体；

③由于该商品对应的关税率为0，增值税率为17%，因此，特许权使用费最终需向海关缴纳的增值税；

④海关还要求该企业对今后发生的特许权使用费应按年度自行申报。

[案例4] 保税物流项下的涉“关”税务筹划

背景：

某公司进行对外加工贸易，在国内设立两个加工企业A和B分别负责不同的加工流程，具体的运行模式如图1-3所示。

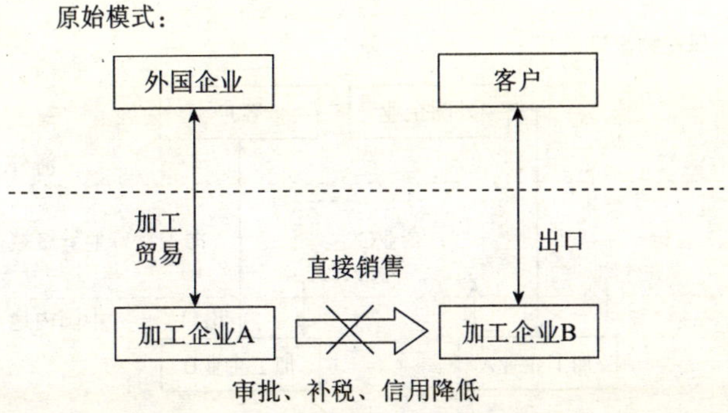

图1-3

案例分析：

在该种模式下，加工A企业在收到外国企业的来料进行加工业务之后，将加工好的在产品直接销售至加工企业B，在这个环节当中，每流转一次，则需要缴纳一次增值税及其他相关税，且层层审批手续麻烦，不利于企业业务的快速运转，该种运行模式十分不可取。企业可以采取以下改进模式（见图1-4），利用香港这个就近的外贸区，将前次加工货物出口至香港，然后再从香港进口至下一个加工企业，这样可以根据相关的税收优惠政策以及出口退税政策，减轻企业流转过程中的税负。

改进模式

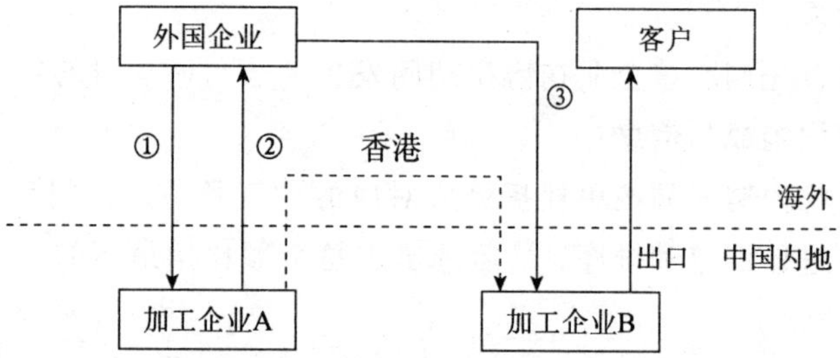

图1-4

GTS专家总结：

第一，在企业加工贸易进行过程当中，企业应充分利用保税物流模式（见图1-5）来降低企业税负，在海关特殊监管区域设立保税仓库或在保税园区内设立加工企业，在园区内流通环节中均免征增值税。同时，根据最新政策，企业申报进入保税物流园区之后视同出口，可以即刻申报退税，这对企业的资金流转也大有裨益。同时，保税物流模式下可以节约运费，降低成本。

保税物流模式

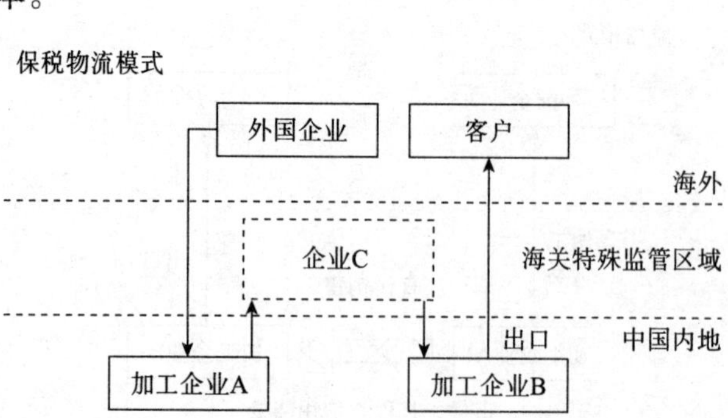

图1-5

第二，企业在运用保税物流模式进行加工复出口业务的时候，需做好内控措施，防止出现类似某知名家具公司的问题，引发税收风险。

随着中国对外贸易的发展，海关的监管制度不断完善，这对于企业来说，既是一项挑战，更是一个机遇。在海关监管的压力下，企业应该逐步完善自身的内控体系，调整业务运行模式，使中国企业的对外竞争力不断得到加强。在本文中，GTS 总结了进出口商品归类细则，比较分析了海关估价和转让定价之间的关系，并通过实践案例分析为您提供了税收筹划方面的参考，希望为您在应对海关质疑时提供一点帮助，同时为您在完善企业的税务风险管理制度方面指引方向。

2012 增值税扩围解读与展望

众所周知，增值税可谓是中国第一大税，其为中国税收收入所作的贡献毫无疑问是最大的，所涉及的行业也非常广泛，几乎遍及了第一、第二产业。随着财税［2011］110 号和 111 号文件的颁布，增值税扩围上海市试点尘埃落定，增值税的征收范围扩展到了第三产业中的交通运输业和部分现代服务业，这将对试点及周边非试点地区的企业产生什么样的影响呢？本文中 GTS 将为您介绍上海市增值税试点的最新税则，并详细介绍最新政策可能将对各行业企业产生的影响，同时展望增值税改革的未来发展方向。

一、“营改增”最新政策分析

“营改增”上海市试点牵动了全国企业家的心，尤其是长三角地区的企业家们，因为这一次税改很可能影响到所涉及行业中整个企业供应链的变动，这对该区域的经济影响是十分重大的。在国家结构性减税的大趋势下，“营改增”并非使所有涉及的行业都受益，其中仓储业、咨询业、融资租赁业等可能是受益比较多的一方，而物流业可能会是税负增加的代表了。具体的税改效果当然还需要一段时间的检验，但毫无疑问此次税改将会优化整个服务业的税制结构，减轻重复征税的现象，使下游企业广泛获利，这对现代服务业来说是一次很好的发展契机。下面 GTS 将详细分析“1 +6”行业的最新细则及其对所处行业企业可能产生的税负影响。

（一）交通运输业

1. 税目内容与变化

“营改增”在交通运输业中涉及的具体服务包括：陆路运输服务、水路运输服务、航空运输服务以及管道运输服务。其中，铁路运输不在此次试点范围内；而以前归属在“交通运输业下”的航空服务、打捞救助服务、装卸搬运服务，现在则归于“现代服务业”中。

2. 税率

交通运输业扩围后增值税税率为11%，原适用营业税税率为3%。

3. 扩围后主要增值税政策规定

扩围后主要增值税政策规定如下：

（1）如符合营业税差额纳税规定的，试点纳税人支付给非试点纳税人的价款，可差额确认销售额；

（2）试点地区一般纳税人接受试点地区小规模纳税人运输业务服务，按7%抵扣进项税；

（3）管道运输税负超过3%的，即征即退；

（4）试点纳税人中的小规模纳税人提供交通运输业服务和国际货物运输代理服务，按照国家有关营业税政策规定差额征收营业税的，其支付给试点纳税人的价款，也允许从其取得的全部价款和价外费用中扣除；

（5）增值税一般纳税人接受试点纳税人提供的应税服务，进项税可抵扣；

（6）航空公司提供飞机播撒农药服务免税；

（7）注册在洋山保税港区内的试点纳税人所提供的国内货物运输服务、仓储服务和装卸搬运服务，即征即退；

（8）试点地区运输企业未超过应税服务标准500万的自开票企业，应强制认定为一般纳税人。

4. 税负影响

GTS认为，交通运输业的税率提高了8个百分点，对该行业的影响是非常大的。一方面，改征增值税之后，准予抵扣进项税，解决了之前严重的重复征税矛盾；另一方面，提高税率之后行业税负是否增加，需要看企业的进项抵扣额的多少，如果说企业之前购置的固定资产比较多，且不能抵扣的话，那可能扣除燃料等的进项税额之后，企业的税负还是增加的。这里就凸显了此次税改能否真正做到给企业减轻税负的问题了。因此，在下一阶段的政策中，GTS建议企业应该密切关注国家税务总局的最新文件中关于存量资产是否可以抵扣的问题。这一点对交通运输业、物流辅助服务业和融资租赁业的企业尤为重要。

（二）现代服务业

“营改增”后的现代服务业主要包括提供研发和技术服务、信息技术服务、文化创意服务、物流辅助服务、有形动产租赁服务、鉴证咨询服务的行业，现列政策规定如下：

1. 研发和技术服务行业

1.1 税目

包括研发服务、技术转让服务、技术咨询服务、合同能源管理服务、工程勘察勘探服务。其中，技术转让服务以前归“转让无形资产”科目，现在归“现代服务业”。

1.2 税率

研发和技术服务行业扩围后增值税率为6%，扩围前营业税率为5%。

1.3 扩围后主要增值税政策规定

（1）如符合营业税差额纳税规定的，试点纳税人支付给非试点纳税人的价款，可差额确认销售额；

（2）试点纳税人提供技术转让、技术开发和与之相关的技术咨询、技术服务，免增值税；

（3）符合条件的节能服务公司实施合同能源管理项目中提供的应税服务免增值税；

（4）增值税一般纳税人接受试点纳税人提供的应税服务，进项税可抵扣。

2. 信息技术服务

2.1 税目

软件服务、电路设计及测试服务、信息系统服务、业务流程管理服务。

2.2 税率

信息技术服务业扩围后增值税率为6%，扩围前营业税率为5%。

2.3 扩围后主要增值税政策规定

（1）如符合营业税差额纳税规定的，试点纳税人支付给非试点纳税人的价款，可差额确认销售额；

（2）增值税一般纳税人接受试点纳税人提供的应税服务，进项税可抵扣；

（3）自2012年1月1日起至2013年12月31日，注册在上海的企业从事离岸服务外包业务中提供的应税服务符合条件的免增值税。

3. 文化创意服务

3.1 税目

设计服务、商标著作权转让服务、知识产权服务、广告服务、会议展览服务。其中商标著作权转让服务，原来属于营业税税目中的“转让无形资产”，现在属于“现代服务业”。

3.2 税率

文化创意服务扩围后增值税率6%，扩围前营业税率5%。

3.3 扩围后主要增值税政策规定

（1）如符合营业税差额纳税规定的，试点纳税人支付给非试点纳税人的价款，可差额确认销售额；

（2）增值税一般纳税人接受试点纳税人提供的应税服务，进项税可抵扣；

（3）个人转让著作权免增值税。

4. 物流辅助服务

4.1 税目

航空服务、港口码头服务、货运客运场站服务、打捞救助服务、货物运输代理服务、代理报关服务、仓储服务、装卸搬运服务。其中航空服务、打捞救助服务、装卸搬运服务以前归“运输业”，现在归于“现代服务业”中。

4.2 税率

物流辅助服务增值税税率6%。而航空服务、打捞救助服务、装卸搬运服务原营业税税率为3%，其他服务项原营业税税率为5%。

4.3　扩围后主要增值税政策规定

（1）如符合营业税差额纳税规定的，试点纳税人支付给非试点纳税人的价款，可差额确认销售额；

（2）增值税一般纳税人接受试点纳税人提供的应税服务，进项税可抵扣；

（3）试点纳税人提供国际货物运输代理服务，按照国家有关营业税政策规定差额征收营业税的，其支付给试点纳税人的价款，也允许从其取得的全部价款和价外费用中扣除（一般人取得增值税专用发票除外）。

5. 有形动产租赁服务

5.1　税目

有形动产融资租赁、有形动产经营性租赁。原来未经三大部门批准的企业从事融资租赁取得收入归于“服务业”，有资格的企业取得的收入归入“金融保险业”，现在都属于“现代服务业”。

5.2　税率

扩围后增值税税率为17%，扩围前营业税税率为5%。

5.3　扩围后主要增值税政策规定

（1）如符合营业税差额纳税规定的，试点纳税人支付给非试点纳税人的价款，可差额确认销售额；

（2）增值税一般纳税人接受试点纳税人提供的应税服务，进项税可抵扣；

（3）融资租赁业务税负超过3%的，即征即退（限三大部门批准的）；

（4）“老租赁”合同在合同到期日之前继续按照现行营业税政策规定缴纳营业税。

6. 鉴证咨询服务

6.1　税目

认证服务、鉴证服务、咨询服务。

6.2　税率变化

扩围后增值税率为6%，扩围前营业税率为5%。

6.3　扩围后主要增值税政策规定

（1）如符合营业税差额纳税规定的，试点纳税人支付给非试点纳税人的价款，可差额确认销售额；

（2）增值税一般纳税人接受试点纳税人提供的应税服务，进项税可抵扣。

7. 税负影响

GTS 认为，现代服务业中的提供研发和技术服务、信息技术服务、文化创意服务、鉴证咨询服务的行业，是此次“营改增”税改中的切实受益者。虽然其税率增加 1 个百分点，但并没有带来任何税负的增加，反而由于给下游企业带来了进项税抵扣的益处而使得该类行业在谈判中处于领先地位，很可能给它们带来业绩的提升。而融资租赁行业的情况则没有那么明朗了，虽然可以给自己和下游企业带来进项抵扣，并使原先不能抵扣的固定资产进项得以抵扣，但在目前政策没有给出存量资产抵扣的规定之前，企业进行这样的税务处理是面临比较大的税负风险的。

二、案例分析——交通运输业、融资租赁业、咨询业

［案例 1］ 交通运输业案例

某海运运输企业，年收入 20000 万元人民币，成本 15000 万元人民币，毛利达到 25%，成本构成如下（见表 1－8）：

表 1－8 某海运运输企业成本构成 单位：万元

成本构成	金额	成本占比	“营改增”后可抵扣金额
船舶折旧	2402	16.01%	349
燃料	4623	30.82%	672
修理	366	2.44%	53
物料	683	4.55%	99
港使费	1220	8.14%	69
码头服务（引水，领航/疏港）	248	1.65%	14
船舶管理	118	0.79%	7
检测/咨询	290	1.93%	16
人工	4051	27.01%	0
其他（通讯费/图书/佣金）	999	6.66%	0
合计	15000	100.00%	1279

①假设企业所有成本均在试点地区取得，且有增值税专业发票，同时存量资产不能抵扣，税负计算：

原营业税征税：20000×0.03=600（万元）

增值税征税：销项税=20000/1.11×0.11=1981.98（万元）

进项税=930（万元）

应交增值税=1981.98－930万元=1051.98（万元）

由此可见增值税扩围后该企业比原来需多纳税额451.98万元。

②假设企业所有成本均在试点地区取得，且有增值税专业发票，同时存量资产可以抵扣，税负计算：

进项税=1279（万元）

应交增值税=1981.98－1279=702.98（万元）

可见企业在这种情况下还是要比原来多纳税额102.98万元。

GTS专家总结：

第一，存量资产能否抵扣问题对企业影响确实比较大，GTS建议企业在这个问题上要慎重决策，多向税局咨询。得到税务局许可方可做出抵扣处理，否则会大大增加企业的税务风险。

第二，企业的税负是否增加和每个企业的资产结构、成本结构有很大关系，并非一定是像本案例中的出现税负增加的情况。交运企业的税务高管们理当重视合理调整企业的成本结构，进行适当的税收筹划，降低企业税负。

第三，虽然税改后可能使案例中的企业税负增加了，但毫无疑问使下游企业得到了进项抵扣，达到了整体上减税的目的，使整个社会实现了结构性减税的目标。

[案例2] 融资租赁业案例

上海A融资租赁公司（拥有中国人民银行批准的融资租赁资质）购进设备价值为1000万元，并将该设备租赁给B公司，合同约定租赁期为3年，每年租金500万元，3年租金合计1500万元。

①在增值税扩围之前，A融资租赁公司购进的用于租赁业务的固定资产的进项税额不能抵扣，需缴纳营业税25万（享受差额征税政策）。但是自2009年税改——外购固定资产准予抵扣进项税额之后，企业外购生产用设备、固定资产可以得到进项税额抵扣，因此企业将会优先选择外购而非

融资租赁。

②实行了“营改增”之后，A融资租赁公司的进项税可以抵扣，租金收入按照17%计提销项，即：A公司的税负由2011年的差额500万元乘以5%变为了差额500万乘以17%，且按照《交通运输业和部分现代服务业营业税改征增值税试点过渡政策的规定》第二条第四款中规定：经人民银行、银监会、商务部批准经营融资租赁业务的试点纳税人中的一般纳税人提供有形动产融资租赁服务，对其增值税实际税负超过3%的部分实行增值税即征即退政策。因此，融资租赁企业在不增加税负的同时可以得到固定资产抵扣，因此企业税负减轻。同时，由于下游企业也可以得到抵扣，因此拓宽了融资租赁行业的业务空间。

专家总结：

“营改增”税改对融资租赁行业是一个重要的发展机会。上海市的融资租赁企业应抓紧机会取得跨越式发展，并带动生产性企业进行设备更新换代，扩大规模，取得规模经济，从而对整个经济的发展起到促进作用。

三、目前“增值税扩围”政策所体现出来的一些问题

1. 上海市“增值税扩围”试点对周边地区的影响

上海市实行营业税改征增值税的政策，使得其他地区的企业快速调整供应链，选择上海市这边的供应商和运输公司，取得合法的增值税专用发票之后，回到非试点地区进行抵扣，这使得非试点地区的财政收入受到损失，损失的部分税收收入流入到了上海市，同时也将导致周边省份交通运输业和现代服务行业发生客户流失的情况，或者被迫降价来提升自身竞争力，这对本身处在低谷的中小企业来说，是一个不小的打击。这种情况以江浙两省最为严重。

2. 大部分服务业企业难以被认定为“一般纳税人”

根据国家税务总局公告2011年第65号规定，符合下列条件的纳税人可以申请成为或者直接成为一般纳税人：

“一、试点纳税人应税服务年销售额超过500万元的，除本公告第二、三条规定外，应当向主管税务机关申请增值税一般纳税人（以下简称一般

纳税人）资格认定。应税服务年销售额，是指试点纳税人在连续不超过12个月的经营期内，提供交通运输业和部分现代服务业服务的累计销售额，含免税、减税销售额。按《交通运输业和部分现代服务业营业税改征增值税试点有关事项的规定》（财税［2011］111号印发）第一条第（三）项确定销售额的试点纳税人，其应税服务年销售额按未扣除之前的销售额计算。

二、已取得一般纳税人资格并兼有应税服务的试点纳税人，不需重新申请认定，由主管税务机关制作、送达《税务事项通知书》，告知纳税人。

三、2011年年审合格的原公路、内河货物运输业自开票纳税人，其应税服务年销售额不论是否超过500万元，均应认定为一般纳税人。办理一般纳税人资格认定时，不需提交认定申请，由主管税务机关制作、送达《税务事项通知书》，告知纳税人。

四、应税服务年销售额未超过500万元以及新开业的试点纳税人，可以向主管税务机关申请一般纳税人资格认定。

五、提出申请并且同时符合下列条件的试点纳税人，主管税务机关应当为其办理一般纳税人资格认定：（1）有固定的生产经营场所；（2）能够按照国家统一的会计制度规定设置账簿，根据合法、有效凭证核算，能够提供准确税务资料。”

按照以上规定，在现代服务业中，有绝大部分的企业不能成为一般纳税人，而只能成为小规模纳税人。小规模纳税人与同行业的一般纳税人相比，不能给下游企业带来同等的可抵扣的进项税额，所以只能选择降价来与一般纳税人竞争，这对本身利润率不高的小规模纳税人来说，无异于雪上加霜，可能会使许多中小型企业生存困难。例如，在律师事务所行业，要达到年累计应税销售额500万元，对于大量的小型所或个人所来说，往往是较难达到的数额。而这有可能促进行业在一定程度上的洗牌。

3. 本次增值税扩围试点，交通运输业中并不包含铁路运输

本次增值税扩围，交通运输业中，并未包含铁路运输，但从现在的情况来分析，铁路需要加入到增值税改革试点当中来。原因有以下三点：第一，铁路的营业税属于中央，不影响地方财力，11%的运输增值税专用发票由地方企业计算进项税额。第二，铁道部由于投资范围过大，欠下银行大笔债务，现在其他运输行业“营改增”之后，增加了竞争力，会分流掉铁路运输的部分业务。第三，铁路系统提出改革，可以从分离货运业务这一块开始，这样在铁路高度完整的会计核算系统的支持下，可以很好地实行增值税抵扣纳税政策。

4. 国际运输业务是否应免增值税应明确

营业税税收优惠政策：自2010年1月1日起，对中华人民共和国境内（以下简称“境内”）单位或者个人提供的国际运输劳务免征营业税。而在上海增值税试点办法中，并未明确国际运输业务是否应免征增值税。

5. 上海增值税扩围可能会使虚开增值税专用发票的违法行为抬头

由于增值税采取凭票扣税的方式，虚开增值税发票一直是税务稽查部门检查的重点，而交通运输业和部分现代服务业中，因为没有“物流”的存在，大大增加了稽查部门的检查难度，对传统的稽查方法提出了挑战。另外，交通运输业改征增值税后，运输企业可能会采取多取得柴油汽油燃料发票作为进项税额，从而造成对生产企业二次虚开。

回顾增值税改革30年的发展进程，我们不难发现现在既是增值税改革发展的重要历史期，也是中国经济改革发展中制造业崛起的最好时期。2010年，中国第二产业增加值达186481亿元，占整个GDP比重46.80%。其中，工业增加值160030亿元，占整个GDP比重40.21%。GTS认为，中国在较短时期内，完成由农业大国成长为制造业大国，并成为世界工厂，在世界经济中占据举足轻重地位，这既有经济发展的内在运行规律在起着作用，也有经济体制改革动因在起着作用，同样不可否认的是同中国增值税改革也有着重要的内在联系。此次上海市增值税改革试点落实之后，北京市也开始积极申请实行试点，并可能会在建筑业中引入增值税进行试点，北京市政府相关领导表示北京市试点将会在2012年三季度以内落实。那么这一次增值税改革又会给我们国家的经济，给我们的企业带来怎样的积极影响呢？GTS与您一起拭目以待！

新个人所得税法解读

2011年6月30日，第十一届全国人民代表大会常务委员会第二十一次会议高票（赞成134票，反对6票，弃权11票，未投2票）表决通过了《全国人民代表大会常务委员会关于修改〈中华人民共和国个人所得税法〉的决定》，同日，国家主席胡锦涛签署第48号主席令予以公布，自2011年9月1日施行。7月19日温家宝总理签署第600号国务院令，发布了《关于修改〈中华人民共和国个人所得税法实施条例〉的决定》。至此呼声已久的个税改革正式确认并生效。

本次个人所得税法修改内容多、关注度高，GTS将在下文对新《中华人民共和国个人所得税法》（以下简称《个人所得税法》）进行全面的解读与分析。

一、新《个人所得税法》修改的主要内容

近年来，随着社会经济形势发展变化，现行个人所得税制逐渐暴露出一些问题，如采用分类税制模式，税率结构较为复杂，工薪所得税率级次过多，低档税率的级距较短，难以充分体现公平负担的原则等。因此财政部、国家税务总局和国务院法制办联合执行了此次改革。新《个人所得税法》主要修改内容如下：

1. 新《个人所得税法》第六条工资、薪金所得项目减除费用标准由2000元/月提高到3500元/月

税务机关根据全国实际工薪所得比例、CPI变动以及民意等实际情况，最终确定由原来提议的3000元/月提高至3500元/月。需要强调的是，此次工资、薪金所得减除费用标准提高后，涉外人员的工资、薪金所得减除费用也作了相应的修改。因此，将涉外人员工资、薪金所得每月减除费用由2000元/月提高到3500元/月，同时将涉外人员附加减除费用标准由

2800元/月调减为1300元/月，使涉外人员工资、薪金所得继续保持4800元/月的总减除费用标准不变。GTS预计今后随着工资、薪金所得减除费用标准的提高，将逐步实现内、外人员工资、薪金所得减除费用标准的统一。

2. 9级超额累进税率修改为7级

此次改革（税法修订）的一个最大亮点是对现行工薪所得税率表进行了调整和优化。将现行工薪所得9级超额累进税率修改为7级，取消15%和40%两档税率，将最低一档税率由5%降为3%，适当扩大了3%和10%两个低档税率的适用范围。调整后，应纳税所得额适用前两档低税率的纳税人占工薪所得纳税人的比重达到90%以上，进一步减轻中低工薪所得纳税人的税收负担。同时，还扩大了最高税率45%的覆盖范围，将现行适用40%税率的应纳税所得额并入45%税率，加大了对高收入者的调节力度。

为什么要将9级减少为7级呢？从国际上看，各国税率级次多数在3级到5级之间，像中国如此多税级的实属少见，显然原税率表存在着设计问题，因此遵循税率设计原则将9级减少为7级。调减为7级，必然要取消其中的某两级或重新进行设计，经反复测算和比较，如果保留15%或40%税率，均不能满足减税的要求，所以删去这两个税率。还有此次改革的主要目的是：降低中低收入者的税负。有三种实现方式：一是进一步提高减除费用标准；二是适当调整低档税率级距；三是降低最低税率。三种方式比较后决定最低档税率由5%降为3%。

减除费用标准和税级税率的改变，纳税人税负发生以下变化（见表1-9）。

3. 相应调整个体工商户及承包承租经营所得税率级距

为平衡个体工商户、承包承租经营者等生产经营所得纳税人与工薪所得纳税人的税负水平，此次改革（税法修订）也相应调整了生产经营所得税率表，即维持5级税率级次不变，对五档级距都相应作了扩大调整（2~3倍）。通过上述调整，生产经营所得纳税人税负均有不同程度下降，其中，年应纳税所得额60000元以下的纳税人平均降幅约40%，最大降幅为57%。

从名义税率上看，个体工商户的税负似乎略高于工薪收入者或小企业，但个体工商户与另外两者相比，在征税方式上具有不同之处：一是工

表 1－9　　　　个人所得税税率表一对照表

个人所得税税率表一（工资、薪金所得适用）

级数	全月应纳税所得额	税率（%）
1	不超过 500 元的	5
2	超过 500 元至 2000 元的部分	10
3	超过 2000 元至 5000 元的部分	15
4	超过 5000 元至 20000 元的部分	20
5	超过 20000 元至 40000 元的部分	25
6	超过 40000 元至 60000 元的部分	30
7	超过 60000 元至 80000 元的部分	35
8	超过 80000 元至 100000 元的部分	40
9	超过 100000 元的部分	45

（注：本表所称全月应纳税所得额是指依照本法第六条的规定，以每月收入额减除费用 2000 元以及附加减除费用后的余额）

个人所得税税率表一（工资、薪金所得适用）

级数	全月应纳税所得额	税率（%）
1	不超过 1500 元的	3
2	超过 1500 元至 4500 元的部分	10
3	超过 4500 元至 9000 元的部分	20
4	超过 9000 元至 35000 元的部分	25
5	超过 35000 元至 55000 元的部分	30
6	超过 55000 元至 80000 元的部分	35
7	超过 80000 元的部分	45

（注：本表所称全月应纳税所得额是指依照本法第六条的规定，以每月收入额减除费用 3500 元以及附加减除费用后的余额）

薪所得是按月代扣代缴，个体工商户是按年征税，自行申报；二是个体工商户只征一道个人所得税，小企业除征企业所得税外，其股息红利分配给个人时，还要再征一道个人所得税；三是工薪所得是定额减除费用 3500 元/月，个体工商户业主除可享受 3500 元/月的减除费用外，其生产经营的成本费用是可据实扣除的；四是从实际征管情况看，大多数个体工商户均采取核定征税的方式，其实际税负往往低于名义税率。生产、经营所得税率对照表如表 1－10 所示。

4. 延长申报纳税时间

新《个人所得税法》第九条扣缴义务人扣缴税款的入库期限和工资、薪金所得、个体工商户的生产、经营所得、对企事业单位承包经营、承租经营所得项目的预缴税款和纳税申报期限均由原次月七日内调整为十五日内。与其他主要税种的申报缴纳时间一致起来，便于纳税人、扣缴义务人到税务机关集中办税，以减轻扣缴义务人和纳税人的事务性负担。

5. 新税法实施的时间

修改后的税法和实施条例均规定自 2011 年 9 月 1 日起施行。具体到工

表 1－10　　个人所得税税率表二对照表

个人所得税税率表二（个体工商户的生产、经营所得和对企事业单位的承包经营、承租经营所得适用）			个人所得税税率表二（个体工商户的生产、经营所得和对企事业单位的承包经营、承租经营所得适用）		
级数	全年应纳税所得额	税率（%）	级数	全年应纳税所得额	税率（%）
1	不超过 5000 元的	5	1	不超过 15000 元的	5
2	超过 5000 元至 10000 元的部分	10	2	超过 15000 元至 30000 元的部分	10
3	超过 10000 元至 30000 元的部分	20	3	超过 30000 元至 60000 元的部分	20
4	超过 30000 元至 50000 元的部分	30	4	超过 60000 元至 100000 元的部分	30
5	超过 50000 元的部分	35	5	超过 100000 元的部分	35
（注：本表所称全年应纳税所得额是指依照本法第六条的规定，以每一纳税年度的收入总额减除成本、费用以及损失后的余额）			（注：本表所称全年应纳税所得额是指依照本法第六条的规定，以每一纳税年度的收入总额减除成本、费用以及损失后的余额）		

资、薪金所得项目而言，是指纳税人 2011 年 9 月 1 日（含）以后实际取得的工资、薪金所得，应适用税法修改后的减除费用标准和税率表，计算缴纳个人所得税。而纳税人 2011 年 9 月 1 日前实际取得的工资、薪金所得，无论税款是否在 2011 年 9 月 1 日以后入库，均应适用税法修改前的减除费用标准和税率表，计算缴纳个人所得税。例如：某纳税人 2011 年 8 月 3 日取得工资 5000 元，其应纳税款虽然于 9 月 6 日入库，但不能享受 3500 元/月的减除费用标准。

二、相关个人所得税缴纳的计算

1. 全年一次性奖金的计算

纳税人取得的全年一次性奖金按照以上口径计算缴纳个人所得税。

［例 1］　中国公民韩先生在某一公司工作，2011 年 12 月 3 日取得工资收入 3400 元，当月又一次取得年终奖金 24100 元，其应缴纳多少个人所得税？

解答如下：韩先生因当月工资不足 3500 元，可用其取得的奖金收入 24100 元补足其差额部分 100 元，剩余 24000 元除以 12 个月，得出月均收入

2000元，其对应的税率和速算扣除数分别为10%和105元。

应纳税额 = （24100 - 100） ×10% - 105 = 2295（元）

2. 对采掘业、远洋运输业、远洋捕捞业等特殊行业的缴纳计算

对采掘业、远洋运输业、远洋捕捞业等特殊行业实行按年计算的纳税人，其取得的工资、薪金所得按照以下方法计算缴纳个人所得税：平时取得的工资收入按照税法的相关规定预扣税款，年度终了后汇总全年收入除以12个月，算出月均收入额，前8个月的应纳税款按照税法修改前的减除费用标准和税率表计算，即应纳税额 = [（月均收入额 - 2000元）×修改前的适用税率 - 速算扣除数] ×8；后4个月的应纳税款按照税法修改后的减除费用标准和税率表计算，即应纳税额 = [（月均收入额 - 3500元）×修改后的适用税率 - 速算扣除数] ×4；全年实际应纳税额 = 前8个月的应纳税款 + 后4个月的应纳税款 - 平时预扣税款。

［例2］ 我国公民张先生在某一煤矿企业从事井下采煤工作，假设2011年每月工资收入4000元（已扣除三险一金），全年收入48000元，月均收入4000元，则前8月的每月应扣税款为：应纳税款 = [（4000 - 2000）×15% - 125] = 175（元），共计应纳税款 = [（4000 - 2000）×15% - 125] ×8 = 1400（元）；后4个月的每月应扣税款为：

应纳税款 =（4000 - 3500）×3% = 15（元）

共计应纳税款 =（4000 - 3500）×3% ×4 = 60（元）

全年共计应纳税额 = 1460（元）

3. 年终汇算清缴的计算

具体到生产经营所得项目，鉴于个体工商户、个人独资企业和合伙企业的生产经营所得是按年度计算，而且是在一个完整的纳税年度产生的，这就需要分段计算应纳税额，即：9月1日前适用税法修改前的减除费用标准和税率表；9月1日（含）后适用税法修改后的减除费用标准和税率表。

年终汇算清缴分段计算应纳税额时，需要分步进行：

（1）按照有关税收法律、法规和文件规定，计算全年应纳税所得额

（2）计算前8个月应纳税额：前8个月应纳税额 = （全年应纳税所得额×税法修改前的对应税率 - 速算扣除数） ×8/12

(3) 计算后4个月应纳税额：后4个月应纳税额 =（全年应纳税所得额×税法修改后的对应税率 - 速算扣除数）×4/12

(4) 全年应纳税额 = 前8个月应纳税额 + 后4个月应纳税额

对企事业单位的承包经营、承租经营所得比照上述计算方法计算缴纳个人所得税。

[例3] 某个人独资企业按照税法和相关规定计算出全年应纳税所得额为45000元（注意，按照财税［2011］62号文件规定，在计算全年应纳税所得额时，投资者本人后四个月的费用扣除标准为每月3500元），则其全年应纳税额计算如下：

前8个月应纳税额 =（45000×30% - 4250）×8/12 = 6166.67（元）

后4个月应纳税额 =（45000×20% - 3750）×4/12 = 1750（元）

全年应纳税额 = 6166.67 + 1750 = 7916.67（元）

三、新个税的“盲区”解析

之前网上纷纷流传“年终奖多发1元税后或少得万元”的观点，事实究竟如何？且听GTS为你细细道来。

[案例1] 年终奖多发1元之争

背景：

2011年年底，单位发给小李年终奖18800元，按有关年终奖个人所得税政策计算，小李应为这笔收入缴税1775元，即税后小李实际拿到手的钱是17025元。同单位的小王年终奖是18000元，同样方法计算，应该缴税540元，税后小王实际拿到手的钱是17460元。这样，就造成小李比小王只是多了800元年终奖，但却要比小王多缴1235元的税，导致小李实际上是“得不偿税”，还要倒贴，结果拿到手的钱就比小王少了435元。为什么会出现这种所得与税负不匹配的情况？这真是“盲区”在作怪吗？见表1-11所示。

案例分析：

这是个伪命题，道理其实很简单。假设年终奖18001元，按照速算扣除数，应纳税1155.10元，但是，可以按照以下税率表分级计算（见表1-12）。

表 1－11　　全年一次性奖金临界点节税安排

年终奖	除以 12 的商数	适用税率	速算扣除数	应纳税额	多发奖金数额	增加税额
18000 元	1500	3%	0	540 元	0	0
18001 元	1500.08	10%	105	1695.10 元	1 元	1155.10 元
19283.33 元	1606.94	10%	105	1823.33 元	1283.33 元	1283.33 元
54000 元	4500	10%	105	5295 元	0	0
54001 元	4500.08	20%	555	10245.20 元	1 元	4950.20 元
60187.50 元	5015.63	20%	555	11482.50 元	6187.50 元	6187.50 元
108000 元	9000	20%	555	21045 元	0	0
108001 元	9000.08	25%	1005	25995.25 元	1 元	4950.25 元
114600 元	9550	25%	1005	27645 元	6600 元	6600 元
420000 元	35000	25%	1005	103995 元	0	0
420001 元	35000.08	30%	2755	123245.30 元	1 元	19250.30 元
447500 元	37291.67	30%	2755	131495 元	27500 元	27500 元
660000 元	55000	30%	2755	195245 元	0	0
660001 元	55000.08	35%	5505	225495.35 元	1 元	30250.35 元
706538.46 元	58878.21	35%	5505	241783.46 元	46538.46 元	46538.46 元
960000 元	80000	35%	5505	330495 元	0	0
960001 元	80000.08	45%	13505	418495.45 元	1 元	88000.45 元
1120000 元	93333.33	45%	13505	490495 元	160000 元	160000 元

表 1－12　　税　率　表

级数	全月应纳税所得额		税率（%）	速算扣除数
	含税级距			
1	不超过 1500 元的		3	0
2	超过 1500 元至 4500 元的部分		10	105
3	超过 4500 元至 9000 元的部分		20	555
4	超过 9000 元至 35000 元的部分		25	1005
5	超过 35000 元至 55000 元的部分		30	2755
6	超过 55000 元至 80000 元的部分		35	5505
7	超过 80000 元的部分		45	13505

第一，不超过 1500 元的，税率 3%，则应纳个人所得税 1500 × 3% = 540（元）。

第二，超出1500元的部分，为18001－1500×12＝1（元）。

1元对照税率表，适用10%税率，应纳税1×10%＝0.1（元）。

第三，合计纳税540.1元，则税后收入为18001－540.1元，仍然高于18000元的税后收入：18000－540元。

为什么会出现“盲区”这个伪命题？目前的年终奖个税计算方法是，先将年终奖除以12，得出的商确定税率和速算扣除数，再按规定计税。但速算扣除数是根据工资、薪金的税率表计算出来的，而现在却用来计算年终奖的税负，所以当全年一次性奖金以其除以12的商数来确定税率时，实际上已经改变了税率表中的含税级距与不含税级距。此时速算扣除数就需要重新计算，而不能再沿用根据工资、薪金所得的税率表计算出来的速算扣除数。

但是，作者忽略了个人所得税是分级计算，超额累进的本质；这也是国家税务总局未加以改进的原因。

专家总结：

把这些所谓的“盲区”，只要分级计算，就不复存在。当然，分级计算，就不存在速算扣除系数。速算扣除系数只是快捷的计算方法，而不是法律规定的必然计算方法。

此次个人所得税制的完善有着重大的意义，不但有利于进一步发挥调节收入分配的作用，更有利于应对通胀压力。GTS预测未来个税改革将会注重在以下5个方面：

第一，科学界定综合所得与分类所得，将经常性、连续性所得合并为综合所得，如工薪所得等，将其他一些临时性、偶然性所得作为分类所得。

第二，合理确定费用扣除，综合所得的费用扣除将涵盖基本费用扣除和生产经营所得成本费用扣除，基本费用扣除在现行生计费用扣除的基础上，适当增加单项扣除项目。

第三，简并调整税率结构，参照工薪所得税率、生产经营所得税率等，重新设计综合所得税率。

第四，调整规范税收优惠，取消不合理的减免税项目，适当增加一些必要的减免税项目。

第五，构建新的征管方，对综合所得实行“单位预扣预缴、个人自行申报、年度汇算清缴、税务检查评估”的征管方式。

个人所得税的改革与每个人都息息相关，除了每月的薪金所得，起征点和级距的变化也为奖金、年金、年终汇算清缴带来了新的合规要求，GTS 对于此次税改的解读和案例分析，希望将有助于税务团队进行更有效的个税筹划并使之与法律合规。同时 GTS 也要提醒大家注意个税的“盲区”，遇到相关的税务困惑可以咨询税务专家，切勿偏听偏信。

第二章

税务风险管理

企业重组与并购涉税风险管理

企业重组[①]与并购一直都是企业扩张规模、进军新领域的有效手段，所以近年来中国企业的并购重组规模一直呈上升态势。数据显示：2011 年中国企业并购重组总体规模和平均每笔交易规模都较 2010 年有所下降。中国企业 2011 年在并购市场的交易金额达 1568.5 亿美元，同比下降 7.29%。其中，每笔交易平均金额为 7259 万美元，而 2010 年同期数据为 7786 万美元。不过在海外并购方面，2011 年中国企业较 2010 年更为积极，也取得了更多的收获。据彭博资讯数据，中国企业 2011 年的海外并购交易规模占总体交易规模 58.06%，交易数量达 1194 笔，合计 917.4 亿美元。而 2010 年海外交易仅占总体并购规模的 53.63%。同时专家还预测中国和日本有望继续成为 2012 年最活跃的两个并购交易地区，中国 2012 年的并购重组交易规模有望达到 1264.2 亿美元，交易笔数有望达到 2275 笔，而且中国和澳洲的企业也并列成为 2012 年亚太地区最值得期待的收购目标。

并购重组固然是增加企业核心竞争力的“捷径”，不过众所周知这条“捷径”也并没有那么好走，GTS 将以国家税务总局公告 2010 年第 4 号《关于发布〈企业重组业务企业所得税管理办法〉的公告》为切入点，分析企业重组与并购中存在的税务风险以及税务机会。

2010 年 7 月随着《关于发布〈企业重组业务企业所得税管理办法〉的公告》（国家税务总局公告 2010 年第 4 号）的发布，新办法于 2010 年 1 月 1 日起正式实行。

一、企业重组的类型

1. 股权收购

是指一家企业购买另一家企业的股权，以实现对被收购企业控制的

① “企业重组”是指：涉及一个或一个以上企业的实质性或重大的法律或经济结构改变的交易，主要包括股权收购、资产收购、合并、分立等。

交易。

2. 资产收购

一家企业购买另一家企业的实质经营性资产的交易。

3. 合并

是指二家或多家不需要经过清算程序而解散的企业，将其全部资产和负债转让给另一家现存企业，或者新设企业（为合并企业），原企业股东换取合并企业的股权（或股权以外的补价），实现两个或两个以上企业的依法合并。

4. 分立

是指一家企业将部分或全部营业（包括资产和负债）分离转让给两个或两个以上现存或新设的企业，为其股东换取分立企业的股权（或股权以外的补价）。

二、重组中的各类税务处理

在上述的四大类重组的过程中，所涉及的主要税收问题包括了：资产转让所得或损失的确认、亏损处理、税收优惠过渡的处理等等，而其中最受大家关注的是资产转让的税务处理。资产转让的税务处理取决于重组目的、交易情况和支付对价的情况，分为一般和特殊税务处理。一般性税务处理是指在一般情况下，重组发生时确认转让所得或损失。确认所得收益或者损失后，受让企业接受的资产价格，按照交易价格重新确定，并据此计算资产的折旧或摊销。

特殊性税务处理是指企业重组符合下列条件的，将适用特殊处理，有关资产暂不确认所得或损失：

第一，具有合理的商业目的，且不以减少、免除或者推迟缴纳税款为主要目的；

第二，被收购、合并或分立部分的资产或股权比例符合本通知规定的比例；

第三，企业重组后的连续12个月内不改变重组资产原来的实质性经营活动；

第四，重组交易对价中涉及股权支付金额符合本通知规定比例；

第五，企业重组中取得股权支付的原主要股东，在重组后连续12个月内，不得转让所取得的股权。关于特殊性税务处理请参见《财政部、国家税务总局关于企业重组业务企业所得税处理若干问题的通知》（财税［2009］59号）。

1. 股权收购的税务处理

股权收购的一般性税务处理：被收购方应确认股权转让所得或损失，收购方取得股权的计税基础应以公允价值为基础确定。笔者将在下面列举各种案例来阐述重组一般处理与特殊处理的不同之处以及注意要点，首先是股权收购的税务一般处理。

（1）股权收购的税务一般处理

［案例1］

背景：

设A公司持有甲企业100%的股权，计税基础是200万元，公允价为500万元。乙企业收购A公司的全部股权，支付的非股权支付额为500万元。对股权转让所得应如何进行涉税分析？

案例分析：

由于本案例中的股权转让没有涉及股权支付，只涉及非股权支付，根据财政部、国家税务总局《关于企业重组业务企业所得税处理若干问题的通知》（财税［2009］59号）第四条第三项规定，企业股权收购、资产收购重组交易，相关交易应按以下规定处理：被收购方应确认股权、资产转让所得或损失；收购方取得股权或资产的计税基础应以公允价值为基础确定；被收购企业的相关所得税事项原则上保持不变。即应进行一般性税务处理。因此，A公司的股东股权转让增值额就是300万元，需要缴纳企业所得税75万元。乙企业收购甲企业股权的计税基础就是500万元。

（2）股权收购的税务特殊处理

股权收购的特殊税务处理必须满足以下三个条件：

第一，必须具有充分的经营目的。

第二，股权收购不低于被收购企业全部股权的75%。

第三，股权支付价在85%以上。

GTS 专家提醒企业税务负责人在特殊税务处理上需要注意三点：

第一，股权可以按照原始价格转让，除现金交易部分外，各方均以原始价格确定股权重组的价格，暂不确定交易的收益或损失。

第二，被收购企业的股东取得收购企业股权的计税基础，以被收购股权的原有计税基础确定。

第三，收购企业取得被收购企业股权的计税基础，以收购企业原有股权计税基础确定。

［案例 2］

背景：

A 公司持有甲企业 100% 的股权，计税基础是 200 万元，公允价为 500 万元。乙企业收购 A 公司的全部股权（转让股权超过了 75%），价款为 500 万元。以乙企业股权为 500 万元（即 A 公司将甲企业股权置换成乙企业股权）支付给 A 公司，股权支付比例达 100%（超过了 85%）。那么，股权增值的 300 万元可以暂时不纳税。因为不需纳税，所以 A 单位取得乙企业新股的计税基础仍是原计税基础 200 万元，不是 500 万元。乙企业取得甲企业股权的计税基础，以被收购企业甲企业的原有计税基础 200 万元确定。

案例分析：

虽然财税［2009］59 号文件规定，符合特殊处理条件的股权收购业务，在涉及非股权支付的情况下，应确认非股权支付对应的资产所得或损失，并调整相应资产的计税基础，但未明确应如何调整相应资产的计税基础。按照所得税对等理论，被收购企业股东应以被收购企业股权的原计税基础加上非股权支付额对应的股权转让所得，作为取得的股权支付额和非股权支付额的计税基础。其中，非股权支付额的计税基础应为公允价值，所以取得收购企业股权的计税基础应为被收购企业股权的原计税基础加上非股权支付额对应的股权转让所得减去非股权支付的公允价值。同样，乙公司取得现金资产的计税基础应为 300 万元，取得甲公司股权的计税基础应为 1000 + 250 - 300 = 950 万元。未来乙公司转让甲公司股权时允许扣除的计税基础为 950 万元，而不是初得时的公允价值 500 万元。可见，财税［2009］59 号文件对股权收购特殊处理的规定，并不是让被收购企业的股东真正享受所得税的免税待遇，而是为支持企业并购重组，允许其递延缴纳企业所得税而已。

(3) 股权收购的税务一般+特殊处理

下面是两种税务处理方式相结合的股权收购案例：

[案例3]

背景：

上市公司A发布重大重组预案公告称，公司将通过定向增发，向该公司的实际控制人中国海外控股公司B公司（该B公司注册地在英属维尔京群岛）发行36809万股A股股票，收购B公司持有的水泥有限公司C的50%的股权。增发价7.61元/股。收购完成后，C公司将成为A公司的控股子公司。C公司成立时的注册资本为856839300元，其中建工建材总公司D公司的出资金额为214242370元，出资比例为25%，B公司的出资金额为642596930元，出资比例为75%。根据法律法规，B公司本次认购的股票自发行结束之日起36个月内不上市交易或转让。

案例分析：

①业务的性质。此项股权收购完成后，A公司将达到控制C公司的目的，因此符合《通知》[①] 规定中的股权收购的定义。

②企业所得税政策的适用。尽管符合控股合并的条件，尽管所支付的对价均为上市公司的股权，但由于A公司只收购了水泥有限公司C公司的50%股权，没有达到75%的要求，因此应当适用一般性处理：

a. 被收购企业的股东：B公司，应确认股权转让所得。

股权转让所得=取得对价的公允价值-原计税基础=7.61×368090000-856839300×50%=2372745250（元）

由于B公司的注册地在英属维尔京群岛，属于非居民企业，因此其股权转让应纳的所得税为：2372745250×10%=237274525（元）。

b. 收购方：A公司取得（对C公司）股权的计税基础应以公允价值为基础确定，即2801164900元（7.61×368090000）。

c. 被收购企业：C公司的相关所得税事项保持不变。

如果其他条件不变，B公司将转让的股权份额提高到75%，也就转让

① 《通知》即《财政部、国家税务总局关于企业重组业务企业所得税处理若干问题的通知》（财税［2009］59号）。

其持有的全部C公司的股权，那么由于此项交易同时符合财税［2009］59号中规定的五个条件，因此可以选择特殊性税务处理：

a. 被收购企业的股东：B公司，暂不确认股权转让所得。

b. 收购方：A公司取得（对C公司）股权的计税基础应以被收购股权的原有计税基础确定，即642629475元（856839300×75%）。

c. 被收购企业：C公司的相关所得税事项保持不变。

可见，如果B公司采用后一种方式，转让C公司75%的股权，则可以在当期避免2.37亿元的所得税支出。

2. 资产收购的税务处理

（1）资产收购的税务一般处理

资产收购的税务一般性处理：被收购方应确认资产转让所得或损失，收购方取得资产的计税基础应以公允价值为基础确定。

［案例4］

背景：

2009年3月，甲公司以500万元的银行存款购买取得乙公司经营性资产，乙公司资产总额为2000万元，甲公司购买的经营性资产账面价值400万元，计税基础450万元，公允价值500万元。

案例分析：

甲公司（受让方/收购方）的税务处理为：甲公司购买该经营性资产后，应以该资产的公允价值500万元为基础确定计税基础；乙公司（转让方/被收购方）的税务处理为：乙公司应确认资产转让所得：500－450＝50（万元）。

（2）资产收购的税务特殊处理

资产收购的税务特殊性处理要满足以下三个条件：

第一，必须具有充分的经营目的。

第二，资产收购不低于被收购企业全部资产的75%。

第三，股权支付价在85%以上。

税务负责人需要注意的是：

第一，转让企业取得受让企业股权的计税基础，以被转让资产的原有计税基础确定。

第二，受让企业取得转让企业资产的计税基础，以被转让资产的原有计税基础确定。

◇ [案例5]

背景：

A公司是一家大型纺织品生产企业。为扩展生产经营规模，A企业决定收购位于同城的B纺织企业。由于B企业负债累累，为避免整体合并后承担过高债务的风险，A企业决定仅收购B企业从事纺织品生产的所有资产。2009年5月1日，双方达成收购协议，A企业收购B企业涉及纺织品生产地所有资产。2009年4月15日，B企业所有资产经评估后的资产总额为1750万元。A企业以B企业经评估后的资产总价值1730万元为准，向B企业支付了两项对价：①支付现金130万元；②A企业将其持有的其全资子公司20%的股权合计800万股，支付给B公司，该项长期股权投资的公允价值为1600万元，计税基础为800万元。假设A企业该项资产收购是为了扩大生产经营，具有合理的商业目的，且A企业承诺收购B企业纺织品资产后，除进行必要的设备更新后，在连续12个月内仍用该项资产从事纺织品生产。

案例分析：

通过信息初步判断该项资产并购符合财税［2009］59号文件第五条关于特殊性税务处理的5个条件，然后进行“收购资产比例”和“股权支付比例”这两个指标的分析：①受让企业A收购转让企业B的资产总额为1730万元，B企业全部资产总额经评估为1750万元，A收购转让企业B的资产占B企业总资产的比例为98.9%（1730÷1750），超过了75%的比例。②受让企业在资产收购中，股权支付金额为1600万元，非股权支付金额为130万元，股权支付金额占交易总额的92.5%（1600÷1730），超过85%的比例。因此我们可以得出结论，A企业对B企业的这项资产收购交易可以适用特殊性税务处理。

（3）资产收购特殊性税务处理是否会产生双重征税？

采用特殊性税务处理方式，企业重组当事各方可通过递延纳税来减轻重组时的税收负担。但是存在争议的是：特殊性税务处理虽能递延缴税，却可能造成重复征税。特殊性税务处理究竟会不会产生重复征税？GTS将通过以下的案例探讨资产收购特殊性税务处理的相关问题。

◈［案例 6］

背景：

A 公司以对 C 公司的长期股权投资收购 B 公司的一条生产线。A 公司对 C 公司长期股权投资的账面价值、公允价值分别为 12 亿元、20 亿元，B 公司该条生产线的账面价值、公允价值分别为 16 亿元（其中原价 22 亿元，累计折旧 6 亿元）、20 亿元。为简化核算，假定该项交易具有商业实质，也符合使用特殊性税务处理规定的条件；B 公司除该条生产线外无其他资产，也无负债；A 公司和 B 公司适用的所得税税率均为 25%，不考虑企业所得税以外的其他相关税费，无其他纳税调整事项；该条生产线的会计政策与税收政策一致；为分析方便，假定 A 公司在换取该条生产线、B 公司在换取该项投资后随即处置，取得的处置收入均为 20 亿元。

案例分析：

1）一般性税务处理（下列会计分录中的金额单位均为亿元）

① A 公司的会计与税务处理。

第一，A 公司换取 B 公司生产线时。

A 公司在以对 C 公司的长期股权投资换取 B 公司生产线时的账务处理如下：

借：固定资产　　20

　贷：长期股权投资——C 公司　　12

　　投资收益　　8

在 A 公司和 B 公司均采取一般性税务处理的情况下，A 公司换取 B 公司生产线的账面价值和计税基础均为 20 亿元，不产生暂时性差异。因此，A 公司在计算应纳税所得额时，无需进行纳税调整，会计上确认的投资收益 8 亿元应当计入应纳税所得额，缴纳所得税 2 亿元（8×25%）。其账务处理如下：

借：所得税费用　　2

　贷：应交税费——应交所得税　　2

第二，A 公司处置生产线时。

A 公司在处置该条生产线时的账务处理如下（假定不通过“固定资产清理”科目核算，下同）：

借：银行存款　　20

　贷：固定资产　　20

A 公司在处置该条生产线时，会计处理上不产生利润，税务处理上也不产生应纳税所得额，无需缴纳所得税。

② B 公司的会计与税务处理。

第一，B 公司换取长期股权投资时。

B 公司在以生产线换取长期股权投资时的账务处理如下：

借：长期股权投资——C 公司　　20

　　累计折旧　　6

　　贷：固定资产　　22

　　　　营业外收入　　4

在 A 公司和 B 公司均采取一般性税务处理的情况下，B 公司换取对 C 公司长期股权投资的账面价值和计税基础均为 20 亿元，不产生暂时性差异。因此，B 公司在计算应纳税所得额时，无需进行纳税调整，会计上确认的转让固定资产利得 4 亿元应当计入应纳税所得额，缴纳所得税 1 亿元（4×25%）。其账务处理如下：

借：所得税费用　　1

　　贷：应交税费——应交所得税　　1

第二，B 公司处置长期股权投资时。

B 公司在处置该项长期股权投资时的账务处理如下：

借：银行存款　　20

　　贷：长期股权投资——C 公司　　20

B 公司在处置该项长期股权投资时，会计处理上不产生利润，税务处理上也不产生应纳税所得额，无需缴纳所得税。

由上例可知，在 A 公司和 B 公司均采取一般性税务处理的情况下，在该项资产收购交易中，A 公司需要缴纳所得税 2 亿元，B 公司需要缴纳所得税 1 亿元，合计缴纳所得税 3 亿元。

2）特殊性税务处理

① A 公司的会计与税务处理。在 A 公司和 B 公司均采取特殊性税务处理的情况下，A 公司换取对 B 公司生产线的账面价值（即入账价值）、计税基础分别为 20 亿元、16 亿元，产生应纳税暂时性差异 4 亿元。因此，A 公司在计算应纳税所得额时，应当在会计上确认投资收益 8 亿元的基础上调减产生的应纳税暂时性差异 4 亿元，确认递延所得税负债 1 亿元（4×25%），同时需要缴纳所得税 1 亿元［（8－4）×25%］。其账务处理如下：

借：所得税费用　　1

　　贷：递延所得税负债　　1

借：所得税费用　　1

　　贷：应交税费——应交所得税　　1

A公司在处置该条生产线时，会计处理上不产生利润，但在税务处理上应当转回应纳税暂时性差异4亿元和相应的递延所得税负债1亿元，调增应纳税所得额4亿元，需要缴纳所得税1亿元（4×25%）。其账务处理如下：

借：递延所得税负债　　1

　　贷：所得税费用　　1

借：所得税费用　　1

　　贷：应交税费——应交所得税　　1

② B公司的会计与税务处理。在A公司和B公司均采取特殊性税务处理的情况下，B公司取得对C公司长期股权投资的账面价值（即入账价值）、计税基础分别为20亿元、16亿元，产生应纳税暂时性差异4亿元。因此，B公司在计算应纳税所得额时，应当在会计上确认转让固定资产利得4亿元的基础上调减该项应纳税暂时性差异4亿元，确认递延所得税负债1亿元（4×25%），应纳税所得额为0，无需缴纳所得税。其账务处理如下：

借：所得税费用　　1

　　贷：递延所得税负债　　1

B公司在处置该项长期股权投资时，会计处理上不产生利润，但在税务处理上应当转回应纳税暂时性差异4亿元和相应的递延所得税负债1亿元，调增应纳税所得额4亿元，需要缴纳所得税1亿元（4×25%）。其账务处理如下：

借：递延所得税负债　　1

　　贷：所得税费用　　1

借：所得税费用　　1

　　贷：应交税费——应交所得税　　1

由上例可知，在A公司和B公司均采取特殊性税务处理的情况下，在该项资产收购交易中A公司需要缴纳所得税2亿元，B公司需要缴纳所得税1亿元，合计缴纳所得税3亿元。可见，在资产收购交易中，无论是采取一般性税务处理还是采取特殊性税务处理，资产收购的当事各方缴纳的所得税均为3亿元，特殊性税务处理并不会产生重复征税问题，只是特殊性税务处理起到递延缴纳所得税的作用。

3. 合并的税务处理

企业合并包括三种形式，即控股合并、吸收合并和新设合并。所得税上所称合并业务通常是指吸收合并和新设合并，而控股合并所得税上称之为股权收购。

（1）合并的税务一般处理

企业合并的一般性处理需要注意的是：

第一，合并企业应按公允价值确定接受被合并企业各项资产和负债的计税基础。

第二，被合并企业及其股东都应按清算进行所得税处理。

第三，被合并企业的亏损不得在合并企业结转弥补。

第四，实际上，为存续企业增资扩股。

［例1］ 甲企业合并乙企业，乙企业被合并时账面净资产为5000万元，评估公允价值为6000万元。乙企业股东收到合并后新企业股权4000万元，其他非股权支付2000万元。此合并中，甲企业接受乙企业的净资产按公允价值6000万元作为计税基础。乙企业资产评估增值1000万元需要按规定缴纳企业所得税，税后按清算分配处理。

（2）合并的税务特殊处理

合并的特殊处理要符合以下四个条件：

第一，具有合理的商业目的。

第二，合并时，股权比例不低于85%，或者同一控股下不需要支付对价的合并。

第三，合并后的12个月内不改变重组资产的原来实质性经营活动。

第四，原主要股东在重组后12个月，不转让股权。

税务从业人员还需要注意的规定还有：

第一，合并企业接受被合并企业资产和负债的计税基础，以被合并企业的原有计税基础确定。

第二，被合并企业合并前的相关所得税事项由合并企业承继。

第三，可由合并企业弥补的被合并企业亏损的限额＝被合并企业净资产公允价值×截至合并业务发生当年年末国家发行的最长期限的国债利率。

第四，被合并企业股东取得合并企业股权的计税基础，以其原持有的被合并企业股权的计税基础确定。

［例2］ 甲企业合并乙企业，乙企业被合并时账面净资产为5000万元，评估公允价值为6000万元。乙企业股东收到合并后企业股权5500万元，其他非股权支付500万元，则股权支付额占交易支付总额比例为92%（5500÷6000×100%），超过85%，双方可以选择特殊性税务处理，即资产增值部分1000万元不缴纳企业所得税。同时，甲乙双方的股份置换也不确认转让所得或损失。

GTS还要提醒各位一点：特殊性税务处理中，非股权支付额要纳税。按财税［2009］59号文件第六条第（六）项规定，重组交易各方按规定对交易中股权支付暂不确认有关资产的转让所得或损失的，其非股权支付仍应在交易当期确认相应的资产转让所得或损失，并调整相应资产的计税基础。非股权支付对应的资产转让所得或损失=（被转让资产的公允价值-被转让资产的计税基础）×（非股权支付金额÷被转让资产的公允价值）。

按上例，乙企业股东取得新合并企业股权5500万元，取得非股权500万元。假如乙企业股东原投入乙企业的股权投资成本为4000万元，则增值2000万元（5500+500-4000）。股东取得的非股权收入500万元对应的转让所得为：500÷6000×2000=166.7（万元）。股东取得新股的计税成本不是5500万元，而是3666.7万元（4000-500+166.7）。这就是财税［2009］59号文件第六条第（四）项规定的“被合并企业股东取得合并企业股权的计税基础，以其原持有的被合并企业股权的计税基础确定”。同样，特殊合并的企业由于被合并企业资产增值和损失税收上没有确认，所以，接收资产时也是按原企业资产账面价值作为计税基础。财税［2009］59号文件第六条第（四）项规定，企业合并，企业股东在该企业合并发生时取得的股权支付金额不低于其交易支付总额的85%，以及同一控制下且不需要支付对价的企业合并，可以选择按以下规定处理：

第一，合并企业接受被合并企业资产和负债的计税基础，以被合并企业的原有计税基础确定。

第二，被合并企业合并前的相关所得税事项由合并企业承继。如上例，甲企业合并乙企业，尽管乙企业净资产的公允价值为6000万元，但其账面价值为5000万元，合并后的企业只能以5000万元作为接受资产的计税基础。

4. 分立的税务处理

（1）分立的税务一般处理

分立的一般性处理包括：

第一，被分立企业对分立出去资产应按公允价值确认资产转让所得或损失；

第二，分立企业应按公允价值确认接受资产的计税基础；

第三，被分立企业继续存在时，其股东取得的对价应视同被分立企业分配进行处理；

第四，被分立企业不再继续存在时，被分立企业及其股东都应按清算进行所得税处理；

第五，企业分立相关企业的亏损不得相互结转弥补。

（2）分立的税务特殊处理

特殊性处理要符合的条件：

第一，具有合理的商业目的。

第二，分立时，原股东取得股权支付比例不低于85%。

第三，分立后的12个月内不改变重组资产的原来实质性经营活动。

第四，原主要股东在重组后12个月，不转让股权。

GTS建议同样需要注意的有：

第一，分立企业接受被分立企业资产和负债的计税基础，以被分立企业的原有计税基础确定。

第二，被分立企业已分立出去资产相应的所得税事项由分立企业承继。

第三，被分立企业未超过法定弥补期限的亏损额可按分立资产占全部资产的比例进行分配，由分立企业继续弥补。

第四，被分立企业的股东取得分立企业的股权（以下简称“新股”），如需部分或全部放弃原持有的被分立企业的股权（以下简称“旧股”），“新股”的计税基础应以放弃“旧股”的计税基础确定。如不需放弃“旧股”，则其取得“新股”的计税基础可从以下两种方法中选择确定：直接将“新股”的计税基础确定为零；或者以被分立企业分立出去的净资产占被分立企业全部净资产的比例先调减原持有的“旧股”的计税基础，再将调减的计税基础平均分配到“新股”上。

企业分立应当进行资产评估，防止出现分立后各企业经评估的净资产之和小于被分立企业注册资本、新设企业出资不实的情况。请看下述的一个综合性案例。

［案例 7］

背景：

A 公司和 D 公司共同投资设立 B 公司，分别持有 B 公司 50% 股权，形成共同控制，按照权益法进行核算。B 公司有两项主营业务，A 公司和 D 公司经协商，准备分别发展其中一项业务。为此，需要将 B 公司分立为两家公司，由 A 公司和 D 公司分别全资控制其中一家分立公司。具体的操作方式是，将 B 公司分拆为两家公司，A 公司和 D 公司分别持有两家公司 50% 的股份，然后按照分立企业资产评估结果，A 公司和 D 公司分别按照股权评估价值从对方购买自己拟控制企业 50% 的股权，达到 A 公司和 D 公司分别全资控制 1 个分立公司的目标。分立前，B 公司账面净资产 5000 万元，其中实收资本 100 万元、盈余公积 550 万元、未分配利润 4350 万元。截至分立日，A 公司和 D 公司长期股权投资余额均为 2500 万元，其中投资成本 50 万元、损益调整 2450 万元。按照业务相关性原则，B 公司保留一项业务，分拆业务成立 C 公司，B 公司经评估，净资产增值 5000 万元，按照资产划分分别计入分立后 B 公司和 C 公司资本公积。分立后，A 公司购买 D 公司持有分立后 B 公司 50% 股权，实现对 B 公司 100% 控股，D 公司购买 A 公司持有 C 公司 50% 股权，实现对 C 公司 100% 控股。有关各方会计处理需要按照分立进程分别处理。

案例分析：

第一步：B 公司分立时各方会计处理（单位：万元，下同）：在分拆时，A 公司和 D 公司按原持股比例取得分立后 B 公司和 C 公司的股权，分立后 B 公司和 C 公司均未改变原来的实质经营活动，A 公司和 D 公司没有发生股权支付，只要在分立后 12 个月内不进行股权交易，就能符合企业分立适用特殊性税务处理的条件，不产生缴纳所得税问题。C 公司接受分立前 B 公司的资产和负债的计税基础，以分立前 B 公司的原有计税基础确定，A公司和D公司持有分立后B公司和C公司的股权成本按照分立后B公司和C公司净资产占分立前B公司净资产的比例进行分配。

B公司

借：实收资本——A公司　25

　　　　　　——D公司　25

　　盈余公积　350

　　未分配利润　3350

　　贷：资产类科目　3750

C公司

借：资产类科目　3750

　　贷：实收资本——公司　25

　　　　　　　　——D公司　25

　　　　资本公积　3700

A公司

借：长期股权投资——C公司——成本　1875

　　贷：长期股权投资——B公司——成本　25

　　　　　　　　　　——损益调整　1850

D公司

借：长期股权投资——C公司——成本　1875

　　贷：长期股权投资——B公司——成本　25

　　　　　　　　　　——损益调整　1850

第二步：A公司和D公司交换股权时各方会计处理（假定都按照评估价值确认对价）：财税［2009］59号把股权收购也区分为一般性税务处理和特殊性税务处理。A公司和D公司换股收购B公司和C公司股权的比例均为50%，无法满足股权收购特殊性税务处理的条件，应该按照一般性税务处理的要求进行税务处理。A公司和D公司需要确认股权转让损益和股权收购成本，并按照规定缴纳企业所得税。对B公司和C公司评估增值对净资产的影响，A公司和D公司需要相应调整投资成本和资本公积。由于A公司和D公司交换股权，分别实现对B公司和C公司100%持股，B公司和C公司按照评估值对资产账面价值进行调整，对于评估价值和账面价值的差额作纳税调整，即评估增值额部分不能税前扣除，计算应纳税所得额时需要在报表利润基础上调增评估增值部分对当期利润额的影响（当然，B 公司和 C 公司也可以不做资产价值调整，但是 A 公司和 D 公司在编制合并报表时则需要分别就评估增值对 B 公司和 C 公司报表的影响对其报表进行调整）。

B 公司

借：资产类科目　1500
　　贷：资本公积　1500
借：实收资本——D 公司　25
　　贷：实收资本——A 公司　25

C 公司

借：资产类科目　3500
　　贷：资本公积　3500
借：实收资本——A 公司　25
　　贷：实收资本——D 公司　25

A 公司

借：应收账款——D 公司　3625
　　贷：长期股权投资——C 公司——成本　1875
　　　　投资收益　1750
借：所得税　4375
　　贷：应交税费——应交企业所得税　4375
借：长期股权投资——B 公司——成本　1375
　　贷：应收账款——D 公司　1375
借：长期股权投资——B 公司——其他权益调整　750
　　贷：资本公积——其他资本公积　750

D 公司

借：应收账款——A 公司　1375
　　贷：长期股权投资——B 公司——成本　625
　　　　投资收益　750
借：所得税　1875
　　贷：应交税费——应交企业所得税　1875
借：长期股权投资——C 公司——成本　3625
　　贷：应收账款——A 公司　3625
借：长期股权投资——C 公司——其他权益调整　1750

贷：资本公积——其他资本公积　　1750

三、跨境重组

所谓的跨境重组是指：企业发生涉及中国境内与境外之间（包括港澳台地区）的股权和资产收购交易。同样也涉及一般性处理与特殊性处理。

1. 跨境重组的税务一般处理

一般性规定包括：

第一，股权交易应按公允价格确定。

第二，转让方按照公允价格计算股权转让收益。

第三，受让方按照公允价格确定股权受让成本。

2. 跨境重组的税务特殊处理

特殊处理还需要满足以下条件之一：

第一，非居民企业向其100%直接控股的另一非居民企业转让其拥有的居民企业股权，没有因此造成以后该项股权转让所得预提税负担变化，且转让方非居民企业向主管税务机关书面承诺在3年（含3年）内不转让其拥有受让方非居民企业的股权。

第二，非居民企业向与其具有100%直接控股关系的居民企业转让其拥有的另一居民企业股权。

第三，居民企业以其拥有的资产或股权向其100%直接控股的非居民企业进行投资。

第四，财政部、国家税务总局核准的其他情形。

3. 跨境重组的模式

跨境重组主要有以下三种情况："境外—境外"模式——非居民企业间的股权转让；"境内—境外"模式——居民企业将其拥有的资产或股权向境外非居民企业投资；"境外—境内"模式——境外非居民企业将其持有的我国居民企业股权转让给中国境内的居民企业。GTS为大家分析一个典型的非居民企业向居民企业收购股权的案例，如图2－1所示：

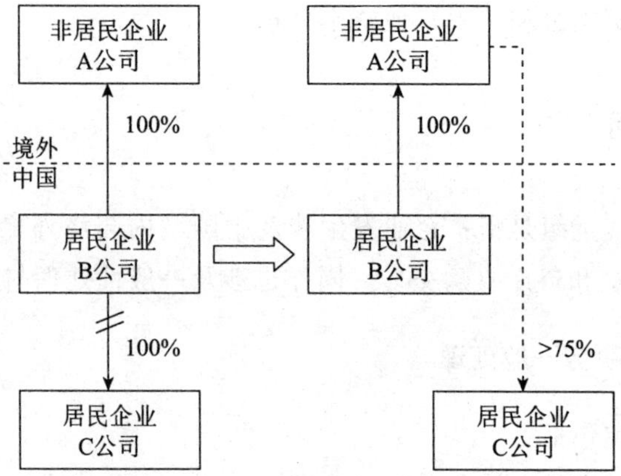

图 2－1　非居民企业向居民企业收购股权

此案例满足 59 号文第五条的所有条件，包括 75% 股权要求和股权支付≥交易支付总额的 85%。A 公司用资产或股权投资 C 公司，B 公司自合同签订之日起 30 日内向其主管税务机关申报。根据 4 号公告，此案例需要报送的材料包括：股权转让的商业目的；由评估机构出具的资产或股权评估报告。报告中应分别列示涉及的各单项被转让资产和负债的公允价值以及证明重组符合特殊性税务处理条件的资料。

四、国有企业重组上市的税务处理

国有企业重组上市主要有三种形式：

第一，以集团公司作为发起人，设立股份公司，将其资产或股权，经过评估后注入股份公司，换取股份公司股权。

第二，集团以下的二级子公司作为发起人，将其持有的资产或股权注入股份公司。

第三，国有企业或其他企业改组上市，原股东作为发起人。

以上三种主要形式所要注意的问题有两个：

第一，资产或股权评估增值的税务处理。

第二，股份公司接收的资产或股权作价问题。

GTS 将通过以下案例详细阐述国有企业重组上市中所涉及的各种税务处理安排。

◆ [案例 8]

背景：

某大型国企计划整体改制重组并在境内上市，其原结构如图 2-2 所示：

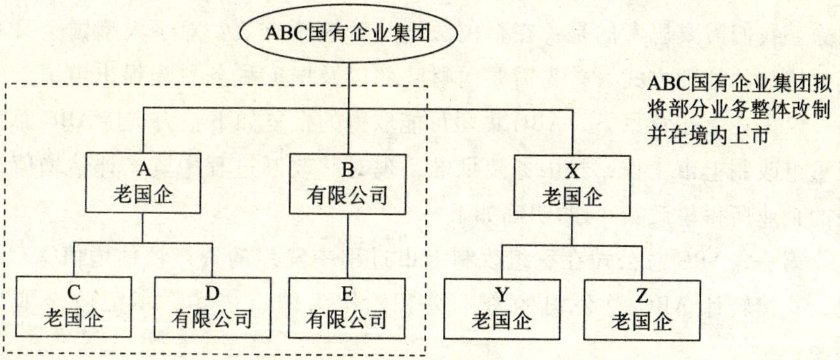

图 2-2 某大型国企重组前原企业结构

改制第一步：将虚线框内的业务进行整体改制重组并首次公开发行股票，改制后架构如图 2-3 所示：

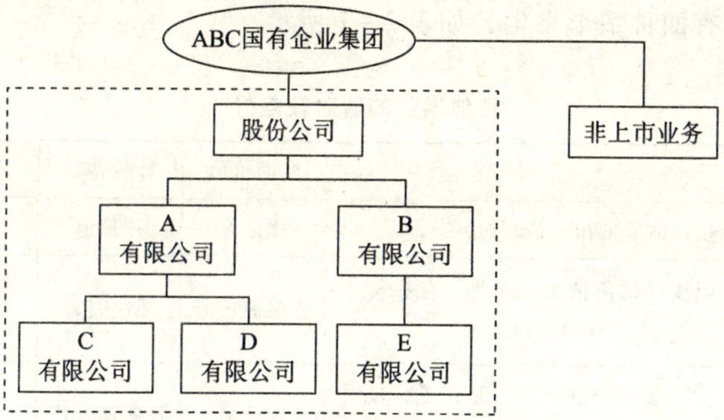

图 2-3 某大型国企重组后企业结构

那么在改制过程中的资产评估增值，什么情况可以按评估值入账？股份公司中个别报表是可以计入的，但在合并报表中只有小改制的企业才可以。如图 2-3 所示，同时进行小改制的子公司 A 和 C 是可以入账的，而在过去已完成改制的子公司：有限责任公司 B、D、E 就不可以。除了会计处理，改制过程中还牵涉到了相当复杂的税务处理。

案例分析：

①是否需要就评估增值计提折旧抵扣应纳税所得额？

一般规定：财税字［1997］77号第四条（仅适用于进行股份制改造的内资企业）：进行股份制改造发生的资产评估增值，应相应调整账户，所发生的固定资产评估增值可以计提折旧，但在计算应纳税所得额时不得扣除。我们需要思考的是：在新税法下是否继续有效？对于大型国企又有其他特殊的处理方式。首先需要向财政部以及国家税务总局提出申请，一事一议。在上述背景下，ABC集团可能取得的批复如下：为支持ABC总公司重组改制上市工作，经国务院批准，现对其改制过程中资产评估增值涉及的企业所得税政策 问题明确如下：

第一，ABC总公司在重组改制上市过程中发生的资产评估增值XX亿元，直接转计ABC总公司的资本公积，作为国有资本，不征收企业所得税；

第二，对上述经过评估的资产，ABC股份有限公司及其全资和控股的子公司可以按评估后的资产价值计提折旧或摊销，并在企业所得税税前扣除。

②评估增值是否会产生暂时性差异？

通常会有四种情形发生，如表2-1所示：

表2-1　　评估增值的暂时性差异

		账面价值	计税基础	暂时性差异
(1)	调账且按评估值抵扣（最理想）	评估值	评估值	无
(2)	未调账但按评估值抵扣（少见，存在税务风险）	原账面价值	评估值	可抵扣
(3)	调账但按原账面价值抵扣（最常见，没拿到批文）	评估值	原账面价值	应纳税
(4)	未调账且按原账面价值抵扣（最糟糕）	原账面价值	原账面价值	无

在第二种情况“未调账但按评估值抵扣”的情形下，要如何处理递延所得税资产？首先要确认递延所得税资产是计入当期损益还是计入所有者权益，如果是计入当期损益的，那就符合所得税的确认原则；如果是计入所有者权益的，那就要考虑中国国情，按实际情况再做处理。在第三种情

况“调账但按原账面价值抵扣”的情形下，是否应当确认递延所得税负债？有一种新观点则认为：不！应该考虑“初始确认豁免”。当然同时具有以下两个特征的交易总产生的资产或负债的初始确认相关的递延所得税负债不予确认：

第一，该项交易不是企业合并

第二，交易发生时既不影响会计利润也不影响应纳税所得额（或可抵扣亏损）。不适用“初始确认豁免”的应确认递延所得税负债，同时要计入所有者权益

③国有产权的无偿划转。根据国资发产权［2005］239号《企业国有产权无偿划转管理暂行办法》规定：

第一，企业国有产权在政府机构、事业单位、国有独资企业、国有独资公司之间的无偿转移。

第二，企业国有产权在所出资企业内部无偿划转的，由所出资企业批准并抄报同级国资监管机构。

第三，需对被划转的产权进行清产核资。因此国有企业（集团）在上市准备过程中，可对拟上市的业务通过国有产权无偿划转进行整合、理清股权结构等。不过又产生了一个新问题：不同于一般转让的特殊产权转移形式，国有产权的无偿划转是否涉及流转税和所得税？

④土地问题——契税。同样需要向财政部以及国家税务总局提出申请，如取得批复，以国家作价出资方式承受原划拨用地，可免征契税。在本案例中，ABC集团可能取得如下批复：

第一，对ABC股份有限公司承受远ABC集团投入的土地、房屋权属，免征契税。

第二，对ABC股份有限公司以国家作价出资方式承受原ABC集团划拨用地，不征契税。

让我们来看一下案例的具体背景：ABC国有企业集团将土地（未取得土地使用权证）给A公司使用，初始账面价值为0。该土地在重组上市过程中，评估增值1000万元。后A公司又将改土地以2000万元的价格转让给A公司的全资子公司B，B公司支付给A公司2000万元的同时，向土地管理部门缴纳土地出让金500万元，取得该土地的土地使用权证。如图2-4所示：

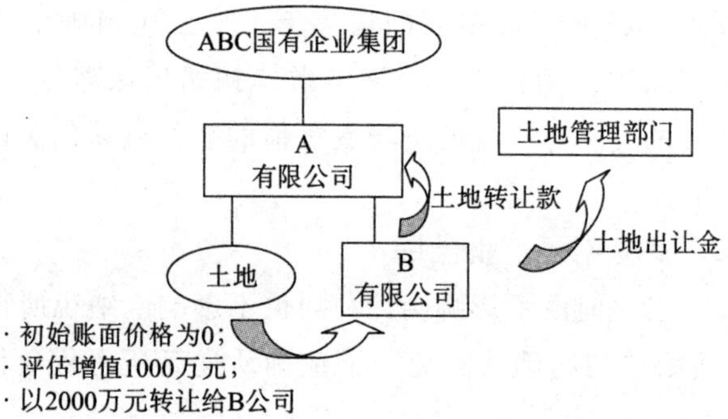

图 2-4　ABC 国有企业之间的土地转让

关于土地评估增值的税务考量：根据前述关于资产评估增值的讨论，土地评估增值部分不缴纳企业所得税，根据评估后价值调账，但若无法取得财政部、国家税务总局的批复，则不能根据评估后价值的摊销进行税前抵扣，应确认相应递延所得税负债。

关于土地转让的税务考量：

第一，对于 B 公司，该土地的账目价值为 2500 万元。

第二，对于 A 公司，该土地的计税基础仍为 0，A 公司以什么基础缴纳营业税及企业所得税？

第三，土地增值税：A 公司原先没有取得土地使用权证，而是由 B 公司向土地管理部门交纳土地出让金并取得土地使用权证。这里税务高管们要注意的是“土地使用权转让”与“一般无形资产转让”的税务处理差异。

⑤员工持股计划。为鼓励员工的工作积极性，ABC 国有企业集团实行员工持股计划，具体如下（见图 2-5）：

第一，通过改员工持股计划，ABC 国有企业集团员工获得股份公司的股份，并可以在股份公司上市后若干年后减持所分得的上市公司股份以获得现金收益。

第二，在该员工持股计划的安排下，ABC 国有企业集团员工投资成立法人 L、法人 M、法人 N。

第三，法人 L、法人 M、法人 N 用 ABC 国有企业集团员工出资额购买上市公司股份。

第四，该安排下，ABC 企业集团员工间接持有了上市公司的股票份额。如图 2-5 所示：

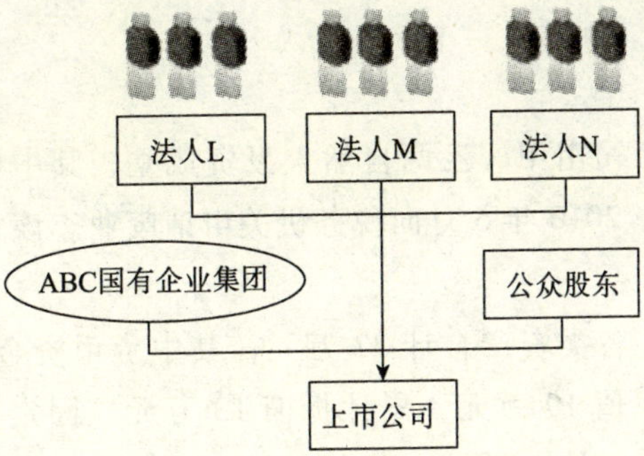

图 2－5　ABC 企业员工持股结构

GTS 专家总结：

根据 ABC 国有企业集团的员工持股计划，ABC 国有企业集团员工在规定时间可以减持其所拥有的 A 公司股票，但必须首先缴纳相应的税款：

第一，法人 L、法人 M、法人 N 以股东出资额购买的上市公司股票属于各法人的公司资产，因此公司在出售自己资产时，根据企业所得税法，须为所得缴纳 25% 的企业所得税（法人取得的分红则不需要缴纳企业所得税）。

第二，ABC 国有企业集团员工作为法人 L、法人 M、法人 N 的股东，在取得各法人的利润分配时须按“股息、利息、红利”所得缴纳 20% 的个人所得税。因此，ABC 国有企业集团的员工持股计划安排将导致其员工为股票的收益缴纳 40% 的税款，那么从税收角度要如何重新安排员工持股计划？是设立合伙企业间接持有上市公司股份？还是法人持股的限制？

五、企业清算的税务处理

企业清算是对公司的资产和负债清算。资产和负债要按市场价格确定其价值。扣除各自的原值或余值后，确定其收益。在扣除其以前年度的亏损后，有余额的为应纳税所得额。公司法规定：清算时要组成清算委员会进行清算，企业各项资产和负债均要进行公开定价。对于税务清算应注意的是资产要进行评估确定价值。企业清算后，将剩余资产分配给股东，扣除未分配利润后，超过的原始投资的部分，为股东股权投资转让收益。

◆［案例9］

背景：

某私营有限公司由甲、乙两自然人投资成立，其中甲占60%投资额，乙占40%投资额。2010年5月向税务机关申请废业。该企业清算前资产负债表如下：

①资产情况：各类资产合计72万元，其中货币资金1万元，存货45万元，固定资产原值19万元，累计折旧13万元，固定资产净值6万元，应收账款20万元。

②负债情况：各类负债50万元，为应付账款。

③所有者权益情况：所有者权益共计22万元，其中实收资本12万元，未分配利润10万元。清算期间，企业发生如下业务：

a. 处置各类存货收入50万元，存货处理完毕；固定资产未处置，经有权评估机构评估，可变现价值合计10万元。

b. 收回应收账款13万元，另有确实无法收回的应收账款7万元，已报税务机关批准核销。

c. 支付应付账款42万元，另有确实无法支付的应付账款8万元。

d. 发生清算费用5万元，清算税金2万元。

e. 企业剩余财产由甲、乙投资者按各自投资比例进行分配。

案例分析：

①资产处置损益。资产处置损益 = 资产可变现价值或交易价格 - 资产的计税基础。在本例中，资产处置损益 =（货币资金可变现价值 - 货币的计税基础）+（存货交易价格 - 存货的计税基础）+（固定资产可变现价值 - 固定资产的计税基础）+（应收账款交易价格 - 应收账款的计税基础）=（1 - 1）+（50 - 45）+（10 - 6）+（13 - 20）= 2（万元）。

②负债清偿损益。负债处置损益 = 负债的计税基础 - 清偿金额。纳税人偿还各类负债时，已无法支付的债务应当按照规定计入企业的清算所得，即在填报《清算所得税申报表》时，“清偿金额”栏内填不计入无法支付的债务。在本例中，负债清偿损益 = 应付账款的计税基础 - 清偿金额 = 50 - 42 = 8（万元）；这样，本例中企业清算所得 = 2 + 8 - 5 - 2 = 3（万元）；清算企业所得税 = 3 × 25% = 0.75（万元）。

③预提或待摊性质费用的确认。财税［2009］60号文件规定，企业清算时，应改变持续经营核算原则，对预提或待摊性质的费用进行处理。其

中，预提费用由于尚未发生，并且由于企业已改变持续经营方式，不需再支付相应费用，因此可视为已无法支付的债务，计入企业的清算所得；待摊性质费用由于已经发生，可视为尚未收回的应收款项，可以确认为清算损失。按照财税［2009］60号文件规定，企业清算时可依法弥补亏损，确定清算所得。因此，如果以前年度亏损在5年期限内，企业清算所得可以弥补以前年度亏损。

④清算后个人所得税需注意的问题。私营有限公司等含有自然人股东的公司，在办理注销税务登记时，应注意对资产分配环节个人所得税的计算。本例中，企业剩余财产金额 = 1 + 13 + 50 + 10 - 42 - 5 - 2 - 0.75 = 24.25（万元）；甲投资者分得剩余财产 = 24.25 × 60% = 14.55（万元），则甲投资者应纳个人所得税 =（14.55 - 12 × 60%）× 20% = 1.47（万元）；乙投资者分得剩余财产 = 24.25 × 40% = 9.7（万元），则乙投资者应纳个人所得税 =（9.7 - 12 × 40%）× 20% = 0.98（万元）。

企业的重组与并购一直都是税务部门关注的焦点之一，GTS总结了各类重组与并购中税务法规所需注意的合规要点，以及潜在的税务问题。在目前越来越多的重组并购案例中税务高管必须加强其中的纳税筹划，以走好重组并购的重要一步！

税务稽查重点与企业防范实务

国家税务总局2012年的稽查重点行业确定为房地产行业、建筑业、交通运输业、煤炭行业、水泥行业、农产品加工行业，以及服装行业、家具行业和电子产品业领域的出口骗税行为。此前已连续多年被列入重点稽查对象的房地产行业和建筑安装业2012年继续上榜，同时，与2011年相比，办理电子、服装类产品出口退（免）税的企业依旧是税收专项检查的必查项目。下面GTS将从两部分为您介绍税务稽查重点与企业防范实务问题：第一部分为2011年稽查要点及应对措施，以办理电子、服装类产品出口退（免）税的企业为例，第二部分结合实际案例，为您讲解税局稽查监控指标体系。

一、2011年稽查要点解读及应对

1. 2011年税务稽查工作重点

（1）税收专项检查必查项目

➢ 广告业；

➢ 资本交易项目（主要检查上市公司和非上市公司的股权交易项目）；

➢ 办理电子、服装类产品出口退（免）税的企业（主要配合国税部门进行检查）。

（2）税收专项检查抽查项目

➢ 房地产业、建筑安装业；

➢ 交通运输业；

➢ 服务业；

➢ 房屋租赁业。

2. 办理电子、服装类产品出口退（免）税的企业的稽查要点及应对

2011年被纳入检查范围的电子、服装企业主要包括三类：一是自营或

代理出口服装类或电子类产品的外贸企业，二是出口服装类或电子类产品的自营生产型企业，三是供外贸出口的服装生产企业。下面以出口方式为区分，分别介绍自营生产出口企业和外贸出口企业的检查重点。

（1）自营生产出口企业检查要点

①计税出口销售收入的准确性，主要包括以下三方面：

一是检查计税出口销售收入依据是否与企业账面外销收入一致，是否存在少记、漏记、瞒报出口销售收入等情况。

二是检查对红字冲减出口销售的“运保佣”[①] 是否符合规定，是否存在虚设“运保佣”项目转移企业利润行为。

三是检查退关退运的出口货物是否按规定冲减出口销售收入，是否存在未退运的出口货物冲减出口销售收入行为。

②“运保佣”项目的真实性，主要包括以下三方面：

一是检查企业发生的运费、保险费所获取的支付凭证是否真实，是否存在接受虚假票据的情况。

二是检查企业发生的运费所列支的范围是否扩大，保险费对应的险种是否属货物运输保险。

三是检查企业佣金的支付形式、合同（协议票据）、方向（与收款人关系）和佣金率的比率是否与实际相符，是否虚设从而转移企业利润。

③进口保税料件核算的准确性，主要包括以下五个方面：

一是检查核实企业实际进口料件与进口报关单上注明的商品名称、数量、价格是否相符，有无高报、多报等情况。

二是检查核实进口料件流向是否合理，即其进口、存储、转让、转移、销售、加工、使用、出口等是否符合海关有关管理规定。加工后的成品是否全部出口，手册核销申报的边角料、剩余料件和残次品、副产品耗用的进口料件金额与实际发生是否一致。

三是检查核实进料加工复出口[②]货物的进料实际单耗与报关核销单耗是否一致，对实际单耗低于报关核销单耗标准的，多余进口料件是否如实申报。

四是检查核实进料深加工结转情况，对进口料件的转入、转出是否如

---

① 运保佣是指：运费、保险费、佣金。

② 进料加工复出口：指国内有外贸经营权的单位用外汇购买进口部分或全部原料、材料、辅料、元器件、配套件和包装物料加工成品或成品后再返销出口的业务。

实申报。

五是检查核实有无外发加工情况，外发加工运回的边角料、剩余料件、残次品、副产品等是否如实申报，有无将加工贸易货物转卖给承揽企业。

④使用出口商品编码是否准确，主要包括以下两个方面：

一是检查出口企业在出口退税率调整前后其自产的出口货物是否使用不同的商品编码，是否存在将低退税率出口货物按高退税率商品编码申报。

二是检查出口企业是否将含有动物皮毛的服装按其他普通服装申报、将农机方面的电子产品按其他普通电子产品申报。

⑤外购出口货物申报免抵退税是否符合规定，主要包括以下两个方面：

一是检查出口企业是否将外购货物按自产货物申报免抵退税。

二是检查出口企业外购出口货物是否符合总局规定的四种视同自产货物的范围。

（2）案例分析——自营生产出口企业的应对方法

[案例1]

前提1：公司模具、五金等年销售收入约1000万元，增值税税负约6%，即年缴纳增值税60万元，月末应交增值税——未交增值税5万元（变量1）。

前提2：假设公司电子词典生产，每月进口料件与国内采购辅料总成本为100万元（其中进口料件与国内采购料件比率为变量2），毛利率20%，月出口离岸FOB价120万元。人工及水电等制造费用在各税收筹划方案中均保持一致，对税收筹划没有影响，忽略不计。

前提3：假设进口关税税率为6.5%；电子词典出口退税率13%。

前提4：对税收筹划方案产生影响的变量仅考虑：重要变量1及重要变量2。

前提5：不考虑进料加工的征税部分及保证金成本。

前提6：国内采购原材料所缴纳进项税，不计入缴纳税收总额。

A. 进口料件与国内采购比为8:2，即进口料件80万元，国内采购辅料20万元：

方案一：进料加工，保证金台账，免交关税和进口增值税，无进项税额。采购国内辅料 20 万元，获得进项税 3.4 万元。

当期应纳税额 =5 - （3.4 -4.8 +80 ×4%） =3.2（万元）；

没有可退税额（因为没有留抵税额）。

结论：总共缴纳税收 3.2 万元。

方案二：一般贸易，缴纳关税和进口增值税，采购国内辅料 20 万元，获得进项税 3.4 万，计算免抵退税额：

①缴纳关税 80 ×6.5% =5.2（万元），进口增值税——进项税 80 ×17% =13.6（万元），共计 18.8 万元；

②免抵退税不得免征和抵扣税额 = 120 ×（17% -13%）=4.8（万元）（定数）；

③当期应纳税额 =5 -（13.6 -4.8）-3.4 = -7.2（万元），当月形成期末留抵税额，有资格申请退税；

④免抵退税额 =120 ×13% =15.6（万元）；

⑤期末未抵扣税额 7.2 <15.6，则当期应退税额 =7.2（万元）；

结论：总共缴纳税收 18.8 万元，退税 7.2 万元，实际缴纳 11.6 万元。

B. 假设进口料件与国内采购比为 5:5，进口料件 50 万元，国内采购辅料 50 万元：

重新测算方案一：进料加工，保证金台账，免交关税和进口增值税，无进项税额。采购国内辅料 50 万元，获得进项税 8.5 万元。

当期应纳税额 =5 -（8.5 -4.8 +50 ×4%）= -0.7（万元）。

期末有未抵扣税额，有资格申请退税。

免抵退税额 =120 ×13% =15.6（万元）。

期末未抵扣税额 0.7 <15.6，则当期应退税额 =0.7（万元）。

结论：退税 0.7 万元。

重新测算方案二：一般贸易，进口料件 50 万元，缴纳关税和进口增值税，采购国内辅料 50 万元，获得进项税 8.5 万元，计算免抵退税额：

①缴纳关税 50 ×6.5% =3.25 万元，进口增值税——进项税 50 ×17% =8.5（万元），共计 11.75 万元；

②免抵退税不得免征和抵扣税额 = 120 ×（17% -13%）=4.8（万元）（定数）；

③当期应纳税额 =5 -（8.5 -4.8）-8.5 = -7.2（万元），即当月形

成期末留抵税额，有资格申请退税；

④免抵退税额 = 120 × 13% = 15.6（万元）；

⑤期末未抵扣税额 7.2 < 15.6，则当期应退税额 = 7.2（万元）；

结论：总共缴纳税收 11.75 万元，退税 7.2 万元，实际缴纳 4.55 万元。

专家总结：

企业若想获得退税，必须要有足够的期末留抵税额，即应缴增值税应为负数，所以：

第一，必须要有足够的进项税额，来改变每月销项大于进项的局面，出口电子词典的免销项税这一法规，正好为实现这一设想提供了可能；

第二，基于获得进项税发票要为此缴纳关税及增值税，所以，必须考虑到利润平衡点，即，第一，由进料加工保税变为一般贸易，最佳的切入点是，本期在海关缴纳的进口原材料增值税大于本期境内实现的应交增值税，即在海关缴纳的进项税额大于变量 1。这样，既可以不用缴纳本期应缴的增值税，还可以获得出口退税资格；第二，根据进口料件与国内采购料件的比率，即变量 2，如进口料件少，则在一般贸易情况下，进口关税缴纳的少，降低了总成本。采用一般贸易方式更为有利。

第三，如上述两条件无法满足，则采用进料保税加工方式。

(3) 外贸出口企业检查要点

①是否存在假自营、真代理等“四自三不见”[①] 行为骗取出口退税行为，主要包括以下三方面：

一是检查外贸出口企业是否存在国税发［2006］24 号文第二项列举的七种违规行为。

二是检查外贸出口企业是否存在异地报关、舍近求远报关行为，从而违规取得发票或骗取出口退税。特别是服装类产品要重点分析检查。

三是检查外贸出口企业是否存在从商贸企业购进出口货物后再报关出口这种行为，特别是体积小、价值高的电子产品（如 CPU、手表、手机、照相机等），从而违规取得发票或骗取出口退税。

②是否存在多申报出口退税行为。重点检查外贸出口企业有无采取以

---

① 所谓“四自三不见”业务，是指出口企业违反外贸经营的正常程序，在“客商”或中间人自带客户、自带货源、自带汇票、自行报关和出口企业不见出口货物、不见供货货主、不见外商的情况下进行所谓的“出口交易”业务。

下手段，造成多申报出口退税行为：

一是出口与进项计量单位不一致，折合数量申报出口退税。

二是同一笔出口业务或同一出口商品涉及多个供货方。

三是按商品扩展码多申报退税的出口货物。

四是出口换汇成本过高出口货物。

五是委托加工出口货物和进料加工复出口货物未按规定办理免税证明，等等。

③视同内销征税的出口货物是否申报纳税。

（4）案例分析——索取虚开的增值税专用发票骗取出口退税

[案例2]

背景：

G市税务局稽查局在利用计算机进行日常选案时，筛选出了一些销售利润异常的企业，通过调取这些企业的申报资料进行人工稽核，发现G市GSJ贸易有限公司销售利润率偏低，商品销售成本偏高，连续出现亏损，不符合该行业的经营实际，怀疑其存在虚增成本、费用，偷逃企业所得税的问题，初步确定该企业为稽查对象。

调查过程：

检查人员在对该企业进行检查前，对其申报资料进行了认真的查前分析，根据全市出口贸易业务的利润水平和销售成本水平，同行业平均毛利率在10%以上，而该企业还达不到5%，远远低于同行业毛利率水平。

同时对该企业资产负债表中的两组数据产生疑问。一是“货币资金”一直有较大的余额（2009年底8183222.69元，2010年10月底4018923.59元），作为一个一般经营规模的企业，很难长期保持有如此大额的经营资金；二是存货余额一直为负数（2009年底－1068311.10元，2010年10月底－1512095.63元），如果报表数字真实，这很可能是未及时付购货款并未及时取得购货增值税专用发票造成，而这恰恰与纳税人税负偏低相矛盾。

报经批准对该企业立案检查后，税务机关决定事先不通知企业，突击进行实地检查。发现该贸易有限公司的三户供货企业发货数量及货物实际价值和应付货款明细账中记载有该公司经理注明的“开发票多少元、多开多少元、税款多少元”等字样。检查人员将这些资料与企业的购货合同进行核对，发现购货合同金额低于发票开具金额，低于的金额即“多开多少元”的金额，“税款多少元”是“多开金额”除以1.17乘以17%的数额。于是，检查人员又到上述三户供货企业进行调查、询问，三户企业经理对G市GSJ贸易有限公司所记载的资料数据予以承认，承认他们在正常的货物交易价格的基础上，通过提高开票价格，虚增开票金额的办法虚开了增值税专用发票。

GTS专家总结：

该公司在真实货物交易下，让供货企业在开具发票时提高货物价格，虚开增值税专用发票，从而骗取出口退税和偷逃企业所得税，其作案手段非常隐蔽，对该类案件的检查，单纯从企业正常的账簿资料和退税资料中往往很难发现问题，案件发生的原因主要是因为企业受非法利益驱动及税务机关对企业的监控管理的不到位和我国银行结算体制的不完善。

二、税局稽查监控指标体系

税务机关的稽查监控指标体系非常庞大，GTS将为您理清脉络，依次介绍异常监控对象的六类条件，纳税评估通用分析指标及其使用方法，同时重点介绍覆盖面最广的两种税——增值税、企业所得税的税负率分析监控方法。

1. 六类异常监控对象条件

企业存在以下六种情况之一，都将成为税局重点稽查的异常监控对象：

①一般纳税人同时存在“应税货物与劳务销售额大于0，免抵退出口货物销售额连续三个月累计等于0”、“连续三个月入库税额等于0”、“免税销售收入等于0”。

②一般纳税人企业同时存在“三小票（系指农副产品收购发票、废旧物资收购发票、货物运输发票）抵扣额占外全部进项税额60%（含本数）以上”、“应税销售额与上年度同期对比增长幅度大于等于今为5%”、“税负率小于或等于是1%”、“免税销售收入等于0”。

③“免抵退办理出口货物销售额”大于0、开业超过12个月，且连续12个月平均综合税收负担率小于0.5的免抵退税企业。

④小规模纳税人同时存在“领购发票后连续6个月入库税款为零”，“零入库的每月有结存发票”、“免税销售（或减免税额）等于0”。

⑤连续12个月应税销售额等于开票额的小规模纳税人（零申报纳税人除外）。

⑥从企业开始取得营业收入的所属年度起经营3年或以上，近2年连续亏损且年度收入大于0的企业；年度企业所得税汇算清缴中，中介机构在签证报告中出具意见为“保留意见”的企业及汇算清缴中反映为亏损的企业。

2. 纳税评估通用分析指标及其使用方法

GTS将从收入、成本、费用、利润四个方面介绍纳税评估分析指标。

(1) 收入类评估分析指标及其计算公式和指标功能

主营业务收入变动率 =（本期主营业务收入 - 基期主营业务收入）÷ 基期主营业务收入 ×100%

如主营业务收入变动率超出预警值范围，可能存在少计收入问题和多列成本等问题，需要运用其他指标进一步分析。

(2) 成本类评估分析指标及其计算公式和功能

单位产成品原材料耗用率 = 本期投入原材料 ÷ 本期产成品成本 ×100%

分析单位产品当期耗用原材料与当期产出的产成品成本比率，判断纳税人是否存在账外销售问题、是否错误使用存货计价方法、是否人为调整产成品成本或应纳税所得额等问题。

主营业务成本变动率 =（本期主营业务成本 - 基期主营业务成本）÷ 基期主营业务成本 ×100%，其中：主营业务成本率 = 主营业务成本 ÷ 主营业务收入

主营业务成本变动率超出预警值范围，可能存在销售未计收入、多列成本费用、扩大税前扣除范围等问题。

(3) 费用类评估分析指标及其计算公式和指标功能

主营业务费用变动率 =（本期主营业务费用 - 基期主营业务费用）÷ 基期主营业务费用 ×100%，其中：主营业务费用率 =（主营业务费用 ÷ 主营业务收入）×100%

与预警值相比，如相差较大，可能存在多列费用问题。

销售（管理、财务）费用变动率 =〔本期销售（管理、财务）费用 -

基期销售（管理、财务）费用〕÷基期销售（管理、财务）费用×100%

如果销售（管理、财务）费用变动率与前期相差较大，可能存在税前多列支销售（管理、财务）费用问题。

成本费用率＝（本期销售费用＋本期管理费用＋本期财务费用）÷本期主营业务成本×100%

分析纳税人期间费用与销售成本之间关系，与预警值相比较，如相差较大，企业可能存在多列期间费用问题。

成本费用利润率＝利润总额÷成本费用总额×100%，其中：成本费用总额＝主营业务成本总额＋费用总额

与预警值比较，如果企业本期成本费用利润率异常，可能存在多列成本、费用等问题。

税前列支费用评估分析指标包括了：工资扣除限额、“三费”扣除限额、业务招待费扣除限额、公益救济性捐赠扣除限额、开办费摊销额、技术开发费加计扣除额、广告费扣除限额、业务宣传费扣除限额、财产损失扣除限额、呆（坏）账损失扣除限额、总机构管理费扣除限额、社会保险费扣除限额、无形资产摊销额、递延资产摊销额等。

如果申报扣除（摊销）额超过允许扣除（摊销）标准，可能存在未按规定进行纳税调整，擅自扩大扣除（摊销）基数等问题。

（4）利润类评估分析指标及其计算公式和指标功能

主营业务利润变动率＝（本期主营业务利润－基期主营业务利润）÷基期主营业务利润×100%

其他业务利润变动率＝（本期其他业务利润－基期其他业务利润）÷基期其他业务利润×100%

上述指标若与预警值相比相差较大，可能存在多结转成本或不计、少计收入问题。

税前弥补亏损扣除限额。按税法规定审核分析允许弥补的亏损数额，如申报弥补亏损额大于税前弥补亏损扣除限额，可能存在未按规定申报税前弥补等问题。

营业外收支增减额。营业外收入增减额与基期相比减少较多，可能存在隐瞒营业外收入问题。营业外支出增减额与基期相比支出增加较多，可能存在将不符合规定支出列入营业外支出。

（5）案例分析——隐蔽在“其他业务收入”里的税款

◈［案例3］

某市国税局稽查局在对汽车行业专项稽查前，为了能够分析判断汽车销售企业增值税纳税申报的真实性、准确性，检查人员首先从查阅行业相关资料和进行市场调查入手，了解汽车销售市场的一般规律，掌握其购销特点和主要商品的市场销售情况，以及商品的成本、利润等基本情况；检查人员还通过CATIS分析决策系统了解企业税务登记资料、2010年度纳税申报资料及附列资料、财务报表、开具销售发票存根和申报抵扣联等相关资料进行系统审核，对企业经营状况、财务核算方法等情况进行全面了解；通过对该企业纳税的各项指标并结合行业特点进行综合分析，检查人员发现疑点：该企业2010年自行申报增值税为零，税负为零，汽车销售利润-213万元，而汽车行业平均税负在0.4%左右，存在着明显的不合理。市国税局稽查局于2011年2月派人员对该公司所属2010年1月至12月的增值税纳税情况进行了专项检查。

经查实，发现企业销售商品按规定作了销售反映，计提了增值税销项税金，但其商品销售价格却偏低，税负率和毛利率低于正常水平，这引起了检查人员的怀疑。检查人员接着对其他账户进行检查，发现企业当年的“其他业务收入——仓储费”却不少，全年共计458万元。会计处理如下：

借：银行存款（现金）

　　贷：其他业务收入——仓储费

经实地查证和多次与企业约谈之后，企业承认存在人为调低销售价格逃避增值税的行为，接受税局要求进行整改，并将应缴税款和罚款补齐。

3. 增值税税负率分析监控使用的指标及其使用方法

（1）增值税税负率分析监控使用的指标

弹性系数：

抵扣弹性＝进项税额同比增长÷应税销售额同比增长×100%

税收弹性＝应纳税额同比增长÷应税销售额同比增长×100%

税负率＝应纳税额÷应税销售额×100%

税负率差异＝本年累计税负率－上年同期累计税负率（或预警、或本地上年同行业平均、或全省上年同行业平均）

（2）增值税税负分析监控指标有以下情形之一为异常

①应税销售额 =0，应税销售额同比增长≤ -50%或≥50%；

②进项税额，进项税额同比增长≤ -50%或≥50%；

③应纳税额 =0，应纳税额同比增长≤ -30%或≥30%；

④弹性系数，抵扣弹性≥1.2，税收弹性≤0.8；

⑤税负率 =0，税负率差异≤ -0.3。

（3）案例分析——账内虚构业务，账外隐瞒收入

◇［案例4］

背景：

稽查局针对以前年度未查和申报异常的增值税一般纳税人进行了专项检查。

第一，Y市M区内某公司主要从事各种型号的原纸、电脑打印纸、静电复写纸及票证印刷品的生产销售业务，年生产能力400吨，为增值税一般纳税人。

第二，该公司2008年至2010年的销售及纳税情况为：

2008年实现销售收入451294.61元，销项税额114170.09元，进项税额92736.59元，应纳增值税21433.50元，已交增值税21433.50元，税负率4.74%。

2009年实现销售收入1023862.80元，销项税额1740567.75元，进项税额134400.13元，应纳增值税39656.61元，已交增值税39656.61元，税负率3.87%。

2010年实现销售收入1633040.11元，销项税额277617.52元，进项税额219500.43元，应纳增值税58117.09元，已交增值税58117.09元，税负率3.55%。

2011年无销售收入，零申报。

与上年度比较，销售收入变动率2009年为126.87%，2010年为59.5%；税款变动率2009年为85.02%，2010年为46.55%。

经过查前分析小组对以上信息的分析和讨论，初步判断，该单位实现销售收入不计提销项税金或者扩大抵扣范围多抵进项税的可能性较大。

调查过程：

稽查人员主要采取顺查法，对该企业2008年至2010年的账面收入和进项税额抵扣情况进行了检查，仅发现其购进的电机、减速机用于在建工

程，入账抵扣进项税额 1207.73 元，未发现其他问题。但在往来账户中发现“其他应付款”科目贷方发生额逐年递增，而借方发生额却很少，至 2010 年末贷方余额达到 1330555.00 元。稽查人员怀疑这是隐藏的收入。对此，企业负责人解释为，企业生产的主要原材料为麦秆草，在收购麦秆草的环节上，资金周转不开，就借自己的现金，长期挂账周转。此解释尽管说服力不大，但因行政强制力有限也无法核实，因此稽查人员带着疑问对该企业的账务进行了深入审查，发现企业 2010 年既购进废纸边、纸壳，取得《废旧物资销售统一发票》，又开具《农林牧水产品收购单》收购麦秆草，办案人员怀疑其中有虚计进项税额、扩大抵扣范围的问题。为了取得证据，办案人员到辖区部分相同行业企业了解情况，详细询问造纸工艺和不同企业的特点，得知 Y 市 M 区内只有一家企业能够使用麦秆草为原料，而该公司的设备根本没有使用麦秆草为原料的可能。

在事实面前，该公司不得不承认只能用纸边、纸壳为原料，2008 年 3 月至 2010 年 4 月，由于主要收购的是一些无证业户销售的纸边、纸壳，没有正式发票，不能抵扣进项税，于是就使用《农林牧水产品收购单》计提进项税抵扣。为了保证税负率在 3% ~5% 之间，他们还以《农林牧水产品收购单》作为调节手段，虚构收购麦秆草业务。为了使账务上不出现现金红字，就虚构了一部分借孔 × ×款的业务，挂在“其他应付款”账户。经查实，该企业 2008 年虚开《农林牧水产品收购单》56 份，金额 196855.90 元，抵进项税额 19685.59 元；2009 年虚开 75 份，金额 251237.30 元，抵进项税额 25123.70 元；2010 年虚开 34 份，金额 196976.80 元，抵进项税额 25123.70 元

企业的最终目的是获得利润，而不是为了赔钱，该企业经营 3 年，账面反映年年亏损，但是还积极要求继续承包，说明实际不可能没有利润，这就与其账务反映亏损相矛盾，办案人员怀疑其资金存在问题，即对该企业进行了账账核对，账表核对，查找资金的来龙去脉。在审阅企业提供的承包合同时，发现合同约定每年上交村委 16 万元利润，如果违约，村委有权终止合同并加收利息。检查人员又查阅了企业的本年利润、利润分配账户，发现该企业 3 年来没有上缴利润的账务记载。经到村委了解，该公司却每年都按照合同规定，通过银行划拨上缴了利润。

稽查人员遂按法定程序，对其银行账户进行了调查取证，发现 2009 年 3 月至 2011 年 12 月记载上缴利润的账户，收支共发生了 107 笔业务，其

中收入方发生75笔结算业务，共计4878452.06元，截至取证之日，账户余额只有800元。在事实面前，企业不得不承认，为了偷税而单独开立账户并私设了账外账。

处理结果：

经对账外账检查，该企业：

2009年账外经营隐瞒销售板纸收入1102578.18元，隐瞒纸箱收入19531.10元，隐瞒销售煤收入472.25元，购进原材料取得进项税额7676.78元，未入账抵扣税款；

2010年账外经营隐瞒销售板纸收入2218173.30元，隐瞒销售纸箱收入9028.10元，隐瞒销售洗衣粉收入2877.60元，隐瞒销售煤收入6122.00元；

2011年，账外经营隐瞒销售板纸收入1301517.63元，隐瞒销售鞭炮收入4756.00元，隐瞒销售洗衣粉收入331.50元，隐瞒销售纸箱收入199394.30元，隐瞒销售煤收入13670.10元。

4. 企业所得税应税所得率分析监控使用的指标及其使用方法

（1）企业所得税应税所得率分析监控使用的指标

企业所得税贡献率＝应纳税额÷收入总额×100%

企业所得税贡献率差异＝本年累计企业所得税贡献率－上年同期累计（或预警、或本地上年同行业平均、或全省上年同行业平均）企业所得税贡献率。

弹性系数：

税前扣除弹性＝扣除项目总额同比增长÷收入总额同比增长×100%

应税所得弹性＝应纳税所得额同比增长÷收入总额同比增长×100%

税收弹性＝应纳税额同比增长÷收入总额同比增长×100%

（2）企业所得税应税所得率分析监控指标有以下情形之一为异常

①收入总额＝0，收入总额同比增长≤－50%或≥50%；

②扣除项目总额，扣除项目总额同比增长≤－50%或≥50%；

③利润总额≤0，利润总额同比增长≤－30%或≥30%；

④纳税调整后所得≤0，纳税调整后所得同比增长≤－30%或≥30%；

⑤应纳税所得额＝0，应纳税所得额同比增长≤－30%或≥30%；

⑥应税所得率＝0，应税所得率差异≤－0.3；

⑦应纳税额≤0，应纳税额同比增长≤－30%或≥30%；

⑧企业所得税贡献率＝0，企业所得税贡献率差异≤－0.3；

⑨弹性系数：税前扣除弹性≥1.2，应税所得弹性≤0.8，税收弹性≤0.8。

（3）案例分析——谷歌再陷“避税门”

[案例5]

背景：

据某一期英国《星期日泰晤士报》引用美国证交会提供的数据称，美国互联网搜索引擎巨头谷歌利用旗下空壳公司转移利润，在过去5年避税至少32亿英镑（约合46.3亿美元）。该报调查揭露，谷歌的公司网络横跨包括爱尔兰、荷兰、百慕大在内的至少5个法律管辖区，其海外营收在旗下的子公司合法地自由转移，最终达到避交巨额税项的目的。报道称，英国的公司税率为28%，谷歌在英平均每年广告营收都能高达20亿英镑，但谷歌每年仅在英国缴税约300万英镑。美国证交会已经要求谷歌提供可以解释其税收账目的更多细节。该机构的文件显示，谷歌2010年的全球营收高达178亿英镑（约293亿美元），其中52%来自美国以外的市场。但2010年谷歌海外税率仅有3%。

调查过程：

报道披露了谷歌复杂的避税手段和过程：首先谷歌公司将其搜索及广告技术版权注册于爱尔兰都柏林的一家空壳控股公司，使这部分收入成为海外收入，避过美国35%的重税率。同时，这家爱尔兰控股公司旗下还有一间子公司，负责处理英国及其他市场的广告业务。即使身处英国的客户，若想向谷歌落广告，也得与爱尔兰的公司联络，而非与英国的公司，因此谷歌又避过英国的28%税率。另外，为了将海外营业收入转移到避税天堂百慕大，谷歌采用了一种被税务律师称作“双爱尔兰”和“荷兰三明治”的迂回路径。爱尔兰的税收政策不对向位于其他一些欧盟国家的公司付款征税，因此谷歌就先将利润转移到拥有多重税收优惠的荷兰。谷歌在荷兰设立的附属公司只是一个挂名公司，它将谷歌的营收再转移到百慕大。由于百慕大的附属子公司在管理上实际还是归爱尔兰的公司管理，因此该路径被冠以“双爱尔兰”的绰号。

这并不是谷歌首次陷入“避税门”。《星期日泰晤士报》两年前曾披露，谷歌2008年在英国的广告营收高达16亿英镑，但只纳税14万英镑，少交4.5亿英镑之多。谷歌在华子公司此前也曾多次被曝存在偷税漏税行为，数额高达4000多万元，具体违法行为包括使用假发票、不按规定代扣代缴营业税等问题。

知己知彼，方能百战不殆。2012年税务稽查的重点行业已经明晰，GTS选取其中的服装类电子产品类出口企业、农产品加工企业等的往年税务稽查案例进行分析，希望通过讲解税局稽查监控指标体系的方式来帮助您了解税务稽查，做好防范工作，控制企业的税务风险，从容应对2012年的税务稽查。

企业涉税风险管理

作为企业的税务负责人，时时刻刻都在关心企业的涉税风险管理，但在进行有效的税务风险管理之前，税务人必须问自己以下的四个关键问题：为什么要进行涉税风险管理？在税务风险管理的过程中哪些是最重要的利益相关方？解决风险的最终目标是什么？税务人应该通过什么样的方式方法去管理？这些都是企业涉税风险管理中的常见问题，也是这些基本的问题为大家提供了税务风险管理的思考方向。

图 2－7 展示的是税务管理中的核心内容，而且 GTS 认为这个图表不仅仅适用于税务管理，在企业其他管理方面都适用。

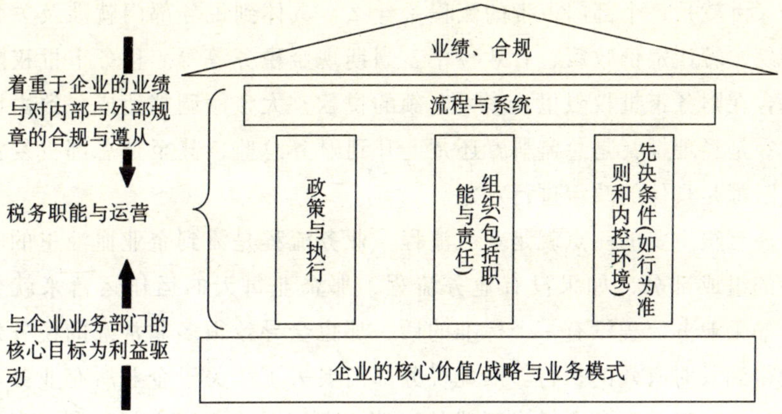

图 2－7 企业税务管理的核心内容

图 2－7 的底部代表的是企业的核心价值和战略业务模式，无论是国有企业还是大型的跨国公司或者是上市公司，每一家企业都有自己的价值和口号，而这些核心价值最后归于一个理念：最后要落实到实际的执行。执行意味着核心价值的实现，也就必须要有相关的企业政策来支持，因此合理的组织框架结构能够保证相关政策的有效执行。

一、管理政策框架与有效执行

在这些政策和组织框架存在的前提条件下还有很多先期条件，包括企业内控环境是什么，这些内控环境是如何执行的。在上述内容有了保证以后，企业就能基于一定的流程和系统，来保证企业的业绩。虽然对外输出的是业绩，但也同时输出了合规和遵从。

从这个角度来看，税务部门在整个管理功能上，一方面有来自于外部业绩的需求和压力；另一方面就是企业本身运营压力。因而税务的主要职能就二者的有机结合。

那么政策执行都涉及哪些方面呢？在很多企业，特别是一些大型跨国企业，会看到通常有一些管理政策的框架。这些管理政策框架可能会涉及若干个方面，从税务管理角度来说，税务部门是财务部门里边的组成部分，因此就牵涉到财务框架。财务框架中的审批权限是一个比较高的层面，具体来讲就是每个部门审批的流程是什么。具体到税务部门就涉及关联公司交易、转让定价政策、有效税率、当期现金税务等等。税务审批权限一定包含在财务审批权限里：多大金额的税款？大金额调整达成一致由谁来批准？是经理批？是总监科？还是上升到财务总监，甚至是总部批复？这些权限都是具体的政策进行规定。

还有很重要的一点就是业务流程。业务流程是流到企业血液里的非常核心的组成部分，如果没有业务流程，那企业每天的运作运营来就会瘫痪；如果业务流程没有一个标准的话，那也会导致很多非常好的税务建议不能得到及时有效的执行。因此税务部门要去了解关于企业所有业务流程的信息，这样才有利于做出正确的决策。但同时，部门之间权利、责任划分一定要清晰，GTS 要特别强调的是协作精神和团队合作，但这需要有体系、政策和系统的全面保障。

二、税务部门与其他部门的关系

GTS 特别要强调税务部门跟其他部门的关系。作为一个企业的税务高管或经理人要有一个端到端的概念。比如说在采购端上或者系统流程方面，税务部门的要求清不清晰、是不是保证了相关税务要求在这些系统里边都很好地被设置和执行，这些都和差错的多少息息相关，只有尽量减少差错，才能确保税务申报表的正确性。因此，大家要把眼光放到端到端的高度，不要只着眼于自己单方面的工作，否则税务风险很难控制。

税务部门与其他部门关系的好坏是确定工作有效性的一个先决条件，如果部门间关系搭建的非常好，就会发现税务管理工作，包括控制的工作是非常有效的。GTS 还要特别提醒大家关注一个核心能力，就是：团队的职业素养。团队成员有没有足够的经验和知识来承担这份工作，这个很重要。如果团队在整体能力上达不到管理要求的话，就会造成非常大的问题。

三、企业涉税风险管理的制度设计

风险内控的一个最重要目标就是如何能够公众的、公允的反映间接税和直接税对于财务报表的影响。相关税种在财务报表的记录是不是准确，这一点对于上市公司来讲的话是非常重要的。

GTS 认为制度设计的时候要考虑到终点，因为企业面临的纳税遵从方面是不计其数的，在任何领域里都可能有风险。但是对于每个企业来讲，风险程度在哪里是不一样的。所以作为企业来讲，一定要清楚，风险管理的重点应该在哪个地方。

知道了目标，也知道了风险管理在哪里，接下来涉及怎么做的问题了。企业如何建立一套比较系统性和持续性风险管理的体系是周而复始的重复性工作。所以系统性和持续性的风险管理非常重要。

GTS 一再强调部门之间的协调环境和沟通关系，要特别强调的是建立制度的时候，风险管理不是自己一个人做的，要调动所有资源，所有相关流程和相关部门一同做风险管理，而不是税务部门一个部门来做，这是不可能的。所以要保证一个企业的持续经营，这是非常核心的目标。另外就是有效税率和整体财务目标的考虑。从税务管理来讲，对于财务报表的影响归根结底就是有效税率。因为间接税主要在利润以上的，可能会产生成本，可能会产生费用，如果不产生成本和费用只是现金流的影响。但是最后它会对利润造成影响，这个时候边际税率或者有效税率就变成非常核心的指标。

四、税务部门对业务流程的干预

作为税务管理部门的负责人和你的团队，一定要参与到制定业务流程的过程中去。因为业务流程系统化后会提高工作效率，从而解决很多问题。这通常被称为“整合性的系统配置”。

另外，关于税务部门对业务流程的干预。以增值税为例：2012 年 1 月 1 日在上海市做增值税转型试点，会增加新的税率，供应商的条件就会发生变化，相关变量又增加新的变量，这些变量又会产生新的排列组合。这些排列组合也好，变量也好，有没有及时设置到企业的 ERP 系统里？相关的申报、计算、信息归集到流程里？都是很重要的问题。

对于日常申报，GTS 想特别提到的是电子申报系统和 ERP 的整合。大家知道不同的供应商提供不同的软件，这些系统如何跟企业自己的 ERP 系统相关联，就要求税务团队一定要参与到整个系统连接设置上面去。因为 IT 人有 IT 的知识，财务部门有财务部门的知识，但是他们唯一没有的就是税务部门的知识。

另外需要强调的是科目的设置和复核。如果经常跟财务和会计部门沟通，甚至参与到一些流程中的时候，将会发现科目的设置和复核是非常关键的，会计部门和财务部门要为税务部门处理的事情就是相关税务会计科目的复核，无论从间接税还是直接税来讲都应该如此，也就是要确保负债表和损益表相关数据是不是相吻合。

五、税务争议事项解决与沟通

由于中国历史上外部的遵从环境，导致了现在企业很怕面对税务局的情况，企业不愿意把内部的信息分享给税务局。从 GTS 的经验来看，只要公司在合法合规上做好了准备就可以有足够的自信面对这些风险、管理这些风险。

中国目前的税务环境可能还不是很完善，但是大家可以换一个角度考虑上述的问题，企业是不是可以在某些时机上就某些问题与税务机关开诚布公的讨论。大家会发现很多企业进行重组也好、涉及企业重大事项与税务局沟通也好，在没有拿到税务局首肯之前税务高管是不会对老板承诺没问题的。这里沟通其实可以再扩大一些，如果企业能自信地对税务机关坦诚自己的税务安排和相关的政策标准，实则更容易取得税务机关对于企业税务规划的共识，并建立一定的良性沟通，这其实对管理企业内部的风险是非常有帮助的。

图2－8是非常知名的COSO的模型。如果曾参与到404的企业内控业务，大家就会发现404实际上遵从的就是COSO的内控模式。那这个内控模式的组成要素是什么呢？就是环境、风险评估、企业进行哪些控制活动、有什么样的信息、跟谁沟通、最后监督的是什么。GTS把它引用到税务风险管理中来，因为COSO架构其实和税务管理非常贴切。

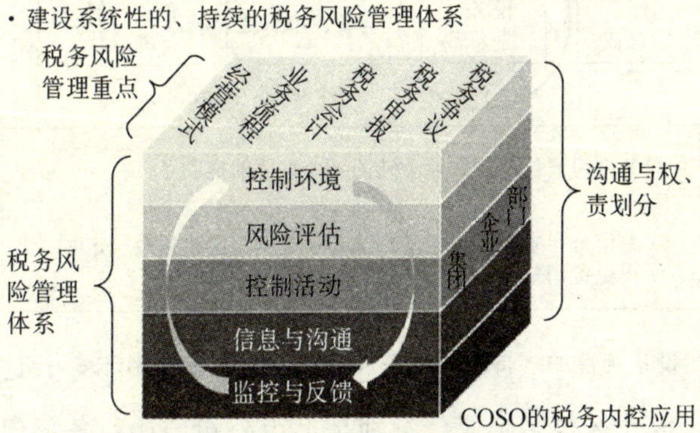

图2－8　涉税风险管理的制度设计

六、持续性的税务风险管理体系

接下来要谈的是系统性、持续性的税务风险管理体系。控制环境指的是企业对于内控管理的风险意识。内控的态度是什么？是宽松还是严格？对哪些事项会进行风险评估？评估之后要安排风险高低排序，不可能所有的风险都一次性全部解决，从效率上来讲也不合理。

风险评估后会制定相关的控制活动，并进行后续的监控。监控在最后又回到控制环境上去。就监控来举个例子：每个企业里都有合规遵从或者叫内部控制，甚至有些企业还设立了内部审计团队。内部审计反过来又决定了企业的控制环境是什么，而企业的审计方法和关注点也同样决定了企业的控制环境。这就形成了一个循环的体系，有了这个体系才能真正保证企业的税务内控不是一次性的、不是短期的，而是一个长期的行为，这样才能真正达到有效率。控制环境是级次的汇报关系，如图 2－9 所示：首席执行官会下设一位首席财务官，税务部门是汇报给首席财务官的，这只是一种架构方式，但是有些企业里税务部门是最为基础的部门，就是说企业的组织框架以及税务部门在企业里的位置决定了企业风险管理的能力。显而易见，如果话语权越重，税务部门在这个方面所产生的效用也就会越高。

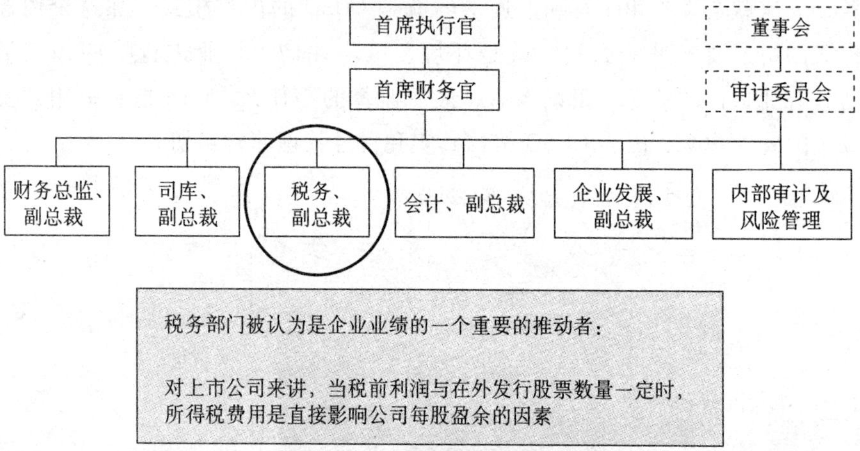

图 2－9　建设系统性的、持续的税务风险管理体系 ➤ 控制环境—组织结构案例

这也就是为什么很多企业，特别是上市公司，让税务部门直属于首席财务官管辖，因为税务对企业的财务报表会带来诸多的影响。从损益表角度来看，当利润水平一定的情况下，不考虑间接税后续影响的话，大家会发现当企业利润率水平一定，发行股票数量一定的时候，税负会直接对企业每股盈余产生不同的影响，而每股盈余又是大部分上市公司重点考核的。中国股票市场可能在这方面关注得更少一点，但是华尔街对企业每股盈余关注度非常大，华尔街也会关注每股盈余的贡献来源。

大家都知道每个企业风险评估的方式都不一样，标准也不太一样，这就要看企业规模有多大，也要考虑企业存在的某个风险对于这个级别的企业来讲是不是很致命的风险，在控制这个风险的时候同样要考虑企业的控制成本是什么（见图 2－10）。

如图 2－10 所示：就企业所得税税率变化对于公司的利润影响而言，企业里哪个部门来做利润总和，就要求在这个风险识别上变成这个流程由两个部门来做。如果都是一个部门或者在财务部门处理利润总和，那评估的方式和角度又都不一样了。

控制点	控制点标准号码	适用税种	适用范围	控制点所在流程	控制目标	风险的描述	控制活动
与会计部门就所得税税率变化进行沟通	所得税 001 损益表资产负债表预防性	所得税	全球	计算和记录所得税计提	保证所得税税率的变化在所得税计提中得到及时和正确的反映	可以导致所得税计提和递延所得税资产及负债的计算错误，并进而导致边际有效税率的错误和财务报告披露信息错误	税务部门需要及时了解税法的变化，并及时以及定期与会计部门沟通，保证正确的税率被运用到相关的会计系统和计算流程中

图 2－10　风险评估－风险识别

七、流程的控制活动

控制活动其实有很多，涉及方方面面，税务管理上的控制活动也同样如此。前面已经讲到了申报表的复核，所得税费用，递延费用，资产负债等等，会计部门和税务部门会不会达成一致意见？产生相关的差异后，有没有足够的时间或者有效的后续行动和方案来解决这个问题？其中一点是避免职能冲突。比如发票的管理：保管发票和开具发票的最好不要是同一个人。这种职能冲突会涉及很多方面，比如税务的计算、申报表的填报以及最后复核等等，人事方面比如财务主管和会计主管，又会不会产生其他问题？

当一个流程体系建立起来以后，内控流程就会清晰可见，税务团队也会发现在这个流程里哪些是重要的控制点、这些控制点是不是在有效地被执行。每个企业税务管理过程中都会有无数个控制点，可能有些控制点对财务报表有影响，有些则没有，但是这些控制点会对企业流程或者运作产生影响。有些控制点还是一些预防性的控制点，有些控制点是一些事后检查性的控制点。性质上就有这样那样的区分，那企业怎么判断这个点应该属于事前控制、防止还是事后检查测试的点呢？这就需要税务高管把这些控制点的功能很好地设计出来，体现在整个流程当中。

每个企业的监督是不一样的。很多年前刚刚面对内部审计的时候很多企业是有抵触情绪的。但是后来发现它确实有非常大的作用。首先它会给税务高管一定的压力，不只税务局的人在看你，企业内部管理层也在看着你。内部流程有没有做到位？有没有产生相关的问题？这些反过来是对工作以及流程设计的一个验证，如果定期查看这些事项，就会发现它对企业的流程改进和提高确实有很大的帮助。

简单再提一下风险控制的外部要求。大家都知道针对上市公司，在 2007 年、2008 年财政部公布了实施上市公司内控的要求和文件，税务领域里 2009 年的时候国家税务总局大企业司颁布了税务风险指引。虽然名为“大企业”，但其实它可以说适用于所有企业，由于企业大小不一样，发展阶段不一样，可以从中选择对自己企业有用的一些指引来管理企业的风险。

企业的税务风险管理模式其实和 COSO 模式是非常相似的。GTS 认为 COSO 这个例子非常有用，许多企业在日常税务管理当中已经在运用这个系统化的模型了。当大家观念里有了上述理念的时候，你会发现以后在进行企业内部管理时会有一个比较清晰的思路，如果实现了这些控制目标，GTS 相信内控工作的质量和效率一定会有一个质的飞跃。

第三章

企业纳税筹划及合理避税

非居民企业所得税管理的最新变化

2011 年国家税务总局出台了整个年度的重要文件之一《关于非居民企业所得税管理若干问题的公告》（2011 年第 24 号）。该文件是 698 号文[①]的重要补充，对于之前非居民企业所得税处理的争议之处作出了新的解释，当然这也就为非居民企业的税务管理工作带来了新的变化。

一、2010 年反避税概况

1. 税务机关加强反避税的主要方式

外资企业对于反避税这个话题向来是十分重视的，而且这个话题本身也一直是大家关注的焦点。国家税务总局曾出具 2011 年 167 号函，虽然这个函件没有完全对外公布，但是从里面的数据我们可以读出很多信息。比如：2010 年全年反避税对于税收增收的贡献达到 102.72 亿元人民币。在这之中税务机关加强反避税的主要方式有三种：

（1）管理加强

2009 年 2 号文以及新企业所得税法颁布以后，除了在年度企业所得税汇算清缴的时候要申报一个九张表，对于涉及关联交易、关联方以及类似于和非居民企业的交易，税务机关运用了各种的方式加紧对其的管理。关联申报审核、同期资料抽查、对已调查户的跟踪都是税务机关的工作重点，2010 年 324 户企业改变定价或税收筹划方式自行调增多缴税款 71.68 亿元。

（2）总局服务

企业如果觉得关联交易拿不准，可以向国家税务总局申请预约定价或者双边磋商，这部分税收收入在 2010 年增加了 7.96 亿元。

---

① 698 号文 即《国家税务总局关于加强非居民企业股权转让所得企业所得税管理的通知》（国税函［2009］698 号）。

（3）税收的调查或稽查

税务稽查永远是让企业最为痛苦的问题之一。大型跨国企业2010年调整补税超过23%，其中上海市、江苏省、天津市、北京市、广东省、浙江省、山东省、福建省和宁波市国家税务局（以下简称“国税局”）以及深圳市、山东省地方税务局（以下简称“地税局”）增收超过1亿元，而上海市的国税增收则超过44亿元。

2. 2010年的双边磋商

2010年全国就29个案件进行12次双边磋商，涉及美国、丹麦、新加坡、日本、韩国等国家，尤其是韩国和日本这两个国家非常积极地提请双边预约谈判，甚至超过了美国的企业。其中转让定价相应调整磋商12件，达成一致7件，正式签署4件；双边预约定价磋商17件，达成一致6件，正式签署4件；通过双边磋商实现增收7.96亿元，为跨国公司消除国际双重税收负担50.29亿元；目前全国正在审核或磋商的案件涉及20个双边预约定价安排和5个转让定价相应调整案件。

3. 2010年的全国反避税调查

全国反避税调查立案178件，结案178件，弥补亏损9.99亿元，调增应纳税所得额约164.94亿元，调整补税23.07亿元；与以前年度同口径补税金额相比，2010年由税务机关下达补税通知的案件182件，补税26.6亿元（包括反避税调查和双边磋商的补税金额，不包括通过管理和服务环节由企业自行调整补税的金额），比2009年增长27%；个案补税超过千万元的案件50件，超亿元的6件，平均个案补税1460万元。国家税务总局45户定点联系企业调查立案8户，结案3户，补税6268万元；反避税查补收入排在前十名的单位是上海市、江苏省、北京市国家税务局（以下简称“国税局”），山东省地方税务局（以下简称“地税局”），广东省、浙江省、福建省、山东省国税局，深圳市地税局和天津市国税局，其中前七个地区补税金额均超过1亿元，上海市和江苏省国税局补税均超过5亿元。黑龙江省、辽宁省、安徽省、吉林省、湖北省等中西部地区国税局在案源较少的情况下，积极开拓，扎实工作，全年查补收入均超千万元。

4. 近年来中国转让定价查补税款情况

一旦被提请税收调查或者转移定价调查，那税务局就要付出很多人力、物力，包括中央层面的国家税务总局和地方层面的主管税务局，所以企业也必须对税务局的工作表示理解。如表 3－1、图 3－1 所示：2006 年到 2010 年转让定价的补税从 6.8 亿元增加到 26.6 亿元，平均个案补税从 382 万元增加到 1460 万元（数据来源：国家税务总局）。

表 3－1　　　　中国近年来转让定价补税情况

年度	转让定价补税（亿元）	补税环比(%)	平均个案补税(万元)	个案环比(%)
2006	6.8		386.62	
2007	9.7	43%	599.24	55%
2008	12.4	28%	987.25	65%
2009	20.9	69%	1252.14	27%
2010	26.6	27%	1461.54	17%

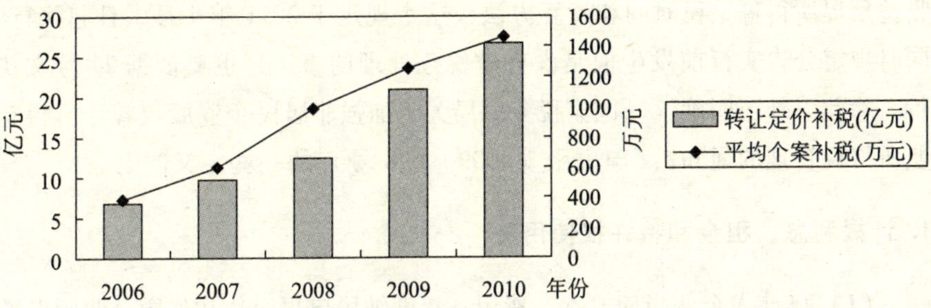

图 3－1　中国 2006 年至 2010 年转让定价补税概况

5. 2011 年反避税工作安排

2011 年反避税有一些新的工作安排和进展，由全国最初只有很少的专业从事反避税的人员到现在已经达到 228 人，包括国家税务总局层面和省一级税务局层面，还包括一些沿海地区和发达地区区县级的税务局人员；同时进一步强调管理和服务，这些系可以提取主管的税务局，但是这些案件必须由国家税务总局同意才能够具体开展。对于管理的问题，国家税务总局有一个倾向性：企业未来在税收调查当中补税，那除了补税还要补利息。如果企业的同期资料没准备，或者没有很好的准备，这样的情况一旦被认可，企业所补的利息不只是同期存款利息，还要加百分点；逐步地引入第三方制度，由专家小组完成最终的评定，包括拓展业务领域，除了电子行业，还有汽车行业，从生产性行业要逐步转移到服务性行业，具体方法有收益法和市场法，建立了一个专家库。这些方面的工作原来由于经费的问题没有开展，现在发布了国税函［2009］667号文，专门规定了相关的经费。

现在反避税越来越被中国管理层重视，原因有两点：一是中国企业的金融面和经营面越来越大。二是在全球经济危机的情况下，包括发达国家自己也加强了国际税收管理，他们也非常看紧本土的企业，或者在他们国家经营的企业，竭尽全力地要把税收更多地留在他们的国家，这个无可厚非，因为中国也在加强相应的管理。对于企业来说，双重征收的风险越来越大，其本身的税收负担也越来越大。三是由于税收压力的加大让各方的沟通变得不那么畅通。

二、24号文的政策解读与分析

24号文明确了很多非居民企业的特许权使用费、担保费、租金和财产收益预提所得税纳税时间和计算方法，这个规定于2011年4月1日起执行。同时规定公告实行前发生但是没有做税务处理的事项，也要依据24号文执行。除此以外还明确了《国家税务总局关于加强非居民企业股权转让所得企业所得税管理的通知》（国税函［2009］698号）的一些定义问题。

1. 计提利息、租金和特许权使用费

（1）已计入企业当期成本、费用，年度纳税申报时代扣代缴企业所得税

如果在当期计提利息、租金、特许权使用费计入到成本费用，但是企业没有交税，需要在年度申报的时候把这些税收代扣代缴，这对企业来说应该是一个好的消息。

（2）计入资产原价或企业筹办费，计入的年度纳税申报时，全额代扣代缴企业所得税

如果不是进行上述的操作，而是计入了产品的原价，这时候第一年就是计入的年度，就要对这三项内容全额代扣代缴企业所得税。

（3）到期日之前支付的，应在实际支付时代扣代缴企业所得税

24号文提出了“恕先原则”，在到期日之前支付的，应该在支付时代扣代缴企业所得税，就是什么时候支付，什么时候扣缴。

（4）未明确计入资产原价或企业筹办费又提前支付，何时扣缴？

这里出现了一个逻辑上的问题：没有明确计入资产原值或企业筹办费的特许权使用费，但是企业又提前支付了，这种情况是等到年度申报的时候？还是等到提前支付的时候？到底应该在什么时候扣缴？GTS的理解是使

用恕先原则，因为立法的本意是企业提前支付了，就要提前扣缴，如果企业对现金流的要求比较大，还是要跟税务局有一个沟通，以免产生滞纳金的问题，因为滞纳金系统信息一旦形成是自动的，税务局也没有办法解决。

（5）只适用非居民企业在中国境内未设立机构场所或虽设立机构场所但相关所得与其所设机构场所没有实际联系的情况

2. 担保费

（1）非居民企业取得来源于中国境内的担保费，应对利息所得按规定的税率计算缴纳企业所得税，即10%

（2）担保费是指中国境内企业、机构或个人在借贷、买卖、货物运输、加工承揽、租赁、工程承包等经济活动中，接受非居民企业提供的担保所支付或负担的担保费或相同性质的费用

在24号文当中有规定，中国境内的企业、机构或者个人在这些生意当中，买卖、货物运输、加工、租赁、工程承包等，接受了非居民企业提供的担保，也就是说企业的这些生意如果由一个非居民企业提供担保，那企业就具体负担了这些担保费。这样性质的费用支出怎么来扣缴？如果这个收入是境外非居民企业获得的，企业是中国公民企业，那责任就是代扣代缴。24号文给的依据是可以靠上利息，但是该文只是说在扣缴的时候可以按照利息的税率去代扣代缴，并没有说担保费就等于利息了。

（3）没有确认担保费与利息性质相似或相同，不确定可否享受税收协定优惠待遇

因为利息在两国之间的协定当中可以有一些优惠，但不能在扣缴的时候就用这个税率来申请税收优惠，24号文没有如此规定，因此企业税务高管在这个概念上应该有清晰认识。

（4）没有确认所得性质的归属类别，也没有被归入“其他所得”

3. 土地使用权转让所得

土地使用权当时是指在中国国内取得土地使用权，如果一个非居民企业转让了在中国境内土地使用权，它的所得怎么计算税收呢？

（1）以取得的土地使用权转让收入总额减除计税基础后的余额作为土地使用权转让所得计算缴纳企业所得税，并由扣缴义务人在支付时代扣代缴

（2）适用于非居民企业在中国境内未设立机构、场所而转让中国境内

土地使用权，或者虽设立机构、场所但取得的土地使用权转让所得与其所设机构、场所没有实际联系的情况

（3）未对“计税基础”给出定义，包括取得时发生的成本

计税基础包括什么，24号文同样没有给出非常明确的答案，比如中国的计税基础至少包括土地使用权当初的买价，企业要注意的是买价是有，但不是账面上的，一定要保存好发票，具体扣除的时候是以发票为准。关于计税基础，GTS觉得还应该包括非居民企业当初买这块地使用权的契税、印花税，买、卖两个时候的印花税应该也都是可以扣除的。当然这个公告当中没有注明国内的居民企业在计算的时候是可以扣除这些的，但在中国居民企业正常申报的时候，中国居民企业发生契税和印花税的时候就已经扣除了。如果中国居民企业可以扣除，那非居民企业应该也可以扣除，但是这仅仅是GTS的观点，因为还没有给出具体的定义，但这些税收额度实在是不少，因此如果企业能保留税单，那就有可能降低企业的税基。

（4）未明确在中国境内未设立机构、场所的非居民企业的情况

24号文同样没有明确在中国设立机构场所的非居民企业情况，按照税法的原理推算，如果在中国境内设立机构场所就被认为是一个常设机构了，就按照常设机构的三种方式去交税，正常的税率就是25%。

（5）只适用非居民企业在中国境内未设立机构场所或虽设立机构场所但相关所得与其所设机构场所没有实际联系的情况

4. 融资租赁租金所得

（1）非居民应以租赁费扣除设备、物件价款后的余额，作为贷款利息所得计算缴纳企业所得税，由中国境内企业在支付时代扣代缴

24号文规定非居民企业取得的融资租赁收入作为贷款利息来计算企业所得税。如果融资租赁方在租赁期满的时候不要这个设备了，交给承租者，承租者有两种情况：第一种情况是不再收钱，第二种情况是出租方多少收点钱，这点钱也被看做是利息收入的一部分。这样可以扣除当初出租方购买的设备款物件的价款，以余额来计算企业所得税。非居民企业进口的时候包括了进口的关税和增值税，但不知道是不是还有消费税？这些是不是也允许扣除？24号文并没有明确说明。

（2）“租金”包括租赁期满后作价转让给中国境内企业的款项

（3）未明确纳税义务发生时间，是否是租赁费到期时？

同时一般融资租赁期限比较长，未必在双方订立契约的时候就确定了最后设备交给承租方还是不交给承租方，可能还有其他的条款，纳税义务的发生时间是等到全部的租赁期满吗？是到那时候计算出来？还是在每一期的时候交？这也是24号文未明确的。

5. 出租不动产所得

（1）未设立机构场所，以取得的租金收入全额计算缴纳企业所得税，由中国境内的承租人在每次支付或到期应支付时代扣代缴

在中国有两种不动产，一种是房地产，另一种是地上物，比如你有一座山，山上的果树都可以列为不动产。如果未设立机构场所，以取得的租金收入全额计算缴纳企业所得税，由中国境内的承租人在每次支出或到期支付时代扣代缴。

（2）进行日常管理，应视为其在中国境内设立机构、场所，非居民企业应在税法规定的期限内自行申报缴纳企业所得税（归属于该机构场所的利润）

如果企业进行了日常管理，当然文件里也没有规定什么叫日常管理，据GTS所知出租方设备出现毁坏，出租人是要负责修理好的，出租人自己过来修理，或者委托人过来修理，是不是都被认定为进行了日常管理？出租人不是在出租完以后就等着收租金的，如果这样的话被视为在中国境内设立了机构场所，也就意味着在中国形成了常设机构，因此非居民企业应该在法定的期限自行申报纳税，归属于这个机构的利润都应该在中国纳税，税率是25%。

6. 权益性投资收益（股息、红利）

（1）中国境内居民企业向未在中国境内设立机构、场所的非居民企业分配股息、红利等权益性投资收益，应在做出利润分配决定的日期代扣代缴企业所得税

（2）如实际支付时间先于利润分配决定日期，应在实际支付时代扣代缴企业所得税

如果境内的非居民企业向未在中国境内设立机构场所的非居民企业分配股息、红利等权益性投资收益，应在做出利润分配决定的日期代扣代缴。这个日期是比较靠前的，基本做出利润分配决定的日期就是董事会的决议日期，董事会在决议上写的什么时候分配，这个日期就确定了，企业

就要在这个日期代扣代缴，如果这个时间是比较提前的，且提前支付了，那在支付的时候就要进行扣缴。

三、24 号文对于国税函［2009］698 号文的承接——间接转让中国居民企业股权的管理性要求

1. 采用分期付款方式的企业，应于合同或协议生效且完成股权变更手续时，确认收入实现

24 号文在最后的段落解释了 698 号文，对非居民企业在中国取得的收入有一个“看穿原则”，看企业是不是实际的受益人，转让方有没有实际的经营活动，如果没有，国税总局是不承认它的存在的，就像设立在中国香港、新加坡等地的公司，税务机关有权利不承认这个公司的存在，那企业代扣代缴的税率就不一样。如果企业的收益是分期付款方式，24 号文确认合同或者协议生效且完成股权变更手续的时候确认收入的时限。例如：一家企业的股东是 A，现在 B 从 A 手中把企业的股权买下了，现在企业的股东变成了 B。如果协议生效，且完成股权变更，这个变更是不是指的商务部门的批准证书？还是说其他变更了的营业执照？还是其他的资质？具体指的是什么，24 号文里并没有给出具体的定义。

2. 698 号文“在公开的证券市场上买入并卖出中国居民企业的股票”，是指股票买入和卖出的对象、数量和价格不是由买卖双方事先约定而是按照公开证券市场通常交易规则确定的行为

698 号文规定在公开的证券市场上买入或者卖出中国居民企业的股票，指股票买入和卖出的对象、数量和价格不是由买卖双方事先约定而是按照公开证券市场通常交易规则确定的行为，这种行为在 24 号文当中定义给 698 号文。如果有事先约定怎么办？或者双方直接签订的合同就是公开市场上市的股票，这种情况也要征税吗？还是 24 号文的意思是不被征税？GTS 认为应该不是。698 号文中包括了很多法理上的内容和税收协定，一般情况下税收协定是高于国内法的，如果税收协定清楚地规定某种情况下应该是向左，而国内法是向右的，那一定要遵守税收协定，但 698 号文以一个国内的国税函的形式规定了一些非常有争议的内容，因此美国、日本

都对此产生了一些反应，企业看这方面文件的时候要更加地小心，如果有疑问还是要多问，跟主管税务局做好沟通。

3. 698 号文第五条、第六条和第八条的“境外投资方（实际控制方）”是指间接转让中国居民企业股权的所有投资者；第五条中的“实际税负”是指股权转让所得的实际税负，“不征所得税”是指对股权转让所得不征企业所得税

698 号文第五条、第六条、第八条的境外投资方是指间接转让中国居民企业股权的所有投资者。第五条中的实际税负是指股权转让所得的实际税负。不征所得税是指对股权转让所得不征企业所得税。不管究竟是增加税负还是减少税负，至少应该要说清楚。投资方不仅限于有实际控制权，也包括间接持有中国居民企业少数股权的投资方。实际税负仅指转让境外的控股公司股权所得对应的税负。不征所得税仅指股权转让所得。对于中国居民企业在中国注册当然没问题，例如：中海油在中国香港上市，这个公司被国家税务总局一个函确认为是中国的居民企业，虽然是海外注册、海外上市，但它是中国企业，因为实际管理的地方是中国，国家税务总局专门有一个函件，确认了中海油是属于中国企业，同样适用于 24 号文和 698 号文。

4. 两个及两个以上境外投资方同时间接转让中国居民企业股权的，可由其中一方按照 698 号文第五条规定向被转让股权的中国居民企业所在地主管税务机关提供资料，一方境外投资者可代表其他投资者履行义务，提交资料

5. 境外投资方同时间接转让两个及两个以上且不在同一省（市）中国居民企业股权的，可以选择向其中一个中国居民企业所在地主管税务机关按照 698 号文第五条规定提供资料，由该主管税务机关所在省（市）税务机关与其他省（市）税务机关协商确定是否征税，并向国家税务总局报告；如果确定征税的，应分别到各中国居民企业所在地主管税务机关缴纳税款

四、境外简介股权转让的规定已延伸至非居民个人转让？

◆［案例 1］

背景：

有一个香港自然人，我们叫做自然人 A，在深圳设立一个公司，公司经营情况非常好，有十多年的时间，最初注册资本在 1 万港币。2011 年的时候自然人 A 把他的股权转让给新加坡的一个公司，一般看来这应该是个人所得税的问题，但是深圳市地税局不这么看。情况如下图 3－2 所示：

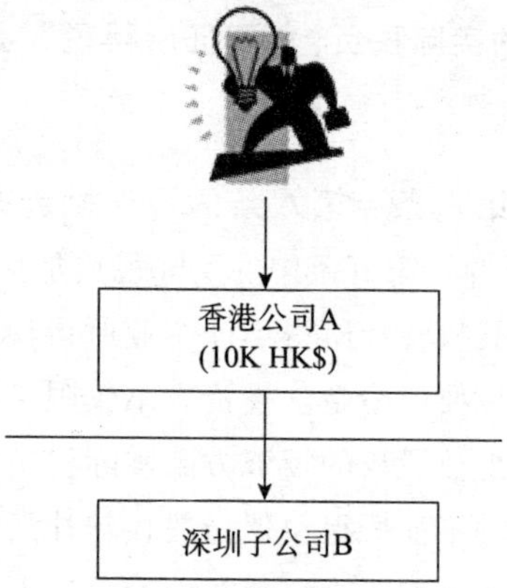

图 3－2　深圳案例

案例分析：

深圳上报国家税务总局，最后确认这个案例适用于 698 号文。因为自然人 A 虽然转让的是香港公司股权，完全发生在境外，但深圳的地税局认为转让行为虽然是发生在境外，但是如果没有十年的经营这个公司不会有如此高的价值，698 号文规定的是：如果公司没有什么实际经营、只是一个空壳，那从中国获得了收益，就要征在中国产生的税收。但是 698 号文没有明确征收的是什么税种，又因为 698 号文是企业所得税文件，但这个案例却征收了个人所得税，最终香港公司卖价是 2 亿元人民币，最终税款 1368 万元是以个人所得税的方法计算出来的。这案例是个案还好，如果作为先例被其他省税务局适用，就会有很大的问题。GTS 觉得因为 2009 年的 2 号文是一般反避税条款，但个人所得税是没有反避税条款的，那就这个案例而言一般反避税条款是不是也适用于个人了？但是 2 号文是依据所得税的条例制定的，怎么能适用个人所得税呢？但是这个案例确实是得到了国家税务总局的支持，最终定案。就目前来看这就是一个个案，应该不会适用到其他的情况，毕竟还有一个法理上的障碍。

随着越来越多的企业着眼于中国，非居民企业涉税管理情况变得日趋复杂、隐蔽和多变，而之前的非居民企业所得税管理的政策和手段都相对落后，但是如今税务机关也加紧了对于这方面税收管理的变革和完善，698 号文以及 24 号文都是政府部门跨出的重要一步。非居民企业的税务高管在新的税务政策以及严格的反避税环境下，更要落实好企业的纳税合规工作。24 号文虽然对 698 号文做了进一步的补充和说明，但是 24 号文本身依然存在许多定义不明确的情况，企业在遇到相关税务疑难的时候还是要多和主管税务机关沟通，达成一致的共识，避免潜在的税务风险。

中国间接税筹划与管理

间接税因其繁多的税种、复杂的计算以及不断变化的细则，一直是企业税务高管们的筹划难题之一，但是反之，间接税中同样存在着大量的筹划和规避空间，加之近期营业税起征点提高、上海市试点增值税扩围正式实施等间接税改革，更是对企业税务团队提出了更高的要求和挑战。GTS紧跟时下大家最为关注的税改热点，从中国间接税风险与合规负担、中国增值税改革的挑战与机遇、13号令资产重组的纳税筹划机会这三大方面，分享GTS的间接税管理经验和实战案例。

一、中国间接税风险与合规负担

1. 对快速变化的税务环境以及立法进程的关注

当前的税务环境正在飞速的变化，社会对立法进程的关注也在不断的改变。我们都处在一个非常动荡的税收环境之中。举例来说：一年前，在增值税退税率方面有很多的变化，那时候政府通过迅速调整退税率来回应宏观经济环境。这些改变会对公司当年的财务状况产生很大影响。企业的财税团队需要一些时间来消化吸收，做好筹备工作。而目前的状况是，企业得到提前告知的时间都非常短，有时候改变是通过马后炮式的反应来进行的，有时候改变是突然发生的，并没有给企业过渡性的时间段，这会给税务团队带来相当大的负担和挑战。

2. 不明确的规定 VS.口头解释

法规的模糊性是全球都存在的主要问题，中国的税务规则也存在大量的模糊地带。在这样大的一个国家里，不少规则都是用口头方式来进行解释的，所以税务从业人员必须非常小心。税务局的工作人员可能会更换，因此企业不能够把口头的解释当作依据，要尽可能多地得到文件解释，企业需要警惕口头解释可能会带来的潜在风险。

3. 税务登记合规

税务登记的合规性也可能会给企业带来一定的影响。例如：中国有一家交通运输公司，在1000个城市中有他们的业务，那就需要在1000个城市进行税务登记。如果真是这样的话，那这个公司可能需要每个月提交1000份营业税申报表，这对企业的税务人员是一个非常沉重的负担和任务。

4. 营业税与增值税的双重征税

当今的中国既有增值税系统，也有营业税系统，都属间接税。例如：增值税的纳税人购买了服务，营业税是由提供服务的会计师事务所付出的，但却不能够被用来当做抵扣增值税的税额，因此这就出现了重复征税。一家会计师事务所购买了一台电脑，其向供应商支付的增值税不能够作为进项抵扣，又造成了重复征税的情况。

有些案例当中，软件销售公司可能既需要支付增值税，又需要支付营业税，这是因为在中国增值税是国税，而营业税是地税。国税认为软件是可见的产品，这样出售软件就需要付增值税。然而地税又认为，这种情况是属于知识产权的转让。所以不少公司有时候不得不在同一交易当中既缴纳增值税，又缴纳营业税。

5. 缺乏增值税、营业税集团性申报

在中国，没有增值税、营业税集团性申报是所有税务从业人员需要面临的挑战。

假设：企业在中国各地有1000个分支机构，可以进行营业税应税的业务和交易，所有的这些公司和分支机构都需要进行营业税申报。企业没有办法进行集团性的申报。

增值税也是如此。所以，企业如果在中国有10个实体，每个实体都在缴纳增值税，而不能把10个实体申请综合起来只做一次申报。

6. 中国独特的发票体系

中国的发票体系是比较独特的。以中国之大，税务机关对纳税人的信任度不高，有时像猫和老鼠一样，处处设防。进行税务登记，企业有时还是不能开具发票。中国的发票是事先连续编号，事先打印的，基本上都是由税务局出具的。除非特别批准自打发票，这种空白表格发票仅仅是在税务机构才能够拿到，所以企业必须要到税务局去购买空白发票。如果企业不能够满足其中的一些合规要求，税务局就可以停止向企业出售空白的发票，那时就会产生很大的麻烦。

7. 出口与进口的复杂性

中国在出口和进口方面也有相当庞大的法律法规，比如有免税区、出口加工区以及其他应用不同税收规则的区域等等，因此非常复杂，需要周全的考虑，才能够更有效地满足供应链的需求。

二、税务登记实战案例分享

GTS 将直接从四个税务登记的案例入手，来评估税务登记是否有必要。

◆ [案例 1]

一家中国香港公司在中国城市有加工方面的库存，但这个香港公司并没有在中国内地设有常设机构（PE），因此产生了疑问：增值税的注册有必要吗？

案例分析：

中国这么大，各个地方的实践有所不同，GTS 并没有现成的答案，在这样的情况下企业应该向税务专家进行咨询，并且阅读一下相关的增值税政策和规定，逐字逐句地解读，来得知这样的库存是否需要增值税的注册和登记。第二种情况：这个香港公司如果在中国内地有 PE，在它库存的周围有相关的活动，在这个案例当中是否有可能 PE 的登记也会引发增值税的登记？相关事宜都是由国家税务总局在负责的，因此 PE 的注册很有可能会启动增值税的登记。

◆ [案例 2]

关于快速消费品企业的实体，它们将产品销售给中国成千上万的城市，如果它们在所有城市都做税务登记，那将会是一个灾难，因为有这么多的城市都需要进行相关的操作。

案例分析：

如果这个实体要做税务登记的话，首先发票或者现金发票将会是其中的一个重要问题。比如企业开具发票之前必须要做税务登记，如果这个实体收到现金，并把现金保留过夜，那么将导致税务登记。所以重要的是，如何减少现金的收入，尽量避免这样的现金过夜情况的产生。不过有时候保留现金的情况是不可避免的，因此，每个不同的重要省份或区域都可能会有这样的实体集中管理相应的现金，当然这不是一个非常完美的解决方法，但总好过在每个城市都进行税务登记和申报工作。

◆ [案例 3]

第三个案例是关于运输的实体，该实体在上千个城市都设有分公司，那该怎样进行税务登记呢？

案例分析：

这个案例其实比第二个案例还要复杂和糟糕，因为根据中国的法律法规，关于提供劳务的企业在相关提供服务的城市，必须马上履行税务登记的责任，比如在运输方面涉及从一个城市到另外一个城市，也就是说该实体的税务登记是必须的。

◆ [案例 4]

网上在线交易的税务登记。根据调查，当今中国三分之一的网民都会做网上的在线交易，这是一个有很大潜力的市场，最近武汉税务官方把目标主要放在了网上销售，尤其是网上销售衣服的店铺，通过两个方式：一是实体店，二是在线的淘宝网。巨大的销售额也会触发增值税的问题。中国税务机关是否现在要关注网上销售的纳税状况呢？

案例分析：

GTS 觉得，如果税务机关加大对网上销售的增值税监管力度，不是一个坏消息。如果中国不对网上销售进行严格征税的话，那就意味着大公司比如跨国公司、上市公司会对网上销售计缴增值税，而其他一些企业能逃则逃。所以，那些不完全遵守法律法规的公司，就会滥用这个形式来取得竞争优势。而且在今天的中国，由于通货膨胀，越来越多的顾客对价格更加敏感，正因为他们对价格变动敏感，由 3% 到 17% 的增值税种类对他们的购买决定有很大的影响。

三、间接税的合规管理

间接税的登记在不同的情况下可能会被触发，有时是不可避免的，尤其是在中国的税制环境下。那企业应该如何管理和处理间接税事务？GTS认为有以下方法可以考虑。

1. 进一步明确税务部的角色和责任

在涉及税务合规方面，明确各个部门的责任和角色是首要的。税务部门并不仅仅是处理间接税的唯一机构，在很多案例中很多不同的部门，他们在税务系统以外也做了间接税相关的工作，比如像销售、客服、法律、会计部门，他们也有不同的人员或多或少地都融入和参与到了间接税的环节当中，如果一个公司只有税务部的员工懂得间接税的知识，这是完全不够的，对于其他部门来说也必须掌握足够的相关知识，如果他们没有足够的理解力并意识到间接税对他们的重要影响，那要更好地处理间接税的问题就很难了。像是发票的认证期限等等，在其他部门的环节上就会产生麻烦。

所以在 GTS 看来，公司确实会做这样那样的举证来明确各个方面不同的角色和责任，即使不是税务方面的专业人士，即使是一个会计，也需要对间接税有相关的了解和认知。除了角色和责任的分配，企业也需要很好地贯彻这个举证和模型，也就是在其位谋其政，每个人都要为相关的职责担负起相应的责任。不管是最高层的管理人员，还是下面的基层人员，不管是从上到下还是从下到上的渠道，都要保证整个责任的明确和明晰。如果没有很好地做好合规工作、没有很好地做税务筹划，那最后的结果就是不断地被处罚、不断地交罚款。

2. 设立区域性的税务服务中心

为了对不同地区的公司业务进行更好的合规指导，企业可以做的是把中国划分成各个不同的区域，在每个区域指派一个资深的会计或财务人员设立一个服务热线，这位负责服务热线的员工不仅要有非常丰富的税务知识和敏锐的税务意识，还要能结合当地的具体信息，来处理当地的一些棘手问题。

3. 间接税数据的集中化分析

间接税有一个非常重要的比值，就是间接税与收入之比，这个数值必须非常精心地进行监控，把它保持在一个正常的可控状况之下。这样一来企业才能够更好地掌握整个公司的情况。GTS 也鼓励各位不断地对自己的税收健康状况进行检查，这里面包括向当地员工分发问卷、填写，并且随时进行检查，看清单上面的事项是否都按时完成。同时要有内部机构部门进行合作，去各个分支机构探访的时候就要明确问哪些问题会比较恰当，以及哪些地方比较重要，需要重点关注。

4. 与税务机构保持一个正常良好的关系

企业需要与税务机关保持非常健康的关系。尽管今天仍然有点像猫和老鼠之间的关系，但是企业需要非常小心地来保持一个良好的形象，在不同的阶段都要始终保持一个良好的声誉，这样税务机关对企业审计的时候就会有一个相对友好的氛围。企业只有合规性出色，才可以更为坦率、更为公开，进而与税务机关之间进行更好的沟通，不但让他们阐述企业的不确定性，而且在他们那里得到一些帮助和援建。

四、进口服务中的营业税处理

1. 自 2009 年起的营业税新规则变化

营业税是一个让人非常纠结的话题，到 2009 年底的时候财政部出台了一系列新的规则，发布了一系列的规章制度，包括增值税、营业税、消费税等，2008 年年底制定了一系列新的规定，并于 2009 年初开始生效。当时各大企业都吃了一惊，这等于是中国突然开始对进口服务征收营业税了。当时企业遵循的一个常识性规则是：对于境内提供的服务需要支付营业税，对于离岸的服务则不需要付税。新法规中“在岸”和“离岸”的定义有了改变，2009 年之前“在岸服务”指的是实际在中国境内提供的服务，而“离岸服务”代表在中国国境之外提供的服务。2009 年开始，在岸服务指的范围变成了或者在中国境内进行的，或者在中国境外进行的，由中国企业提供或接受的服务。这样一来我们从外国供应商那里得到的进口服务，不管是不是在中国境内提供的服务，都要求缴纳营业税，因为获得这个服务的接受人是中国的实体或中国的企业。让我们来看下面的一个案例：

[案例5]

背景：

一家交通运输公司，在全球各地都有实体，形成了一个交通运输的网络，每个实体都依赖于其他全球各地的兄弟实体向他们提供货物和客户，彼此之间的依存度非常高。假设该公司的收入是100元人民币，公司很有可能需要付50元人民币给外国的兄弟公司。如果这样的服务都要缴纳营业税，那对于该公司以及整个交通运输物流产业来说都是致命的一击。

案例分析：

中国和很多国家之间都有一些税收或航空协定，互相豁免空运从而产生营业税，但这样的一些协定是存在问题的。因为这个服务是由全球合作伙伴提供的，并不仅仅是空运，还包括取货、分拣、编号、运货等等很多不同的业务。因此，如果中国税收机构认为该公司不能够接受协定的保护，那就意味着企业必须要支付高额的营业税，所以，这就给企业的盈利水平带来一个非常大的负面影响，而且对整个产业都会有影响，金融业和交通运输业可能受到的影响最大、打击也最为沉重。其他产业也由于这些新的改变必须缴纳一些新的费用，比如企业的全球服务器在某一个国家，因此需要为此付出一些技术服务费用。2009年前这些还被认为是离岸的服务，不需要支付营业税，但是新的规定实施以后就必须为此付出一定的营业税，这样就使得利润被吃掉一大块。中国希望能够减少上述的影响，于是颁布了111号令①，告诉企业完全在中国境外提供的服务有可能会得到免税的待遇，但条件是你必须能够得到财政部的批准。由于很难定义何为“在境外使用、购买的服务”。因此财政部的专家会这样理解：“就算这个

① 《财政部、国家税务总局关于个人金融商品买卖等营业税若干免税政策的通知》（财税［2009］111号）。

服务是在中国境外提供的，而接受方在中国，粗略地来说这个服务仍然还是在中国使用的，在此种情况下这种免税待遇就不存在了。”

2. 跨年合同

跨年合同中涉及的营业税问题也让人头疼，不过有一个过渡性的政策可以用来应对。举例来说：某些服务是在2009年接受的，但在合同签订于2009年之前，而这一服务确实是在中国境外提供的，这就被认为是离岸的服务，因此旧的规则仍然是适用的，可以获得营业税的豁免。

3. IT 服务中的营业税处理

外国公司在2009年之前提供的IT服务，有一些本地的税务机构非常激进地将这些服务划分到必须要交营业税的范畴当中，GTS认为这是很荒谬的，但是企业有可能很难改变它，也没有办法说服税务官员。像上文提到的，中国有国税和地税，税务人员可能会质疑IT服务到底属于服务的性质还是特许权使用费，国家和地方的税务机关将会使用不同的方式来解说，比如对软件的使用不见得是版权的使用，但是当地的税务机关为了要收取营业税，可能会用另外一种方式来解读这件事情。如果两个机构走极端的话税务高管就必须要用异于常规的且周全的方式来思考，看看怎么解决这个问题。

五、转让定价与海关规则

转让定价与海关规则的出入与磨合给企业税务高管带来困扰，这两者对于间接税筹划也有着重要的影响。

[案例6]

背景：

多年之前，某企业与海关进行基础油的协商和谈判，主导谈判的是炼油厂的技术人员，企业税务负责人当时并没有机会就转让定价的技术问题和税务机关进行沟通，因为大家的注意力都集中在这个产品的实体物理和化学性质上面，双方的科技人员进行了非常激烈的讨论和辩论，就是在争论到底基础油得到了几次蒸馏以及其和定价的关系。

案例分析：

企业根据交易条件的不同，可以采取不同的定价，但海关往往不太考虑交易的条件，也丝毫不考虑转让定价方面的反避税规定等。这样的谈判显然争论不在“点”上，费时费力且对于企业间接税筹划没有带来实质性的利益。

目前为止转让定价和海关规则之间并没有共同点，转让定价的规则是建立在经合组织的指南之上，而海关是用另外一系列的标准在指导自己的工作。但国际海关规则评论第二十三条第一款讲到了这个情况：转让定价和海关规则之间有共同点，转让定价的文件也被认为可以在海关定价过程中被当做是参考的依据。GTS 坚持一个观点就是：世界贸易组织（WTO）的评论并没有法律上的约束力，但是它依然具有巨大的影响力，这将会给中国海关机构一个评判的依据，如果不是这样的话企业可能就会遇到两难的局面。税务当局会不断地质疑企业的进口价格，因为税务人员觉得你的进口价格过高，同样海关也会不断地质疑你，海关人员又会觉得你的价格太低了。

六、中国增值税改革：挑战与机遇并存

1. 增值税改革的根源

现在中国增值税改革的主要根源在于很多行业，尤其是服务行业面临着诸多的挑战，一些相关的行业不仅仅会碰到双重征税，有时候甚至是三重甚至四重征税的问题，而且中国没有一个特别的规定或政策对服务的出口，尤其是对于欧洲国家的服务出口有零税收或者豁免的相关规定。而且关于另外一点也让投资者很失望，就是对于服务行业来说，增值税的优惠待遇无法让缴纳营业税的企业享受。

2. 增值税改革的正式落实

中国的增值税改革终于在万众瞩目下尘埃落定，上海市将作为首个营业税（以下简称“营”）改增值税（以下简称“增”）的试点城市从 2012 年 1 月 1 日起正式实行新增值税税级与税率，据统计将有约 12 万家企业符合此次试点的范畴。当然这一切都存在许多的不确定性，而且也进一步带

来了税务筹划的风险，成为企业税务高管们面临的又一挑战。

中国增值税转型一个重大的阻碍是原先营业税是100%属地，增值税25%属地。现在“营”改“增”之后，财政上要怎么分？这确实对中央政府来说也好，对地方政府来说也好，都是一个很大的挑战。同时政府的换届也为这个问题的落实增加了不确定性。目前上海市的增值税改革进展如何还有待商榷，GTS希望对于中国间接税筹划与管理的总结能够帮助税务人在全新的2012税务环境下更加从容地应对新挑战！

3. 立法的意见交流与完善

虽然有很多不确定性和波动性的情况，但是并不代表企业什么都不能做，比如和政府意见交流就是一项非常重要的工作。财政部和税务总局在起草新的条规和新的法律的时候，会进行一定的听证，他们会到各个相关的领域当中收集一些意见和反馈，这就给企业提供了一个很好的机会，能够大声地说出自己的想法和观点。GTS相信通过这样与法律制定相关者的合作，双方会在某些程度上取得双赢的局面。企业可以说服政府采纳相关业内人士的意见，当然不一定是优惠性的政策，但是最起码是比较中立的政策，能够让税务法律政策的制定者了解或理解这个行业，让国家的法律条规更加可行，而不是制定完全不能用的条规。GTS一直觉得与政府的意见交流工作很重要，每个税务人也都应该尽自己的一份力量，让中国在税务立法方面变得更加完善。

4. 财政部（MOF）与国家税务总局（SAT）的公开化

每个税务人都有自己的角色和责任，MOF也借鉴了很多国家的经验，同时MOF与SAT对于民意也越来越乐于倾听。上文提及的增值税和营业税的改革，在整个行业当中都会变成一个重大事项。当然有时候这种沟通并不直接，也决非易事，在很多案例当中可以发现，企业需要到外部找一个咨询师或分析师来进行协助。

七、13号令带来资产重组的纳税筹划机会

相信已经有很多人都听说了13号令。关于资产重组，如果仔细看增值税和营业税的相关规定，就会发现：

第一，不管是销售或者是购买有形或无形的产品，增值税和营业税都是应收的。

第二，对整个行业来说，如果要销售或者转移整个行业公司，企业有420号和165号两个条例可供参考。这两个条例虽然列出了相关的豁免情况，但其实这不是豁免，而是一个不考虑增值税的情况。

第三，如果是部分转移会比上述的转移更加复杂一些，有以下几种情况可能无法得到增值税的豁免：整个转移包含了资产、债务和劳务；客户与商誉的转让；退税的可能性；营业税的不确定性等。

多数纳税人必须要在一个复杂的情形下做权衡比较，同时要进一步确认当地政府的意图，并不是出台了政策企业就能得到相应的权益，如果没有具体实行的规则，企业可能也得不到相关的帮助。

非居民企业反避税实务分析

2008年以来，国家税务总局的一股“反避税风暴”意图挽回每年上百亿元的税款流失。在过去的3年中，国家税务总局针对跨国公司的反避税工作取得了重大进展，仅2010年英国沃达丰公司转让中国移动（在港注册企业）股权一案，北京市国税局就取得了21.96亿元人民币的税金，创下了全国单笔非居民股权转让企业所得税金额的最高纪录。本文将围绕非居民企业反避税问题，为读者介绍非居民企业反避税的近期动态并解读相关的最新政策，最后以一些实务中的案例详细阐述非居民企业反避税工作中的重点。

一、非居民企业反避税近期动态

2010年全年反避税工作取得重大成果，对税收增收贡献超百亿元（含居民企业转移定价反避税收入）。同时税务机关在完善工作制度，改进工作方法方面，不断创新，加强了反避税工作的成效。下面将对税务总局2010年反避税情况通报进行简单回顾，并介绍反避税工作的进展。

1. 税务总局2010年反避税情况通报

（1）反避税相关金额数据

2010年全年反避税工作对税收增收的贡献合计102.72亿元（含居民企业转移定价反避税收入），其中，管理环节增收71.68亿元；服务环节增收7.96亿元；调查环节增收23.08亿元。此外，通过对外磋商为纳税人消除国际双重征税负担50.29亿元。

（2）税务机关工作方法的改进

2010年反避税工作改变过去偏重事后调查的做法，注重对避税模式的研究，通过各种管理手段事先防范避税行为，在全国部署同期资料抽查工作，督促企业自行检查内部的定价原则和方法是否符合独立交易原则，是否存在转移利润的问题，促使一部分企业主动提高利润水平。

（3）新反避税方法的应用

税务机关将重点研究解决无形资产和股权计价、市场溢价、价值链分析、成本节约、超额利润分割等反避税难点问题，提高案件审核质量和对外谈判的说服力。国家税务总局将在全国推广运用无形资产和股权计价的“收益法”①，研究完善“市场法”②，并以汽车行业的几个磋商大案为突破口，研究市场溢价的量化分析方法，推广全国。

[例1] 2010年初，境外的A集团公司被美国某集团公司收购，并对其生产结构进行整合，从而导致A集团公司在大连投资的几家下属企业也产生了股权转让。然而A集团公司在其董事会决议中确定的股权转让价格几乎等同于股权的账面价值即成本价，在此基础上计算得出的应纳税所得额几乎可以忽略不计。大连市国税局认为该股权转让价格明显偏低，不符合独立交易原则，应该依法做出调整。在尝试市盈率指标未果之后，大连市国税局最终采用资产定价模型，运用收益法计算得出被转让股权的公允价值，并做出了相应的纳税调整。最终涉及企业对2008年以后的股权转让价格进行了调整并缴纳税款1100万元。这是中国税务机关首次运用收益法这一国际公认的评估方法确定股权转让收益的案件。

2. 反避税进展

（1）国家税务机关加强了对间接股权转让交易的审查

[例2] 山西省太原市国税局在一起反避税调查中，使用收益法成功调整并征收了境外某集团公司股权转让企业所得税4389.5万元。

[例3] 福建省福清市国税局在经过仔细查证与交涉后，对中国香港某公司转让中国内地上市公司15.6%股份一案，成功向香港公司追缴非居民企业所得税3.79亿元人民币。

GTS专家认为，在目前的法律体系下，间接转让股权交易存在的税务风险比较高，企业在进行跨境投资时要重新审视传统的跨境投资架构模式，考虑跨境股利分配和未来股权转让等因素，在此基础上审慎选择跨境投资架

---

① 收益法，也称收益资本化法、收益还原法，是指通过估算被评估资产未来预期收益，并用适当的折现率折现，以其现值之和作为被评估资产价值的一种评估方法。

② 市场法指参照市场上已经发生的与被评估对象相同或类似资产的交易价格确定重估资产价值的方法。

构；对于传统的控股架构模式，在进行股权交易之前需要考虑税收筹划的因素，并加强与税务机关的沟通，避免股权转让时在中国缴纳大额的所得税。

（2）常设机构的转让定价引起税务局的重视，GTS专家建议企业关注OECD《常设机构利润归属报告》所规定的利润归属新方法

常设机构转让定价调整案例已经在中国出现，需要非居民企业更多关注在中国构成常设机构情况下的归属于常设机构的应纳税所得情况。世界经济合作与发展组织（OECD）于2008年发布了《关于常设机构利润归属报告》，就如何根据《OECD关于避免双重征税的协定范本》第七条的规定将利润归属于常设机构提供了详尽的指引，也可以作为目前非居民企业在中国构成常设机构情况下利润归属的一个参考。

按照该报告要求，常设机构被视为一个独立实体，先在功能分析（Functional Analysis）上分配相关资产和风险，然后基于可比性分析，运用适当的转让定价方法来计算常设机构与其所隶属企业总机构或其他部分进行内部交易应归属的营业利润。

（3）反避税政策不断出台，缩小企业避税空间

国税函［2009］601号、国税函［2009］698号和税务总局［2011］45号公告对外国企业到中国投资已经产生了很大的影响。

（4）税收情报交换协议

国家税务总局多次和国外税务机关进行合作，进行情报交换。其中国外的税务机关主要有维尔京、巴哈马、阿根廷、百慕大、马耳他、根西、马恩岛、泽西岛等地避税港的税务机关。

二、非居民企业反避税相关政策

近两年，随着国家税务机关反避税工作力度的加大，国家税务总局出台了很多反避税工作方面的相关政策。下面将从受益所有人、间接股权转让、中资境外离岸公司、反税收协定滥用、境外劳务五个方面重点介绍非居民企业反避税的相关政策。

1. 受益所有人反避税政策

（1）相关政策列举

《关于如何理解和认定税收协定中“受益所有人”的通知》（国税函

[2009] 601号)。

(2) 受益所有人定义

"受益所有人"是指对所得或所得据以产生的权利或财产具有所有权和支配权的人。"受益所有人"一般从事实质性的经营活动，可以是个人、公司或其他任何团体。代理人、导管公司①等不属于"受益所有人"。图3-3比较直观地阐述了受益所有人的定义。

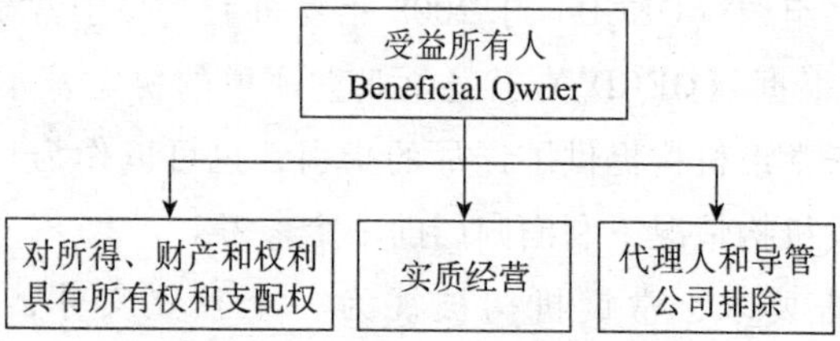

图3-3 受益所有人定义

(3) 受益所有人认定

在判定"受益所有人"身份时，不能仅从技术层面或国内法的角度理解，还应该从税收协定的目的(即避免双重征税和防止偷漏税)出发，按照"实质重于形式"的原则，结合具体案例的实际情况进行分析和判定。一般来说，下列因素不利于对申请人"受益所有人"身份的认定：

①申请人有义务在规定时间(比如在收到所得的12个月)内将所得的全部或绝大部分(比如60%以上)支付或派发给第三国(地区)居民。

②除持有所得据以产生的财产或权利外，申请人没有或几乎没有其他经营活动。

③在申请人是公司等实体的情况下，申请人的资产、规模和人员配置较小(或少)，与所得数额难以匹配。

④对于所得或所得据以产生的财产或权利，申请人没有或几乎没有控制权或处置权，也不承担或很少承担风险。

⑤缔约对方国家(地区)对有关所得不征税或免税，或征税但实际税率极低。

⑥在利息据以产生和支付的贷款合同之外，存在债权人与第三人之间

① 导管公司是指通常以逃避或减少税收、转移或累积利润等为目的而设立的公司。这类公司仅在所在国登记注册，以满足法律所要求的组织形式，而不从事制造、经销、管理等实质性经营活动。

在数额、利率和签订时间等方面相近的其他贷款或存款合同。

⑦在特许权使用费据以产生和支付的版权、专利、技术等使用权转让合同之外，存在申请人与第三人之间在有关版权、专利、技术等的使用权或所有权方面的转让合同。

（4）受益所有人审查重点

GTS 专家认为，协定税率低于 10% 的国家可能是国家税务机关审查的重点，所以建议企业需特别注意与这些国家相关的业务往来。另外，受益所有人概念只适用于税收协定中股息、利息、特许权使用费。从国际税收协定来看，财产转让所得中不存在受益所有人的概念，然而一些税务机关在实务运用时，将 601 号文适用范围扩大到了财产转让所得上，即对股权转让行为，如果符合 601 号文相关判定规则，也按照受益所有人规则判定在中国的纳税义务。

另外，在运用受益所得有人规则时，要注意“背靠背”的安排，即境外一个国家的公司将资金、特许权等转移给境外另一国家的关联公司，通过另一个国家的关联公司作为中介再将其转移给中国境内企业以适用该另一国和中国税收协定中的较低预提所得税的方式。这种情况也是中国税务机关反避税的一个方面，需要跨国企业引起注意。

下面的表 3－1、表 3－2、表 3－3 分别列出了协定股息税率，协定利息税率，特许权协定税率低于 10% 的国家。

2. 间接股权转让反避税政策

（1）相关政策列举

《关于加强非居民企业股权转让所得企业所得税管理的通知》（国税函［2009］698 号）。

《关于非居民企业所得税管理若干问题的公告》（国家税务总局公告 2011 年第 24 号）。

（2）政策解读及专家意见

GTS 专家提出，关于非居民企业反避税问题，698 号文中有两点是需要特别注意的：

第一，境外投资方（实际控制方）间接转让中国居民企业股权，如果被转让的境外控股公司所在国（地区）实际税负低于 12.5% 或者对其居民境外所得不征所得税的，应自股权转让合同签订之日起 30 日内，向被转让

表 3－1　　协定股息税率低于 10% 的国家（地区）

税　率	与下列国家（地区）协定
0%	格鲁吉亚（直接拥有支付股息公司至少 50% 股份并在该公司投资达到 200 万欧元情况下）
5%	科威特、蒙古、毛里求斯、斯洛文尼亚、牙买加、南斯拉夫、苏丹、老挝、南非、克罗地亚、马其顿、塞舌尔、阿曼、巴林、沙特、文莱、墨西哥（另有特殊规定）、埃塞俄比亚、赞比亚
5%（直接拥有支付股息公司至少 10% 股份）	委内瑞拉、格鲁吉亚（并在该公司投资达到 10 万欧元）（股份低于 10% 税率为 10%）
5%（直接拥有支付股息公司至少 25% 股份）	卢森堡、韩国、乌克兰、亚美尼亚、冰岛、立陶宛、拉脱维亚、爱沙尼亚、爱尔兰、摩尔多瓦、古巴、特多、中国香港、中国澳门、新加坡、塔吉克斯坦、土库曼斯坦、捷克、比利时（支付股息前至少 12 个月为 25%）、芬兰、马耳他、叙利亚、希腊、阿尔及利亚、巴巴多斯、英国（股份低于 25% 税率为 10%）
7.5%	尼日利亚
8%	埃及、突尼斯
7%（直接拥有支付股息公司至少 25% 股份）	阿联酋、奥地利（股份低于 25% 税率为 10%）

表 3－2　　协定利息税率低于 10% 的国家（地区）

税　率	与下列国家（地区）协定
5%	科威特
5%；10%	委内瑞拉
7%	阿尔及利亚、中国香港、中国澳门和阿拉伯联合酋长国
7%；10%	奥地利、以色列和新加坡
7.5%	古巴、牙买加、尼日利亚和捷克
8%	塔吉克斯坦

表 3－3　　特许权协定税率低于 10% 的国家（地区）（不含机器设备使用费）

税　率	与下列国家（地区）协定
5%	古巴、格鲁吉亚、埃塞俄比亚、赞比亚和突尼斯（为技术或经济研究或技术援助而支付）
7%	中国香港、罗马尼亚
6%；10%	英国（新）
7%；10%	马耳他（新）、中国澳门
7.5%	尼日利亚
8%	埃及、塔吉克斯坦

股权的中国居民企业所在地主管税务机关提供以下资料：

①股权转让合同或协议；

②境外投资方与其所转让的境外控股公司在资金、经营、购销等方面的关系；

③境外投资方所转让的境外控股公司的生产经营、人员、账务、财产等情况；

④境外投资方所转让的境外控股公司与中国居民企业在资金、经营、购销等方面的关系；

⑤境外投资方设立被转让的境外控股公司具有合理商业目的的说明；

⑥税务机关要求的其他相关资料。

第二，境外投资方（实际控制方）通过滥用组织形式等安排间接转让中国居民企业股权，且不具有合理的商业目的，规避企业所得税纳税义务的，主管税务机关层报税务总局审核后可以按照经济实质对该股权转让交易重新定性，否定被用作税收安排的境外控股公司的存在。

同时，GTS 专家强调，对境外所得不征税或免税的国家和地区，比如中国香港、中国澳门、马来西亚、新加坡、阿根廷、乌拉圭、哥斯达黎加、肯尼亚、巴拿马，以及有避税港的国家，可能都是税务机关在审查间接股权转让反避税时非常关注的重要地区。

GTS 专家特别指出，698 号文的境外间接股权转让规则不适用于境外企业在公开证券市场交易中国居民企业股票；同时，在运用 698 号文对非居民企业进行反避税时，实际执行的税务机关要层报税务总局审核同意，而不能对非居民纳税人滥用 698 号文的规则。

3. 中资境外离岸公司反避税政策

（1）相关政策列举

《企业所得税法》及《企业所得税法实施条例》。

《国家税务总局关于境外注册中资控股企业依据实际管理机构标准认定为居民企业有关问题的通知》（国税发［2009］82 号）。

《境外注册中资控股居民企业所得税管理办法（试行）》（国家税务总局公告 2011 年第 45 号）。

（2）关于境外中资公司被判定为居民纳税人的最新规定

国税发［2009］82 号对境外的中资公司判定为居民纳税人进行了

规定：

①境外成立，境内企业控股。

②高层履行职责场所在中国。

③财务和人事决策由中国境内决定或批准。

④主要财务和账簿等存放中国。

⑤半数以上董事或高层常居中国。

《境外注册中资控股居民企业所得税管理办法（试行）》（国家税务总局公告 2011 年第 45 号）则对境外中资公司控股居民企业税务管理进行了最新规定：

①境外注册中资控股企业（以下简称境外中资企业）是指由中国内地企业或者企业集团作为主要控股投资者，在中国内地以外国家或地区（含中国香港、中国澳门、中国台湾）注册成立的企业。

②非境内注册居民企业应当按照企业所得税法及其实施条例和相关管理规定的要求，履行居民企业所得税纳税义务，并在向非居民企业支付企业所得税法第三条第三款规定的款项时，依法代扣代缴企业所得税。

③境外中资企业居民身份的认定，采用企业自行判定提请税务机关认定和税务机关调查发现予以认定两种形式。

④非境内注册居民企业发生下列重大变化情形之一的，应当自变化之日起 15 日内报告主管税务机关，主管税务机关应当按照本办法规定层报税务总局确定是否取消其居民身份：企业实际管理机构所在地变更为中国境外的；中方控股投资者转让企业股权，导致中资控股地位发生变化的。

⑤对于境外中资企业频繁转换企业身份，又无正当理由的，主管税务机关应层报国家税务总局核准后追回其已按居民企业享受的股息免税待遇。

中国走出去时，为了实现红筹上市或者避税，往往通过在境外设立离岸或控股公司的方式，比如中国移动、中国联通、蒙牛、中国重汽等等都是这个架构。

（3）GTS 专家意见

GTS 专家认为，《境外注册中资控股居民企业所得税管理办法（试行）》出台后，可能会有更多在避税港或准避税港成立的离岸公司，在未来被认定为中国的居民纳税企业。正如文章开头提到的沃达丰公司的案例，就是因为根据 82 号文中的关于居民纳税人的规定，中国移动有限公司

（注册地在中国香港）被认定为居民纳税人，因而沃达丰公司转让中国移动的股权所获得的净收益要以10%的税率向中国缴纳非居民企业所得税21.96亿元。

GTS专家提示，根据目前的法律，对那些在避税港或准避税港成立的无实际业务往来的离岸公司来说，机遇与挑战并存。如果这些公司的成立纯粹为了通过转移定价等手段将利润归集到避税港或准避税港地避税，那么在被认定为中国的居民纳税人后，这些公司要就该转移的利润在中国缴纳企业所得税，从而失去规避企业所得税的作用；然而，如果这些公司不仅是为了避税的需要，而是主体经营部分由中国大陆的子公司构成（类同中国移动红筹上市架构），那么这些大陆子公司分回到这些空壳公司的股息在该空壳公司被认定为中国居民纳税人后，该空壳公司无需就该股息缴纳企业所得税，而该空壳公司将利润再分回中国境内的母公司时，母公司也无需按照税收抵免的方式补交所得税，从而大大节约了税款。

GTS专家进一步提示，对那些投资境外中资控股公司的外国公司而言，在这些境外中资控股被认定为中国居民纳税人后，外国股东要就该股息和股权转让所得在中国缴纳预提所得税，为此，外国股东需要提前进行税收筹划和安排，规避相关税收。

4. 反税收协定滥用条款

相关政策列举如下：

《国家税务总局关于执行税收协定股息条款有关问题的通知》（国税函［2009］81号）。

《国家税务总局关于执行税收协定特许权使用费条款有关问题的通知》（国税函［2009］507号）。

《国家税务总局关于执行税收协定利息条款有关问题的通知》（国税函［2006］229号）。

《国家税务总局关于税收协定有关条款执行问题的通知》（国税函［2010］26号）。

《国家税务总局关于印发〈《中华人民共和国政府和新加坡共和国政府关于对所得避免双重征税和防止偷漏税的协定》及议定书条文解释〉的通知》（国税发［2010］75号）。

《国家税务总局关于税收协定有关条款执行问题的通知》（国税函

［2010］46号）。

《国家税务总局关于外国企业在中国境内提供劳务活动常设机构判定及利润归属问题的批复》（国税函［2006］694号）。

《国家税务总局关于明确我国对外签订税收协定中教师和研究人员条款适用范围的通知》（国税函［1999］37号）。

《国家税务总局关于税收协定中有关国际运输问题解释的通知》（国税函［1998］241号）。

《国家税务总局关于税收协定常设机构认定等有关问题的通知》（国税发［2006］35号）。

《国家税务总局关于税收协定中有关确定雇主问题的通知》（国税发［1997］124号）。

《国家税务总局关于执行税收协定教师和研究人员条款有关问题的公告》（2011年第42号公告）。

（1）协定的定义

国际税收协定是指两个或两个以上主权国家为了避免双重征税或防止国际偷逃税而签订的具有法律效力的国际条约。截至2012年1月底，中国已对外正式签署96个避免双重征税协定和中国香港、中国澳门两个税收安排，其中93个已生效。

（2）税收协定滥用

GTS专家提示，税收协定滥用一般包括居民纳税人的滥用，常设机构的滥用，股息、利息和特许权使用费非受益所有人的背对背安排，滥用海运和空运条款，不动产占有比例超过50%的股权转让滥用（包含间接持有的不动产），滥用导管公司规避股权转让在中国的征税权及其他所得滥用协定。

5. 境外劳务反避税政策

（1）相关政策列举

《非居民企业所得税核定征收管理办法》（国税发［2010］19号）。

（2）关于境内外收入的界定

凡其提供的服务同时发生在中国境内外的，应以劳务发生地为原则划分其境内外收入，并就其在中国境内取得的劳务收入申报缴纳企业所得税。税务机关对其境内外收入划分的合理性和真实性有疑义的，可以要求非居民企业提供真实有效的证明，并根据工作量、工作时间、成本费用等因素合理划分其境内外收入；如非居民企业不能提供真实有效的证明，税务机关可视同其提供的服务全部发生在中国境内，确定其劳务收入并据以征收企业所得税。

三、非居民企业反避税实例介绍与分析

[案例1] 滥用常设机构

背景：

中国香港B公司介绍中国A公司与澳大利亚C公司签订5087万元的海水淡化设备购销合同，根据工程进度，A公司向中国香港B公司支付2.5%的中介费用。A公司因中国香港B公司的佣金业务发生在境外，要求税务机关开具免税的收付汇证明。

税务调查：

甲为B公司代理人，负责联系A与C公司的销售业务，并以B公司代理人的身份签订佣金服务合同；并且甲与全国很多大企业都有业务联系，到处揽业务，签合同。经过税务机关的进一步调查得出，甲就是中国境内的一个人，他自己在中国香港成立了一家公司，通过这种方式来规避税收。

处理结果：

第一，甲的代理活动全部或几乎全部代表中国香港B公司，在中国境内构成常设代表机构，其在中国境内的所得负有纳税义务。

第二，由于甲代表的B公司不能提供税务资料，根据《非居民企业所得税核定征收管理办法》的通知第四条：非居民企业因会计账簿不健全，资料残缺难以查账，或者其他原因不能准确计算并据实申报其应纳税所得额的，税务机关有权核定其应纳税所得额。

第三，经磋商，B公司同意税务机关按照实际取得佣金的40%的利润率核定应纳税额，缴纳所得税。

政策依据：

《内地和香港特别行政区关于对所得避免双重征税和防止偷漏税的安排》（以下简称《中港税收安排》）第五条第五款：当一个人（除适用第六款规定的独立代理人以外）在一方代表另一方的企业进行活动，有权并经常行使这种权力以该企业的名义签订合同，这个人为该企业进行的任何活

动，应认为该企业在该一方设有常设机构。第五条第六款：一方企业仅通过按常规经营本身业务的经纪人、一般佣金代理人或者任何其他独立代理人在另一方进行营业，不应认为在该另一方设有常设机构。但如果这个代理人的活动全部或几乎全部代表该企业，不应认为是本条款所指的独立代理人。《中华人民共和国企业所得税法实施条例》第五条：非居民企业委托营业代理人在中国境内从事生产经营活动的，包括委托单位或者个人经常代其签订合同，或者储存、交付货物等，该营业代理人视为非居民企业在中国境内设立的机构、场所。

税务机关常用反避税方法：

约谈代理人，核查境外公司相关资料，确定代理人是否和境外公司有关联关系或重大利益关系。实践中有基层税务机关要求纳税人举证不构成境内营业代理人的现象。

[案例2] 间接股权转让

背景：

2010年11月，某市国税局通过查阅互联网上公开的第三方信息获悉，香港H上市公司透过其全资子公司维尔京W公司向外国P集团公司（香港H上市公司的主要及控股股东）的全资子公司维尔京A公司间接收购中国S公司100%的股本权益，涉及金额8000万元人民币，股权转让款已经支付。税务机关怀疑该交易中存在间接股权转让问题。

税务调查：

要求相关境外公司报送该笔股权交易的协议和资料，同时从香港H上市公司网站上了解有关该笔股权交易的报道和背景。最终发现维尔京W公司与维尔京A公司2010年11月签订协议，收购维尔京AA公司、维尔京AAA公司、香港G公司及汕头S公司的100%股本权益。维尔京W公司从维尔京A公司收购的资产是4个逐层100%控股的公司股权，其中维尔京AA公司、维尔京AAA公司和香港G公司，其居民国（地区）均对其居民的境外所得不征所得税；3个公司均是境外控股公司，除了层层100%控股，对外无其他投资；维尔京AA公司和维尔京AAA公司均是2009年7月才在维尔京群岛注册成立，企业不能提供证据证明其合理商业目的，因此存在被用作税收安排的嫌疑。

具体图示（见图3-4）：

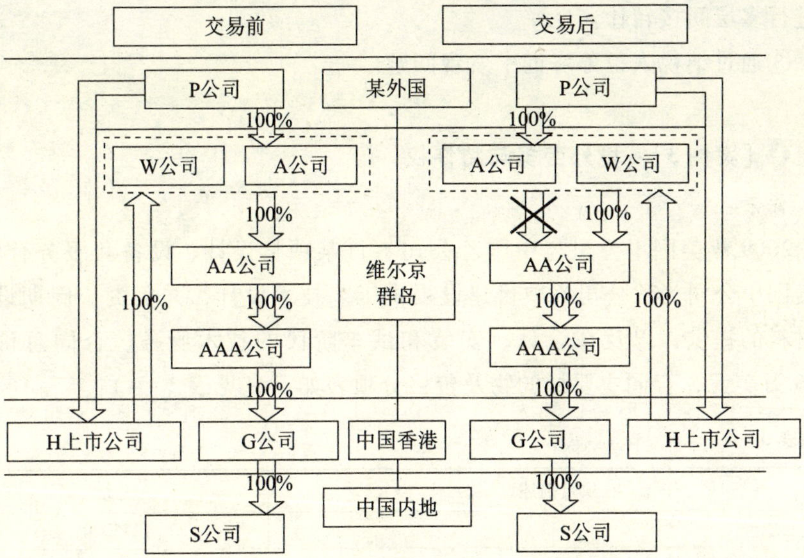

图 3-4

处理结果：

间接股权转让S公司股权，征税720万元，维尔京W公司作为扣缴义务人委托S公司缴纳。

政策依据：

国税函［2009］698号：间接股权转让征税。

本案例思考：

①W公司是否该作为扣缴义务人？

《企业所得税法》第三十七条：对非居民企业取得本法第三条第三款规定的所得应缴纳的所得税，实行源泉扣缴，以支付人为扣缴义务人。

第五十一条：非居民企业取得本法第三条第三款规定的所得（未设立机构、场所的，与设机构、场所无实际联系），以扣缴义务人所在地为纳税地点。

②真的无合理商业目的？而非内部重组？

GTS专家认为这个案例更类似于一个企业内部之间的重组，而不是没有经济实质的避税。

税务机关常用反避税方法：

①与工商登记机关等合作，调查境内投资企业股东是否发生变更。

②通过互联网、上市公司年报搜索信息，核查境内企业股东是否在境

外进行多层间接转让。

③通过纳税人税务咨询中发现问题。

[案例3] 境外劳务与特许权

背景：

2009年美国甲公司与中国乙公司签订某项目设计、设备和服务合同，由美国甲公司为乙公司该项目建设提供工艺技术设计，并负责长周期设备及材料的提供，以及在设计、安装和试车阶段的技术服务。合同总价款2386万美元，合同主要标的物及价格分项表如下（见表3-4）：

表3-4

项目描述	美元
A. 工艺包	1275000
B. 工艺装置基础设计	1310000
C. LNG储罐详细设计	975000
D. 设备及材料	19400000
E. 培训、在详细设计、安装和试车阶段的技术服务包	900000
总计	2386000

以上来自合同附件，其中A+B+C+E=4460000美元

甲公司观点（见表3-5）：

表3-5

项目描述	美元	A公司应纳税
A. 工艺包	1275000	
B. 工艺装置基础设计	1310000	境外劳务，不纳税
C. LNG储罐详细设计	975000	
D. 设备及材料	19400000	海关进口，不纳税
E. 培训、在详细设计、安装和试车阶段的技术服务包	900000	如构成常设机构在中国纳税，否则，不纳税
总计	2386000	

税局调查：

初步判定A、B、C为专有技术许可，而非境外劳务。并要求提供设计技术附件。美方随后要求按境内劳务征收，核定利润率15%。并提供了某某市国家税务局（以下简称"国税局"）将美国丙公司在华提供相关服务判定为境内劳务，按20%核定利润率征税的判定文书。甲声称该项目与目

前开展项目一致，应参照某某市国家税局做法。同时甲公司向某市政府发来传真。税务局进一步分析，如判定为技术许可，则纳税额为 4460000 × 10% = 446000 美元；如判定为劳务，则纳税额为 4460000 × 15% × 25% = 167250 美元。在该省、市税务局坚持下，乙公司提供了设计附件，发现设计带有严格的保密和限制使用条款，按照 507 号文规定，A、B、C 属于专有技术；E 项培训和服务，应于实际发生时判定，如构成常设机构则按营业利润征税，不构成常设机构则按特许权使用费征税。

处理结果：

A、B、C 属于专有技术，按照特许权使用费征税；E 项培训和服务，应于实际发生时判定，如构成常设机构按营业利润征税，不构成常设机构按特许权使用费征税。

政策依据：

①企业所得税法及条例。

②国税函［2009］507 号：与专有技术有关的特许权使用费一般涉及技术许可方同意将其未公开的技术许可给另一方，使另一方能自由使用，技术许可方通常不亲自参与技术受让方对被许可技术的具体实施，并且不保证实施的结果。被许可的技术通常已经存在，但也包括应技术受让方的需求而研发后许可使用并在合同中列有保密等使用限制的技术。

③中美税收协定。

④国税函［2010］46 号：如果技术受让方在合同签订后即支付费用，包括技术服务费，即事先不能确定提供服务时间是否构成常设机构的，可暂执行特许权使用费条款的规定；待确定构成常设机构，且认定有关所得与该常设机构有实际联系后，按协定相关条款的规定，对归属常设机构利润征收企业所得税及对相关人员征收个人所得税。

劳务与特许权基本区别（见表 3－6）：

表 3－6

	特许权使用费	劳务
是否先前存在	存在	不存在
是否重复使用	可以	不可以
限制保密条款	有	无
所有权归属	许可方	服务接受人
经济效果	不承诺	承诺
技术先进	先进	总体一般，但某些设计先进

在结合实际案例，详细介绍过非居民企业反避税近期动态和相关政策之后，GTS专家就该问题做了以下总结。

GTS专家总结：

①国家税务机关将非居民企业反避税重点主要放在以下三个方面：一是非居民企业间接股权转让问题；二是通过滥用我国与他国签订的税收协定变相转移课税主体的问题；三是跨国企业利用境内外劳务划分和特许权征税与境内劳务的判定避税问题。

②针对间接转让股权问题，国家税务机关对受益所有人和中资境外离岸公司的认定等问题非常关注。GTS专家认为，企业在进行间接股权转让交易前需考虑税收的因素，主动提前加强与税务机关进行沟通，降低涉税风险。

③针对滥用国际税收协定的问题，实践中企业具体的操作方式一般包括建立直接导管公司和踏脚石导管公司[①]。GTS专家认为，税务机关善于运用透视法，从多种途径如互联网、上市公司披露信息等找到涉税交易的实际主体。企业在采用这种方式进行税收筹划的时候，在现今的政策氛围下，面临的税务风险可能比较大，尤其是涉及协定税率比较低或者国际上有名的"避税港"国家的时候。

④针对跨国企业利用境内外劳务划分和特许权征税与境内劳务的判定避税问题，GTS专家认为当企业同一项目既有境内劳务，又有境外劳务的时候，企业应合理划分境内外劳务发生金额，避免过度将劳务划分为境外劳务而引起税务机关的反避税审查；同时，对境内劳务和特许权要进行恰当判断，不宜为规避中国税收需要，过度将境内劳务包装成特许权或是将特许权包装成境内劳务。

① 踏脚石导管公司：与直接导管公司形式类似，但层次更多，增加了税务机关稽查的难度。

第四章

税务实战经验分享

如何成为一流的税务总监？

如今，税务总监的地位绝不亚于财务总监，在企业的发展中起着举足轻重的作用。然而在税务环境纷繁复杂的变化之中，税务总监所要面临的挑战也在持续的交替更迭。当今的税务总监们在寻找什么、关注什么、做什么、该怎么做，才能更好地融入不断更新与深化的税收政策、改善企业的税务管理现状、有效地规避涉税风险管理等等，都成为税务总监们不可忽视的热点问题。本文将从当今税务总监的角色转换、税务总监的工作职责、税务总监面临的新挑战及其应对以及如何组建一支高效的税务团队这四方面切入，结合多位知名跨国企业税务总监的实践经验，帮助您正确定位优秀的税务总监所应具备的软技巧。

一、税务总监的角色转换

税务总监无论从行政职能上还是工作职能上都逐渐成为了一个越来越重要的岗位，因为税务筹划关系到企业战略的顺利实行，税务风控是企业健康发展的重要基石，税务能够成为一个企业的帮手，企业也能够通过税务使利益最大化。

税务总监角色的转换体现在如下两个方面（见图4－1、图4－2）：

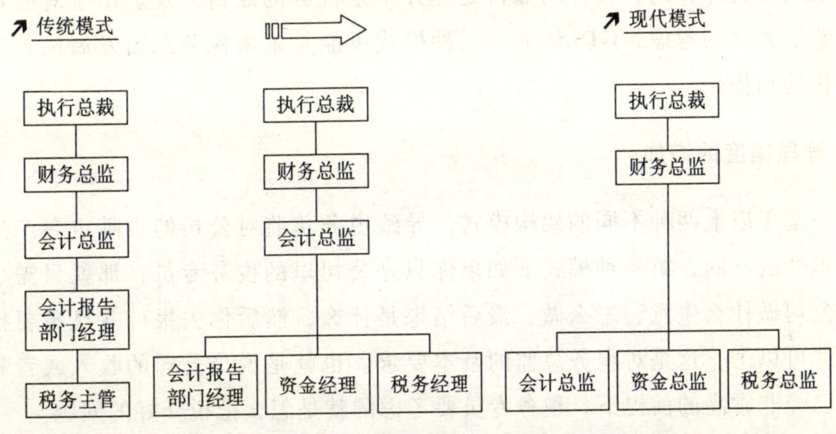

图4－1

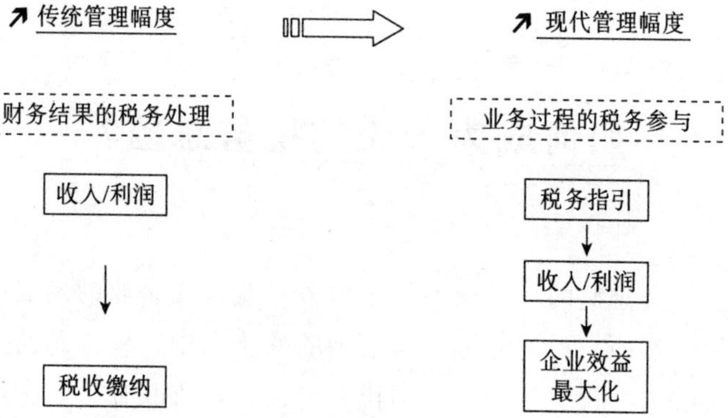

图 4－2

1. 在行政地位上的上升

图 4－1 中的传统模式是现在各大企业适用较为广泛的一种架构，CEO 下设 CFO，然后再下设几个平行的职能部门，如果公司规模不大或者公司税务不是非常复杂的话，这是一个比较好的模式。但如果税务总监要在一个企业里发挥更大的作用，那第三种模式则更为适用。在第三种模式下，作为税务总监要有这个能力，也要有这个资格，或者说要达到一定的级别能够影响公司的高层，这是非常重要的。在第二种模式下，作为税务总监，如果离开公司管理层和高层很远，那他们又怎么能够听税务总监的意见和想法呢？税务总监的意见首先就会在第一步被会计总监过滤了，税法就是被会计准则过滤掉之后，变成了所得税会计准则。但是税法本身跟会计准则是有冲突的，会计的账目处理并不是税务的账目处理。出于对公司利益最大化的考虑，GTS 认为第三种模式可能是未来税务总监发展模式理想化的趋势。

2. 管理幅度的增加

基于以上两种不同的架构模式，导致税务总监对公司的贡献也会产生根本性的不同，第一种模式下如果你只是公司里的税务专员，那就只需了解公司做什么生意、怎么做、最后结果是什么，然后你去报税并且不要报错就可以了，这是对税务总监的基本要求。也就是说当公司的收入或者利润已经非常高的前提下，税务专员要考虑的就是怎么把税交好的问题。

但是在现代模式下这种情况就会发生变化了，因为在一些业务过程中需要有税务总监的参与，管理层在做所有的业务决策之前首先要看是否可以带来税务利益，或者综合税务利益之后的结果会怎么样。举一个最普遍的增值税发票（以下简称“增票”）的例子：在企业选择供应商这一点上就需要选择可以开增值税发票的公司，因为这样的纳税人对公司利益是最大化的。现在上海市试点营业税改成增值税了，进而业务的流程就会发生变化，那应该怎么选择供应商呢？当然就要选上海市的供应商，而不是选北京市的供应商。因为同样一个鉴证业务，上海市供应商就会给公司带来很大的税务利益，能提供增值税发票，而北京市的供应商提供的只是普通发票。因此有的生意该不该做，能不能做，可不可以做都是基于同样的道理。当税务总监可以参与到公司决策层非常核心的选择过程中时，那他就有很充分的理由提出自己的想法，税务的重要性在业务过程中就体现出来了。这是税务总监角色转换之后所带来的变化。

二、税务总监的工作职责

1. 税务总监的工作职责

税务总监职能的转变势必将带来不同的工作职责和工作内容。那具体应该做些什么来达到公司利益最大化呢？如今税务的职责不应仅停留在纳税申报或者税务管理，需要慢慢走到公司治理的层面。税务的公司治理最主要的还是要把税法的一些要求以及涉税相关法律文件的要求跟公司实践结合起来。以下是 GTS 总结的税务总监的一些工作职责：

（1）制定并调整公司内部程序以应对税收法规政策的更新及变化

（2）审核公司所有运作环节以及时规避税务风险

（3）协调与公司内其他部门的日常协作

（4）寻求税收筹划空间并制定执行方案

（5）组织内部培训以提升整个财务团队的税务专业技能

以零售商为例：发票管理是零售企业目前主要的税务管理程序，包括所有渠道的发票是怎么管理的、发票出具是怎么管理的，这占到程序很大的一部分。这看上去是很简单的话题，但是实际上工作中会碰到很多问题，而且很多问题是无法解释的。比如：顾客到零售企业开发票，今天不开票，明天可不可以开？可以。这个月不开，下个月可不可以开？可以。

明年呢？为什么不可以？税法上没有明确规定不可以，那明年开具也是可以的，那过5年还可不可以呢？法律只明文规定必须开给他，但是没规定企业一个期限。不光零售业，做任何行业的开增票都是没有规定期限的，这个月肯定可以，下个月可不可以？180天以后？再过半年呢？一年怎么办？这些问题都是没法解决的，因为法律程序上没有明确的指出，但法规没有写出来并不代表这些问题就不会发生。大家可能每天都会碰到这样的情形，全国两百个门店打来电话询问说："顾客去年买的东西现在开发票可不可以？"可见，即使有程序的前提下还有这么多意外情况，如果公司没有税务制度的话，那问题就会更多了。

对零售企业来说发票是其主要程序，但商品管理程序和日常管理程序也是非常重要的。就增值税而言，有的税率在每个地方实际税务的解释是不一样的。以茶叶为例：用麻袋装的肯定是13%，但麻袋变成塑料袋还是13%吗？再小一点呢？因为茶叶本身没发生过任何变化，只是分装，而零售企业一直采取分装的方式，卖场里的工作就是把大包的茶叶变成小包的茶叶，大包的是13%，小包也应该是13%，但是为了防止茶叶变坏，供应商就把茶叶装成小包之后，把空气抽掉，变成真空的。这里发生问题了，如果真空的话就变成17%的税率了，因为税法上有一条，排气密闭必须是17%的税率。茶叶还是茶叶，只是把空气抽掉，税率却从13%变17%，这又作何解释呢？

再举一个例子：天热的时候很多人都会用草席，那苇编制品的税率是多少？上海市是13%，北京市就是17%。那零售商的日常工作中就遇到问题了，北京市进货到上海市卖怎么办？上海市进货到北京市卖怎么办？这些问题都没法解决，但是在公司的层面上要有所表述来解决这些模棱两可的问题。所以这就必须建立一系列的程序，对于公司来说这些就相当于社会中的法律。

2. 企业规范的建立

同时GTS还建议税务总监们通过税务建议书来建立企业的规范，并指导企业在某些事情的处理上可以有具体的参照要求。比如说零售企业的水电费。根据相关法律规定门店业主租来的房子，水电费应该开增票给企业，企业再进行抵扣。但企业之后又租给卖场外面的小租户，而这些客户就要求业主开增票给他们。根据大的法律来说这是销售水电，但很多问题也随之产生：工商局认为企业没有销售水电的资质。的确零售企业又不是自来水厂的分公司，但是从税法上来说又必须要开增票，要缴增值税。在税务流程是对的基础上，工商局如果不允许的话，怎么办？那 GTS 建议企业出具一份税务建议书来解决以上的尴尬。

税务建议书有：

（1）关于存货损失税务处理的税务建议书

（2）关于有奖活动及对外礼券个人所得税处理的税务建议书

（3）关于海报费、水电费等项目的税务建议书

（4）关于销售购物卡返利处理的税务建议书

（5）关于缴纳城市房地产税的税务建议书

（6）关于海外合同的税务建议书

（7）关于金银首饰税务处理的税务建议书

（8）关于第三方供应商开具发票结算货款行为处理的税务建议书

（9）关于提供房屋租赁服务的业主开具发票的税务建议书

（10）关于外部个人独立提供各项劳务开具发票的税务建议书

作为税务总监首先最主要的工作就是把公司实践中经常碰到的问题或者可能跟政策相关的点找出来，形成税务建议书。其次要能够及时避免税务风险，加强事前的沟通。再次就是要协调各部门的日常协作，既要有能力对外跟税务局打交道，也要有能力对内做高效的沟通。

三、税务总监面临的新挑战及其应对

随着税务总监地位和角色的不断提升，势必会遇到很多挑战和压力，接下来 GTS 总结了些税务总监可能遇到的新挑战以及应对的措施供大家参考：

1. 洋老板要跟着中国税法的指挥棒走

（1）传递普法教育，列举反面实例以作警示

（2）给予税务总监充分的信任与授权

（3）税务总监的职业操守和敬业精神，包括人格魅力

2. 跨国企业与国内主管机关之间的文化观念差异

加强主动沟通与了解，使得主管机关认识并理解企业，从而消除疑虑。

3. 法规政策的迅速出台造成企业与税务机关之间对法规执行的理解不同

及时获取各地机关以及各个层面对法规的解读，并及时传递企业的理解与困惑。

4. 跨国公司各机构所属税务机关对同一法规的执行情况和力度不统一

在税务机关不同的政策理解中，争取有利于企业的执行方式。

5. 大型企业各子公司或分支机构间不同发展程度引发的不同问题，并造成政策执行差异

对于常规涉税问题，因覆盖各个发展阶段，要在企业内部制定统一的解决方案，同时，及时解决新引发的问题。

6. 企业的快速发展进程与企业现有的税务管理模式有冲突

在遵循税收法律法规的前提下，以企业战略目标为主导，修订或构建新的税务管理模式。

税务总监是一个新兴的岗位，所以要让管理层给予税务总监充分的信任与授权。一方面，税务总监必须要有自己的能力站出来，在企业里面有足够的话语权，只有这样税务总监的工作开展才会更加方便。另一方面，也需要做好管理层和税务局的穿针引线工作，高管们其实内心很想接触中国的税务局，但心里又有点怕，这是一个矛盾的心态，做好这个组织者，让管理层参与和税务局的谈判或者决策的过程中去，效果肯定会很不错。

四、如何组建一支高效的税务团队？

在现代公司组织架构的模式下，如果仅凭税务总监一个人的单打独斗是很难维持企业长久发展的利益，最后我们再来看下如何建立一个高效的团队来担任税务总监的左膀右臂。GTS 建议税务总监可以从团队构建、职能设立、组织培训和业绩考核四方面入手：

1. 团队构建

（1）一个完美的税务团队，需要来自不同背景的人才

（2）人才属地化很重要

2. 职能设立

根据不同职级设立职能职责，并根据公司财务团队的构架，设立相应税务职位。同时，分派税务团队中高级管理人员，按税种作专业研究，以成为企业内部该税种的权威。

3. 组织培训

为应对各种法规政策的出台与落实，针对不同职级职位，以及税种的专业研究，组织内、外部的培训，以提升整个团队的专业素养。

4. 业绩考核

对不同职级职位设立考核内容，由主观考核及客观考核项目权重组成，即各地税务合规情况和程序执行情况，获取财政扶持，税收返还金额，纳税稽查的应对情况等。

首先，选择来自不同背景的人才，这是很多税务总监的实际体会，有来自事务所的，来自税务局的，来自企业的，来自学校的。这几类不同人才加在一起的话，税务团队肯定非常强大。来自税务局的非常熟悉政策，做过企业税的非常稳健，学校的学生可以从基础培养从而更符合公司文化，所以一个高效的团队人才来源不能偏颇，多样的背景融合在一起才能更中国化。另外人才属地化很重要。比如上海市本地的税务人员在上海市谈任何事情都会觉得非常舒服，到北京市也还可以，但到广州市就不行了，去广州市谈着谈着就用广东话进行了，所以广州市的税务经理最好要用广州人。税务总监是哪里人可能并不重要，但是你们的兵是本地的这很重要，因为外来的和尚照章办事相对来说总是比较麻烦的。其次，我们要看的是职能设定，不同税务团队有不同的税务职能设定。有的是负责纳税的，也有的是按照税种来分，有人负责增值税，有人负责所得税，这些的前提是每个框架的设立必须要有合适的人选，有了这些人才，就需要重视组织的培训，这一点非常重要，毕竟光靠单个人是不够的，公司每张报销凭证都涉及很多税务元素。只有通过参加不同的培训或者不同的会议来让你的税务会计、税务经理，包括税务主管拥有更广阔的视野，能够看得更精确一点，知道外面的世界有多精彩。最后，对于高效团队建设来说，业绩的考核非常重要，包括税务稽查的频率、退税的金额等等，税务总监可以制定一套指标，通过数字来建立考评的架构。

GTS 通过总结业内知名税务总监的经验和案例，希望能给从事税务工作的你带来启示和借鉴。想要成为企业一流的税务总监除了要做好税务风险的管控和合理的纳税筹划，更需要在软技巧方面不断加强领导力、沟通力和决策力，让优秀的税务总监不再稀缺，让 CFO 如虎添翼！

企业所得税汇算清缴实务技巧

2008 年是实施新企业所得税法的第一年，税务政策发生了重大变化。同时，2008 年又是新会计准则扩大实施范围的第一年，会计处理方法与税务处理方法的差异和衔接是所得税汇算清缴的重点和难点，所得税汇算清缴的表格由往年的 15 张变成了今后年度的 12 张，统计指标和填列方法都发生了重大变化。GTS 总结了以上政策的各项变化，吸收了来自不同企业汇算清缴的实务经验，浓缩了理论的智慧和思想的精华，将从以下五个角度为企业解决所得税汇算清缴难题：

1. 汇算清缴的基本流程和资料报送要求
2. 汇算清缴前的审批及备案事项管理
3. 日常经营常见的税收与会计差异调整
4. 年度纳税申报表表间关联要点分析
5. 年度关联业务往来报告表填报要点分析

一、汇算清缴的基本流程和资料报送要求

汇算清缴概括来说是在季度预缴所得税的基础上，企业向税务机关报送年度企业所得税纳税申报表，并汇算清缴，根据已预缴税款来结算申报所属期应缴应退税款。汇算清缴的申报所属期是从公历年度 1 月 1 日至 12 月 31 日。在一个纳税年度中间开业，或者终止经营活动，使该纳税年度的实际经营期不足 12 个月的，应当以其实际经营期为一个纳税年度。而每年的申报时间是申报所属年度终了 5 个月内，即法定截止日为 5 月 31 日。各地税务机关要求的纳税申报期限可能不一致，通常会较法定时间提前数周的时间。

（一）以下是GTS总结的企业汇算清缴的基本流程

1. 准备阶段

（1）检查需要审批或备案的事项，并向主管税务机关确认审批或备案的具体要求，例如：流程、文件、截止日等

（2）提交需审批或事先备案的事项申请，并及时跟踪结果

（3）与主管税务机关沟通确认当年汇算清缴的详细要求，例如：程序、截止日等

（4）参加税务机关举办的年度培训

2. 收集信息

（1）审计报告或管理账簿

（2）试算平衡表

（3）税收优惠的相关批文

（4）重大的交易文件审核，例如：合同、发票、特殊的费用扣除支持文件

（5）主管税务机关要求的其他相关资料

3. 计算

（1）确认会计核算与税收规定差异，制作纳税调整表

（2）依据纳税调整表计算应纳税所得额

（3）确认适用税率

（4）依据应纳税所得额和适用税率计算应纳所得税额

4. 填报和管理层确认

（1）准备申报表和相关附加材料

（2）和管理层确认所填信息及其他拟申报的资料

5. 申报和结清税款

（1）在主管税务机关要求的截止日前递交报表和所需资料，办理申报

（2）依据主管税务机关对申报结果的回复，结清应缴应退企业所得税款

（二）居民企业汇算清缴资料报送流程

1. 上海市 2011 年度汇算清缴申报步骤

（1）下载所得税汇算清缴客户端（上海税务网站：www. tax. sh. gov. cn）

（2）填报《企业所得税年度纳税申报表》和《居民纳税人财务会计报告》的数据

（3）通过网上电子申报企业端软件上传数据，自行完成企业所得税年度纳税申报

（4）根据主管税务机关的安排，在规定期限内报送纸质纳税申报资料

注：纳税人在规定申报期内，发现申报有误的，可在申报期内重新办理申报。

2. 上海市 2011 年度汇算清缴纸质纳税申报资料

（1）企业所得税年度纳税申报表

（2）2011 年度财务会计报告（年度财务会计报告经中介机构审计的，还须提供相应的审计报告），主要是财务报表

（3）总机构及分支机构基本情况、分支机构经营情况、分支机构资产损失税前扣除批复文件、分支机构预缴税款情况及其缴款书复印件，跨地区发生劳务的本市建筑安装企业在劳务发生地就地预缴企业所得税的缴款书复印件、外出经营证明等相关资料

（4）事先备案涉税事项的结果通知书，事后备案需要报送的相关资料

（5）当年发生的税前可弥补的亏损额超过 500 万元（含）的，应附送具有法定资质的中介机构的经济鉴定证明

（6）委托中介机构代理纳税申报的，应出具双方签订的代理合同，并附送中介机构出具的包括纳税调整的项目、原因、依据、计算过程、调整金额等内容的报告

（7）同时报送关联业务往来报告表

（8）主管税务机关要求报送的其他有关资料

二、汇算清缴前的审批及备案事项管理

1. 资产损失扣除管理

资产损失按税务管理方式可分为自行计算扣除的资产损失和须经税务机关审批后才能扣除的资产损失。

自行计算扣除的资产损失，包括下列各项：

（1）因销售、转让、变卖固定资产、生产性生物资产、存货发生的资产损失

（2）存货的正常损耗

（3）固定资产达到或超过使用年限而正常报废清理的损失

（4）生产性生物资产达到或超过使用年限而正常死亡发生的资产损失

（5）按照有关规定通过证券交易场所、银行间市场买卖债券、股票、基金以及金融衍生产品等发生的损失

（6）其他经国家税务总局确认无须经税务机关审批的其他资产损失

如何进行资产损失的扣除管理：

（1）减免税有资质认定要求的，纳税人须先取得有关资质认定

（2）优惠政策的管理分为审批管理和备案管理

（3）凡未明确为审批事项的，均实行备案管理

（4）备案管理分为事先备案和事后报送相关资料

2. 税收优惠政策管理

列入企业所得税优惠管理的各类企业所得税优惠，包括：

（1）免税收入

（2）定期减免税

（3）优惠税率

（4）加计扣除

（5）抵扣应纳税所得额

（6）加速折旧

（7）减计收入

（8）税额抵免

(9) 其他专项优惠政策

享受税收优惠管理的要求：

(1) 减免税有资质认定要求的，纳税人须先取得有关资质认定

(2) 优惠政策的管理分为审批管理和备案管理

(3) 凡未明确为审批事项的，均实行备案管理

(4) 备案管理分为事先备案和事后报送相关资料

具体管理办法由各省、自治区、直辖市和计划单列市税务机关制定。上海市出台了《关于转发〈国家税务总局关于企业所得税税收优惠管理问题的补充通知〉和本市实施意见的通知》（沪地税所［2010］26号），明确了上海地区对企业所得税优惠管理的执行办法，26号文要求，对审批和事先备案两类事项，税务机关应向纳税人发出通知书以书面告知受理结果。

三、日常经营常见的税收与会计差异调整

1. 会计核算与税收差异分类

从会计核算角度来分类：

(1) 永久性差异①：会计不计、税收计收入，如：视同销售；会计不计、税收允许扣除，如：研发费用加计扣除；会计计收入、税收不计，如：不征税收入、免税收入；会计作费用、税收不作，如：业务招待费超比例部分、行政罚款

(2) 暂时性差异②：固定资产折旧、分期收款

从税收管理角度来分类（参考所得税申报表附表三“纳税调整明细表”）：

(1) 收入类调整项目：18项

(2) 扣除类调整项目：20项

(3) 资产类调整项目：9项

(4) 准备金调整项目：17项（附表十）

(5) 房地产企业预售收入计算的预计利润

---

① 永久性差异是在某一会计期间，税前会计利润与纳税所得之间由于计算口径不同而形成的差异。这种差异在本期产生，不能在以后各期转回，即永久存在，故被称为“永久性差异”。

② 暂时性差异是资产或负债的计税基础与其列示在会计报表上的账面价值之间的差异。

（6）特别纳税调整应税所得

（7）其他

2. 收入类调整项目——视同销售

（1）视同销售确定收入的情况

（2）视同销售价格的确定

（3）买一赠一等方式组合销售的所得税处理

需要注意的是：新会计准则已经将企业会计制度下不确认收入的部分行为确认为收入核算，例如：以自产产品抵偿债务、以存货对外投资、以自产产品发放福利、以存货进行非货币性资产交换（公允价值计量的情况下），因此特别要注意在会计和税法都进行销售确认的情况下避免重复进行视同销售的处理。

3. 收入类调整项目——不征税收入

（1）不征税收入包括：财政拨款；依法收取并纳入财政管理的行政事业性收费、政府性基金；国务院规定的其他不征税收入

需要注意的是：不征税收入所对应的各项成本费用，不得在计算企业应纳税所得额时扣除。

（2）免税收入包括：国债利息收入；符合条件的居民企业之间的股息、红利等权益性投资收益；在中国境内设立机构、场所的非居民企业从居民企业取得与该机构、场所有实际联系的股息、红利等权益性投资收益；符合条件的非营利组织的收入

同样需要注意的是：免税收入所对应的各项成本费用，除另有规定外，可以在计算企业应纳税所得额时扣除。

4. 收入类调整项目——收入确认的时间差

新税法一般贯彻权责发生制原则，但考虑到纳税资金能力的需要，部分收入按照合同约定的时间确认。例如：

（1）租金收入

（2）特许权使用费收入

（3）利息收入

（4）分期收款销售收入

5. 扣除类调整项目——研发费用加计扣除

（1）费用化：未形成无形资产，按当年研发费用实际发生额的150%扣除

（2）资本化：形成无形资产，按该无形资产成本的150%在税前摊销。除法律另有规定外，摊销年限不得低于10年

（3）已进入主营业务成本并与收入相配比的项目不属于加计扣除的范围

（4）亏损企业也可以享受研发费加计扣除政策

（5）研发费加计扣除部分形成年度亏损，可用以后年度所得弥补，但结转年限最长不得超过5年

另附上海地区对企业研发费加计扣除办理流程（见图4－3）：

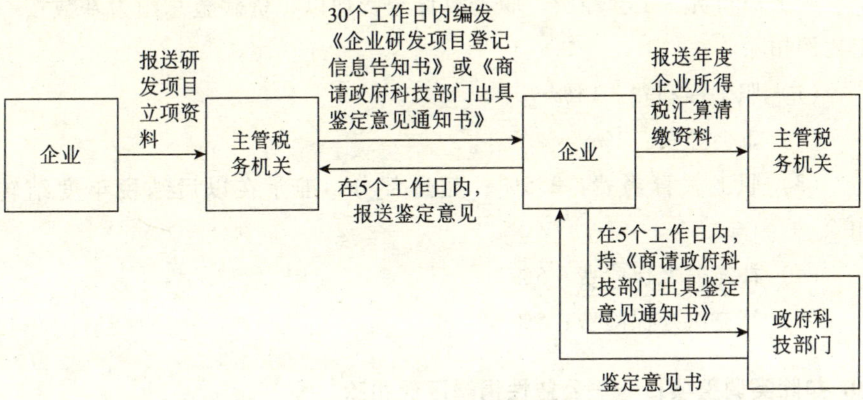

图4－3

6. 扣除类调整项目——业务招待费限额

（1）在计算业务招待费、广告费和业务宣传费等费用扣除限额时，其销售（营业）收入额应包括视同销售（营业）收入额

（2）扣除限额取两者孰低——实际发生额的60%，或当年销售（营业）收入的5‰

7. 扣除类调整项目——手续费及佣金支出限额扣除

（1）保险企业：按当年全部保费收入扣除退保金等后余额的一定比例：财产保险企业：15%；人身保险企业：10%

（2）其他企业：按与具有合法经营资格中介服务机构或个人（不含交易双方及其雇员、代理人和代表人等）所签订服务协议或合同确认的收入金额的5%

8. 扣除类调整项目——广告费和业务宣传费限额扣除

（1）合计不超过当年销售（营业）收入15%

（2）超过15%部分，准予在以后纳税年度结转扣除

（3）化妆品制造、医药制造和饮料制造（不含酒类制造）行业：扣除限额增至30%

9. 扣除类调整项目——人员相关费用的限额扣除

职工福利费、工会经费、职工教育经费均以工资薪金总额为基数按一定比例扣除。

（1）职工福利费：14%

（2）工会经费：2%

（3）职工教育经费：2.5%；超过部分，准予在以后纳税年度结转扣除

（4）补充养老保险费：5%

（5）补充医疗保险费：5%

10. 扣除类调整项目——公益性捐赠限额扣除

（1）受捐主体

①具备公益性捐赠税前扣除资格（名单）；

②县级以上人民政府及其部门。

（2）扣除标准

①年度会计利润总额（大于零）的12%；

②亏损企业除另有规定外不得扣除捐赠支出；

③依据特殊规定，部分捐赠项目可据实扣除。

11. 扣除类调整项目——母公司服务费有条件扣除项目

（1）子公司向母公司支付服务费扣除的处理

①独立交易原则确定服务的价格，作为企业正常的劳务费用进行税务

处理；

②双方签订服务合同或者协议，明确服务内容、收费标准及金额等；

③母公司作为营业收入申报纳税；

④子公司作为成本费用在税前扣除。

（2）母公司以管理费形式向子公司提取费用，子公司因此支付给母公司的管理费，不得在税前扣除

12. 扣除类调整项目——关联企业利息支出限额扣除

（1）不得扣除超过规定标准而发生的关联方利息支出

不得扣除利息支出 = 年度实际支付的全部关联方利息 ×（1 – 标准比例/关联债资比例）

（2）标准比例：从关联方接受的债权性投资与权益性投资的比例

①金融企业，为5:1；

②其他企业，为2:1。

（3）关联债资比例 = 年度各月平均关联债权投资之和/年度各月平均权益投资之和

（4）符合特定要求的，准予据实扣除

13. 扣除类调整项目——投资未到位而发生的利息支出不得扣除

（1）投资者在规定期限内未缴足其应缴资本额的，该企业对外借款所发生的利息，相当于投资者欠缴资本额的差额应计付的利息，不得在计算企业应纳税所得额时扣除

（2）不得扣除利息支出以年度内每一账面实收资本与借款余额保持不变的期间作为一个计算期

（3）每一计算期不得扣除的利息 = 该期间借款利息额 × 该期间未缴足注册资本额 ÷ 该期间借款额

（4）一个年度内不得扣除的借款利息总额为该年度内每一计算期不得扣除的借款利息额之和

14. 扣除类调整项目——其他不得扣除项目

常见项目有：

①商业保险：企业为投资者或者职工支付的商业保险费一般不得

扣除；

②例外：依照国家有关规定为特殊工种职工支付的人身安全保险费；

③国务院财政、税务主管部门规定可以扣除的其他商业保险费；

④企业之间支付的管理费；

⑤企业内营业机构之间支付的租金和特许权使用费；

⑥非银行企业内营业机构之间支付的利息；

⑦税收滞纳金；

⑧罚金、罚款和被没收财物的损失；

⑨赞助支出：与生产经营活动无关的非广告性质支出，广告性质的赞助支出按广告费和业务宣传费的规定处理；

⑩未经核定的准备金支出——不符合规定的各项资产减值准备、风险准备等准备金支出。

15. 资产类调整项目——固定资产折旧

（1）预计净残值：可自行确定，但一经确定，不得变更

（2）一般规定

①折旧方法：直线法；

②限定最低折旧期限。

（3）特殊资产可适用加速折旧

①折旧方法：双倍余额递减法，或者年数总和法；

②最低折旧年限：使用年限（新资产）或剩余年限（旧资产）的60%。

（4）适用的折旧方法与会计核算的口径是一致的

（5）注意不得计算并扣除折旧的固定资产

16. 资产类调整项目——无形资产摊销

（1）摊销方法：直线法

（2）摊销年限：不低于10年。作为投资或受让的无形资产，法律规定或合同约定了使用年限的，按规定或约定的使用年限分期摊销

（3）不得计算并摊销费用的无形资产

①自行开发的支出已作扣除的无形资产；

②自创商誉。

（4）外购商誉的支出，在企业整体转让或清算时，准予扣除

17. 资产类调整项目——开(筹)办费

未明确列作长期待摊费用的，可以在开始经营之日的当年一次性扣除，也可以按照新税法有关长期待摊费用的处理规定处理，但一经选定，不得改变。

18. 准备金类调整项目

（1）一般企业的资产减值准备项目都不允许扣除，包括坏账准备、存货跌价准备、固定资产减值准备、无形资产减值准备等

（2）现行文件规定对金融保险企业的风险准备金允许一定比例扣除的除外

19. 亏损调整的特殊情况

（1）以前年度未扣除资产损失的情况

①追补确认在该项资产损失发生的年度扣除；

②损失发生年度扣除追补确认的损失后如出现亏损，首先应调整损失发生年度的亏损额；

③多缴税款，可在审批确认年度应纳税款中予以抵缴，抵缴不足的，可以在以后年度递延抵缴。

（2）税务机关对企业以前年度纳税情况进行检查时调增的应纳税所得额，凡企业以前年度发生亏损且该亏损属于企业所得税法规定允许弥补的，应允许调增的应纳税所得额弥补该亏损

四、年度纳税申报表表间关联要点分析

1. 企业所得税年度纳税申报表（A类）概述

（1）适用于查账征收的企业

（2）申报表设计采用了间接法，即在会计利润基础上进行纳税调整

（3）基本结构：主表 + 11 张附表

（4）上海地区增加了以下项目

①10 张附表：附表五（1）~附表五（9），以及附表六（1）；

②主表增加第 37－1 行“本市总机构所属本市分支机构分摊的预缴税额”；

③附表九《资产折旧、摊销纳税调整明细表》增加第 8 列“以前年度纳税调整增加额”。

2. 主表和各附表间的勾稽关系（见图 4－4）

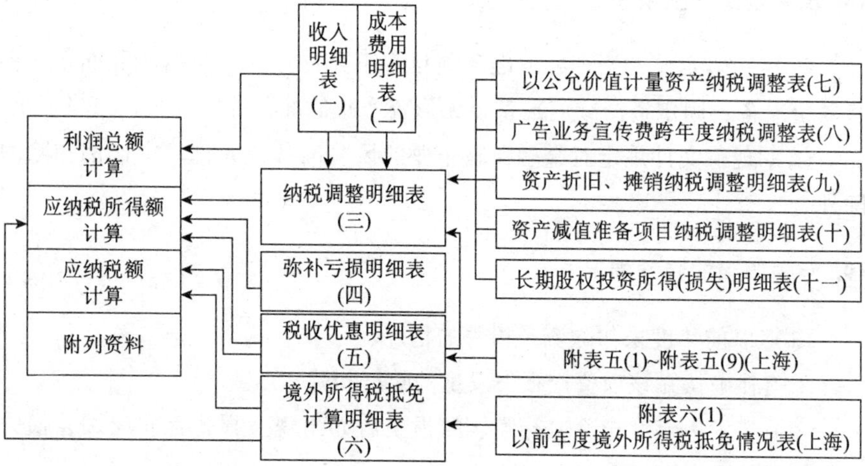

图 4－4

五、年度关联业务往来报告表填报要点分析

1. 新所得税纳税申报要求

新法规要求企业报送年度企业所得税纳税申报表时，应附送《中华人民共和国企业年度关联业务往来报告表》，包括一系列与关联方交易相关的表格，增加了企业转让定价资料年度申报的负担。这些表格针对各种类型的关联方交易，所有纳税企业均需递交。申报表格为何重要？

（1）与年度企业所得税纳税申报表一起递交的一套资料

（2）纳税人对正确填写这些表格负有法律义务

（3）税务机关选择潜在转让定价审查对象的基础

2. 关联方定义

（1）量化标准

①股份：25%；

②债权：借贷资金占实收资本50%以上，或者对10%以上的借贷资金总额进行担保；

③管理层：半数以上高级管理人员或一名可以控制董事会的高级成员的委派关系。

（2）经营控制

①对生产经营必须的所有权的控制（例如：工业产权、专有技术等）；

②购买和销售活动受控制；

③接受或提供劳务受控制；

④生产经营的实质控制或者其他利益联系。

3. 关联方披露

关联方披露见表4－1：

表4－1 关联关系表

关联关系表					
关联方名称	纳税人识别号	国家（地区）	地　　址	法定代表人	关联关系类型

4. 表明是否符合同期资料准备要求

关联交易汇总表见表 4 – 2：

表 4 – 2

关联交易汇总表

1. 本年度是否按要求准备同期资料：是□　否□

2. 本年度免除准备同期资料□　3. 本年度是否签订成本分摊协议：是□　否□

金额单位：人民币元（元至角分）

交易类型	交易总金额	关联交易		境外关联交易			境内关联交易		
		金额	比例%	金额	比例%	比例%	金额	比例%	比例%
	1	2 = 4 + 7	3 = 2/1	4	5 = 4/1	6 = 4/2	7	8 = 7/1	9 = 7/2
材料（商品）购入									
商品（材料）销售									
劳务收入									
劳务支出									
受让无形资产									
出让无形资产									
受让固定资产									
出让固定资产									
融资应计利息收入			——		——			——	
融资应计利息支出			——		——			——	
其他									
合　　计			——		——			——	

□表明是否符合同期资料准备要求

5. 购销/劳务——注重转让定价方法披露

购销表见表 4 – 3。

6. 转让定价方法

（1）可比非受控价格法

（2）再销售价格法

（3）成本加成法

表 4－3

□需要对关联方交易使用的转让定价方法详细说明

□重大交易的披露

购销表

金额单位：人民币元（列至角分）

三、占出口销售总额 10% 以上的境外销售对象及其交易

境外关联方名称	国家（地区）	交易金额	定价方法	备注
境外非关联方名称	国家（地区）	交易金额	定价方法	备注

□关联方和非关联方之间的比较

□境内和境外的比较

（4）交易净利润法

（5）利润分割法

（6）其他符合独立交易原则的方法

7. 无形资产

无形资产表见表 4－4。

8. 固定资产

固定资产表见表 4－5。

9. 关联方融资与资本弱化

融通资金表见表 4－6。

10. 对外投资与受控外国企业

对外投资情况表见表 4－7。

表 4－4

无 形 资 产 表

金额单位：人民币元（列至角分）

项目		受让					出让				
		总交易金额	从境外受让无形资产		从境内受让无形资产		总交易金额	向境外出让无形资产		向境内出让无形资产	
			关联交易金额	非关联交易金额	关联交易金额	非关联交易金额		关联交易金额	非关联交易金额	关联交易金额	非关联交易金额
		1＝2＋3＋4＋5	2	3	4	5	6＝7＋8＋9＋10	7	8	9	10
使用权	土地使用权										
	专利权										
	非专利技术										
	商标权										
	著作权										
	其他										
	合计										
所有权	专利权										
	非专利技术										
	商标权										
	著作权										
	其他										
	合计										
总计											

11. 对外付款

对外支付款项情况表见表 4－8。

12. 年度企业所得税纳税申报表中的特别纳税调整

纳税调整项目明细表见表 4－9。

一年一度的企业所得税汇算清缴直接关系到企业计算应纳所得税时收入的确认、费用的税前扣除及有关的税务处理等。企业如果不及时、准确地掌握最新的政策变化，并采用适当的调整方法，就有可能影响企业的汇算清缴，并留下潜在的税务风险。从最新的税收政策来看，2011 年度企业

表 4－5

固定资产表

金额单位：人民币元（列至角分）

项　目		受　让					出　让				
		总交易金额	从境外受让固定资产		从境内受让固定资产		总交易金额	从境外出让固定资产		从境内出让固定资产	
			关联交易金额	非关联交易金额	关联交易金额	非关联交易金额		关联交易金额	非关联交易金额	关联交易金额	非关联交易金额
		1＝2＋3＋4＋5	2	3	4	5	6＝7＋8＋9＋10	7	8	9	10
使用权	房屋、建筑物										
	飞机、火车、轮船、机器、机械和其他生产设备										
	与生产经营活动有关的器具、工具、家具等										
	飞机、火车、轮船以外的运输工具										
	电子设备										
	其他										
	合计										
所有权	房屋、建筑物										
	飞机、火车、轮船、机器、机械和其他生产设备										
	与生产经营活动有关的器具、工具、家具等										
	飞机、火车、轮船以外的运输工具										
	电子设备										
	其他										
	合计										
总　计											

□使用权和所有权的区分

所得税汇算清缴的重点主要集中在：收入的确认、费用的扣除、资产的税务处理、税收优惠等方面。希望 GTS 以上总结的汇算清缴的一些难点和重点能为各位的汇算清缴带来切实的帮助！

表 4－6

□关联债资比例的计算

融通资金表

企业从其关联方接受的债权性投资与企业权益性投资的比例：

金额单位：人民币元（列至角分）

	境外关联方名称	国家（地区）	币种	融资金额		利率	融资起止时间	应计利息支出	应计利息收入	担保方名称	担保费	担保费率
				融入金额	融出金额							
定期融资												
其他	——	——	——		——	—	——		——	——		——
合计	——	——	——	——		—	——	——		——		——
合计		——	——			—	——			——		——

□境内和境外的区分

表 4－7

对外投资情况表

金额单位：人民币元（列至角分）

一、企业基本信息

二、被投资外国企业基本信息

三、被投资外国企业是否在国家税务总局指定的非低税率国家（地区）是□　否□

四、被投资外国企业年度利润是否不高于 500 万元人民币　是□　否□

五、被投资外国企业年度企业所得税税负信息

应纳税所得额	实际缴纳所得税	税后利润额	实际税负比率%	被投资企业法定所得税税率%
7	8	9 = 7 − 8	10 = 8/7	11

六、被投资外国企业全部股东信息

七、被投资外国企业年度损益表　　八、被投资外国企业资产负债表

九、企业从被投资外国企业分得的股息情况

本年度应分配股息额	本年度实际分配股息额	比例%
12	13	14 = 13/12

表 4-8

□包括计入成本/费用但未实际支付的款项

□旨在发现隐藏的交易

对外支付款项情况表

金额单位：人民币元（列至角分）

项目	本年度向境外支付款项金额	其中：向境外关联企业支付款项金额	已扣缴企业所得税金额	是否享受税收协定优惠
1. 股息、红利				
2. 利息				
3. 租金				
4. 特许权使用费				
其中：商标费				
技术使用费				
5. 财产转让支出				
6. 佣金				
7. 设计费				
8. 咨询费				
9. 培训费				
10. 管理服务费				
11. 承包工程款				
12. 建筑安装款				
13. 文体演出款				
14. 认证、检测费				
15. 市场拓展费				
16. 售后服务费				
17. 其他				
其中：				
合计				

表 4-9

企业所得税纳税申报附录三—纳税调整项目明细表

	账款金额	税收金额	调增金额	调减金额
一、收入类调整项目				
二、扣除类调整项目				
三、资产类调整项目				
四、准备金调整项目				
五、房地产企业预售收入计算的预计利润				
六、特别纳税调整应税所得	无	无		无

□此项为企业根据特殊纳税(转让定价)法规规定自行所做的应税所得调整。

□仅允许调增金额。

打造强效的税务供应链模式

随着区域化和全球化的推进，商业运作模式正在被深深地影响和改变着。同样，国际市场大环境也加快了供应链本质与形式的转变——如何把产品与服务更好地推入市场，成为了每个企业首要的重大决策。虽然税务筹划很少直接作用于商业模式的改变，但是职能机构、资产以及风险的转移却会导致企业税负的变化。以区域化或全球化为基础的纳税筹划整合，将对商业职能、管理架构、产品服务流等方面的设计都产生积极的影响，不但可以成功地进行大量节税，也能够逐步成长为最佳的供应链架构。

供应链变化与国际税务筹划相结合，不但减轻了税务负担、增加了供应链的流动利润，还能够让供应链变革的实施变得更为有效和顺畅。GTS在下文将从税务有效供应链模式（TESCM）以及转让定价对其的影响这两大方面进行分析，帮助税务管理者们提高对TESCM的认识。

在介绍TESCM之前，我们先来看一下公司的组织架构。当一个公司刚开始创建的时候，首先要创建的是总部。如果是制造企业，就需要第三方的供应商以提供原料，还需要销售，所以就需要有分销商。而这些分销商是独立的实体，所以就会拥有第三方的客户，因此组织架构非常简单，而且一目了然，如图4－5所示：

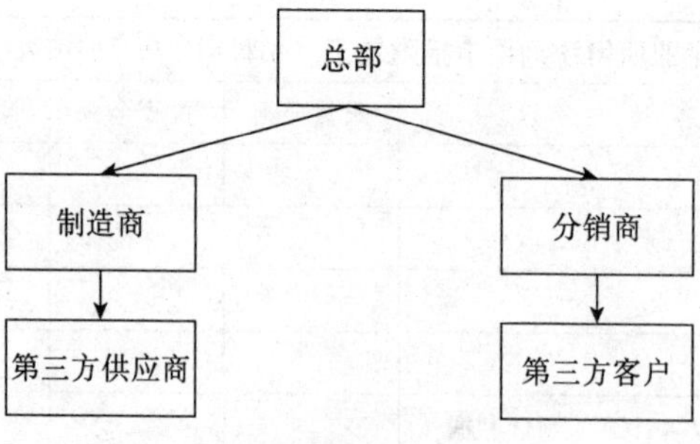

图4－5　公司组织架构图

不过一旦涉及现实，公司的组织架构就复杂得多了，随着公司的不断壮大、全球各地制造实体的增加，就需要更多的分销商。这不仅涉及不同的法律实体，而且交易的每个环节所产生的发票流都是控制的难点，即便公司有 ERP 系统或者 SPU 系统，在繁多的税种和复杂的税收环境下，对公司来说都是一个巨大的挑战。

如何才能化解上述的尴尬和挑战？图 4-6 是一个非常基础的模型：

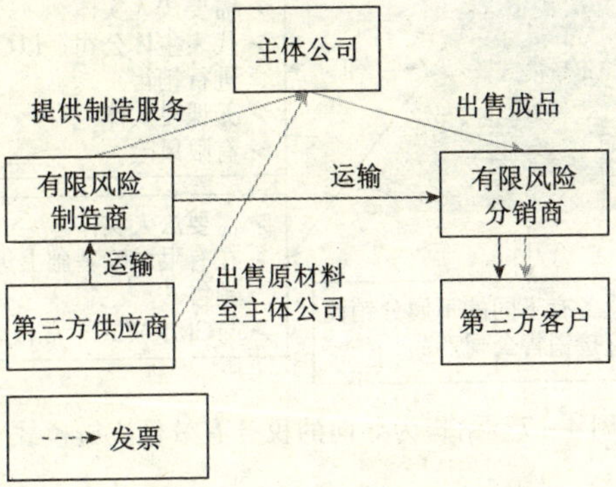

图 4-6 主体公司风控模式

公司总部可以称之为主体公司，主体公司的角色就是从第三方购买原材料，然后给到自己的制造商，制造商又被称为有限风险制造商[①]。主体公司因为涉及成品的买和卖，风险会比较高，涉及的税收风险显而易见。GTS 将会以风险的走势来跟大家进行规划，可以看到主体公司将成品卖给有限风险分销商[②]，分销商再卖给第三方的客户。为了控制风险，需要建立一个非常紧凑、非常有效的模式。

那么怎样才能构建一个比较有利于税收的供应链呢？如图 4-7 所示。

一、销售供应链分类

1. A 模式

在其他国家，企业不想把摊子铺很大，那么就可以利用第三方，公司可以把自己的员工派到那个国家，成立一个中介。中介将以公司的名义销售产品，并和最终的客户进行沟通。这就是图 4-7 所示的 A 模式。

---

① 有限风险制造商（Limited Risk Manufacturer）：只承担有限风险的制造商，风险中不包括产品责任、担保风险，因此制造商也将只赚取有限的回报。

② 有限风险分销商（Limited Risk Distributor，LRD）：以分销商自己的名义进行商品买卖，同时与主体公司签订协议，由主体公司承担大部分的风险。LRD 在优化供应链税务结构中被广泛运用。

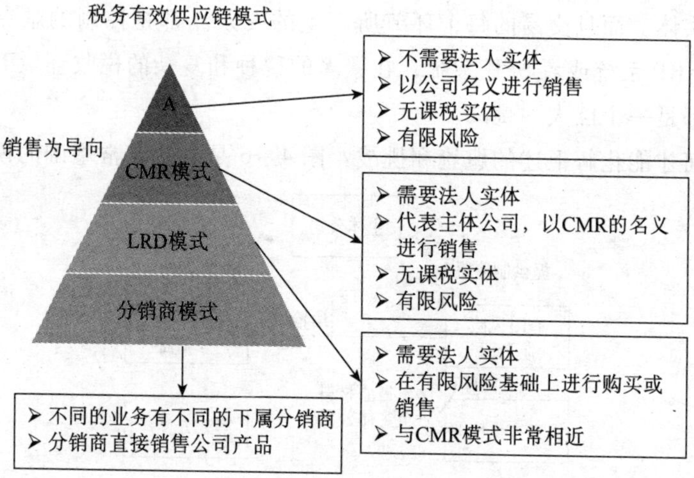

图 4－7 销售为导向的税务有效供应链模式

2. CMR 模式

CMR 模式是一个非常典型的欧洲模式，在南美操作的比较多，但是它也有自己的特殊性。CMR 也就是以委托方的名义进行销售，委托方是针对于销售的特定角色，如果客户不满意，例如：有保修的问题或者质量的问题，他们就会给当地的委托商打电话。CMR（委托方）代表的是主体公司，因此他们的销售收入要上缴给主体公司。

3. LRD 模式（Limited Risk Distributor）

LRD 称之为有限风险分销商模式，是以他们自己的名义进行货物买卖的，建立在有限风险的基础之上，和 CMR 模式类似。

4. 分销商模式

分销商模式是较为常见的模式，公司大部分的业务都会有下属的分销商，在不同国家进行投资的时候就会设有不同的分销商，由分销商直接去销售公司的产品。

二、供应链的运作和风险

1. CRM 模式的运作和风险

在 CRM 模式中，主体公司要给委托方一定的佣金，以决定一个计税的基数。这里会产生一个问题，就法律来讲委托方是一个法律实体，销售了产品，但是他并不拥有这个产品。双方签订相关合约之后，通过合约主体公司来委托委托方去销售其产品，法律给予委托方的权利就是销售，收入和利润是直接回到主体公司的，由主体公司再来分配佣金，以此来降低税负。

当业务涉及应收账款或存货的话，会有正面和反面两方的风险。例如，仓库着火了，或一旦有其他事故发生，公司的损失就非常严重。但是如果采用了委托方的话，公司在这个区域或者在这个国家的运作，由于事故所产生的损失是不计入到委托方会计账目的，而是要计入到主体公司的会计账目，然后来进行抵扣，因此加大了主体公司的风险。如图 4 - 8 所示。

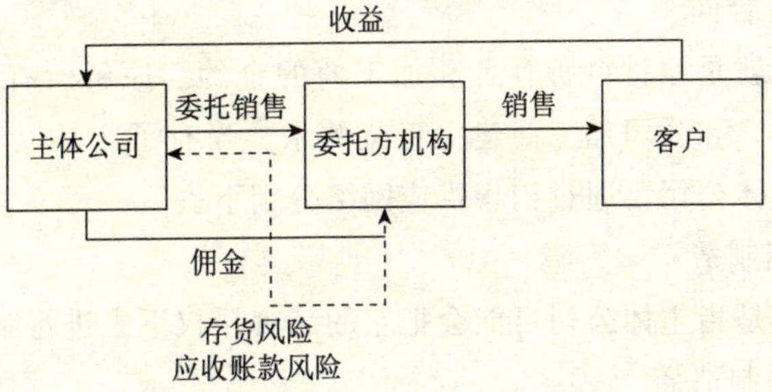

图 4 - 8　CRM 的运作模式和风险

2. 有限风险分销商的运作与风险（LRD）

管理层考虑什么样的组织架构是最好的、最能够帮助公司业务发展的，最终起决定性作用的是商业原因。但是同样也要考虑到税收问题，怎么样能够赢取最佳的税收规划，是税务团队需要考虑的重点。我们来看有限风险分销商的运作模式，有限风险分销商和上文刚刚提到的委托商是不一样的。首先他们的法律权利不一样，委托商的法律权利是直接从总部传递给客户的，但是对于有限风险分销商的法律权利是通过总部给到分销商，然后再给到客户。如图 4 - 9 所示：

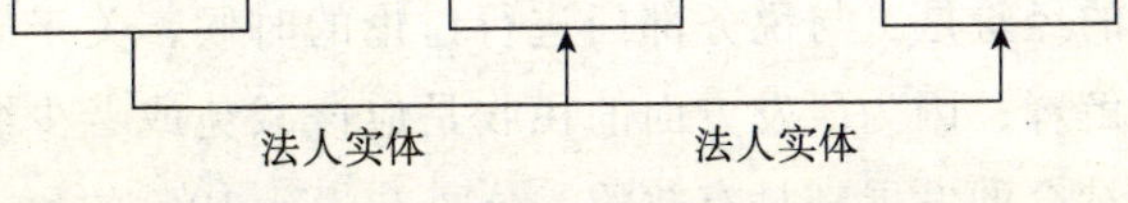

图 4 - 9　LRD 运作模式和法人实体传递

这两种架构理解起来确实有一定的难度，如果考虑到不同法律区域，尤其针对税收，如新加坡和印度尼西亚，税务高管就要考虑在这些区域公司能够享受到什么样的税收优惠。有限风险分销商是以他们自己的名义进行货物买卖的，而且他们也有自己的会计账簿。他们的成本或者收入是计入到自己账上的。由此可见，主体公司承担了主要风险，也承担了有限风险分销商的一部分风险，例如，像上文提及的坏账或者仓储风险。

以上是从销售角度定义的供应链。显而易见主体公司承担了很多风险，因此良好的内部控制就不可或缺，且实体的经营更需要很好的备案。以制造业为例，GTS认为有三种生产安排值得借鉴。

(1) 收费合同

收费合同就是原材料所有者和加工商的合约。原料所有者（提供商）负责提供原料，和公司加工商建立直接关系，当有了产品以后，再和主体公司联系，主体公司再通过销售供应网络分销下去。

(2) 合同制造

合同制造是指主体公司可能会把它的品牌授权下去进行制造。

(3) 成熟制造商

如果涉及知识产权授权和知识产权转换的时候，经常都会提及成熟的、相对独立的制造商。因为两者的很多入账是分开进行的，或者是相对独立的入账。在美国，企业所得税是很高的，从而导致了在过去几年中美国大制造商重新布置了生产基地向海外的转移，不过奥巴马不喜欢这样的海外外包和海外发展。

那如何阻止公司向海外转移呢？美国有很多的税收都来自于美国本土公司，而现在许多美国公司为海外重组做了大量的工作，其中研发就是一个非常重要的因素。研发能力是一个公司的核心能力，这样的技术会使公司更加长寿，成长更加健康。在过去几年中向海外转移成为了一种时尚，大量的美国企业从美国向中国、印度这些发展中国家进行转移。

在转移的过程中企业需要进行投资，投资既有收益，又有风险，那么企业应该投资在什么地方？GTS认为投资在人力资源和研发方面会有最高的回报。GTS的经验是：与税务部门进行讨论的时候，关于研发部分的投入要做很多的解释，因为研发方面的税收是应该减免或者少缴税的，因为它对公司、对社会的发展都是有益的。公司希望征10%的税，但是税务机关仍然要征20%的税，这取决于一个良好的协商，才能获得好的税负。

三、制造 VS 知识产权

提到了研发就不得不说到知识产权（IP）。美国作为知识产权保护最好的国家，其 IP 的相关税收尤其值得重视。

1. IP 执照 > 制造商取得的成品制造利润，但是需要支付特许权使用费

公司建立了新的生产设施，并为生产设施提供生产技术。但是生产部门不拥有知识产权，他们必须先获得执照、获得授权，才可以使用这样或那样的技术。税务机关就会询问特许权使用费是多少，然后征税。公司要如何应对这样的情况呢？企业可以在海外获得知识产权授权，并在海外生产基地使用 IP。

2. 真实的物流系统与知识产权

乍一看知识产权好像跟物流没关系，但是如果仔细分析公司供应链和生产链就能发现：不同的战略进行整合，企业必须要将知识产权从生产向其他领域进行拓展。例如：公司有一个中心库房，这个中心库房向各地的库房进行分销、进行分配。在这样的流程中，谁是生产技术知识产权的拥有者呢？在图 4－10 中有销售代理商、有生产分包商，但所有权是由美国母公司向具体的生产商进行临时授权的技术，主体公司依然需要向知识产权所有人支付特许权使用费，这笔费用就会影响到整个物流系统。

3. 美国海外知识产权

GTS 预估在未来美国公司海外税收生产情况将进行进一步简化，现在对海外公司法定实体的要求比较高。按照这样的系统安排，知识产权转让的税费还是比较高的。按照美国现有的技术转让方案来看，技术法案必须向海外合法实体申报，不能以分公司进行申报。无论是子公司还是第三方公司，都必须有一个合法注册的实体。

四、转让定价

转让定价和 TESCM 息息相关，接着我们来看一下转让定价对于供应链的影响。图 4－11 是一个标准的便捷型征税结构示意图。

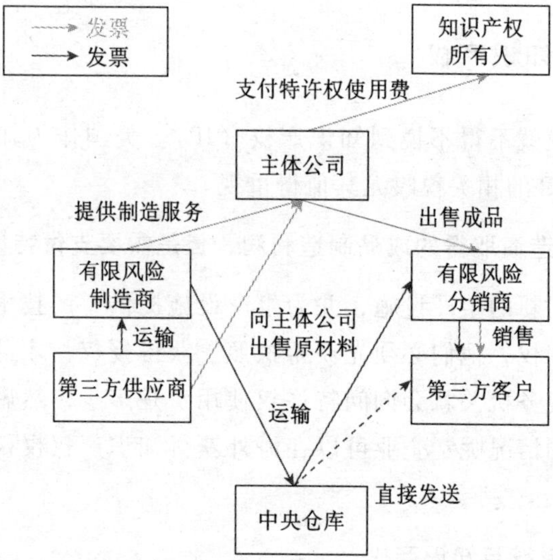

图 4-10 物流系统与知识产权的关系

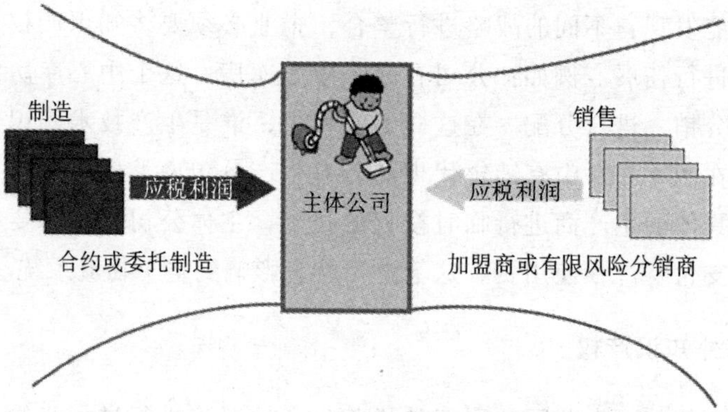

图 4-11 便捷型征税结构示意图

如果公司有一个完整的供应链，就必须将功能和收入进行分离，将整体的利润分散开来。将总的收入分配到各个环节，分配到销售、生产和供应链，分配到各个渠道中，知识产权拥有者将会获得最大的定价份额。

然后是利润分配。如果公司拥有知识产权所有权，公司的分销实体和供应链实体所占有的利润分配都要远远小于知识产权拥有方所占有的利润分配。根据所在国情况的不同，知识产权所有者可能会占有 40% ~60% 的利润，生产方会占有 10% ~60% 的利润，分销商会占有 5% ~10% 的利润。如图 4-12 所示。

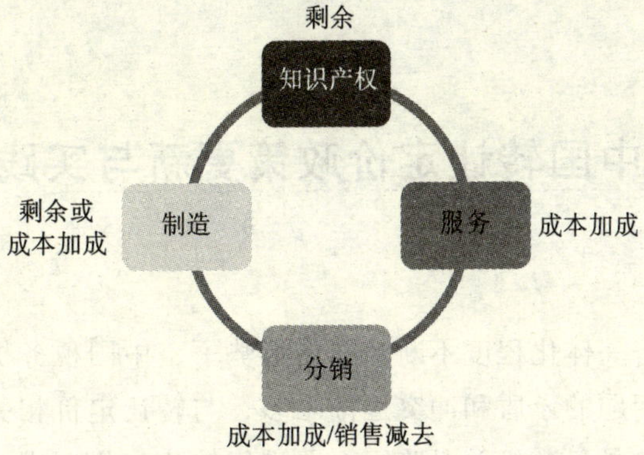

4－12 知识产权所有者、分销商、供应链实体的利润分配

五、转让定价风险的转移

在转让定价的风险控制中，企业首先要注意的就是相关的合同条款问题，只有尽可能消除合同中的漏洞，才能确保后续执行中的风险最小化。合同条款要以经济法实体为基础，实际执行必须与合同条款相一致，并确保独立交易原则。

如果转让定价的风险转移至特定的法律实体，被转移的法律实体就要承担任何能够管理或减轻风险的成本，并承担风险识别活动所产生的成本。

在转让定价的风险控制中，企业要把风险点纳入决策考量并进行积极的管理，承担起风险管理的成本与风险损失，并要拥有能够承受风险的财务能力。同时企业也要走出一个认识的误区：实际商业风险的转移导致了转让定价模式的变化，而不是相反。因此，转让定价模式需要商业模式的促进与匹配。

税务有效供应链模式是个可以有效减轻税负、增加股东权益的“捷径”，但目前大部分企业并没有意识到它的重要性，或是意识到了但还未付诸实际。GTS 希望上述总结能够让税务人对 TESCM 有更为清晰的认知，借助全球税率大改革的契机，设计出更加贴合企业自身商业模式的 TESCM。

中国转让定价政策更新与实践

在全球经济一体化程度不断加强的形势下，中国税务机关与跨国公司关于转让定价问题的矛盾和冲突逐渐增多，与转让定价相关的案例层出不穷，伴随而来的是税务机关对跨国企业进行转让定价调查及处罚力度的加大。在日益上升的转让定价矛盾和冲突的压力下，跨国公司也越来越重视转让定价问题，尽量避免税务机关的调查与调整。但要做好与税务局关于转让定价问题的沟通并非易事，企业限于种种条件，在实践操作中，如同期资料的准备工作等，难以完全符合税务局的要求。GTS 根据最新的政策法规，为您详解同期资料准备的要求。

同时，随着中国首个资本弱化案件在陕西省的顺利完结，资本弱化在未来的一段时期内，会越来越引起税务机关和企业的重视。在本文的后半部分，GTS 将会为您详解 2009 年 2 号文中关于资本弱化的相关规定，并结合陕西案例，与您分享企业在管理公司资本结构方面的一些经验。

一、同期资料准备

2009 年 1 月 9 日国家税务总局发布的 2 号文《特别纳税调整实施办法（试行）》首次明确地引入了转让定价同期资料的准备要求。同期资料是指在同一个纳税年度内用于记录企业关联交易情况、定价政策等转让定价相关信息的资料。中国法规规定的同期资料主要包括五个方面的内容：组织结构、生产经营情况、关联交易情况、转让定价方法的选择和使用、可比性分析。尽管 2 号文未明确规定，但对于准备同期资料当年因非转让定价因素而产生亏损或盈利状况不佳的企业有必要在报告中添加“特殊因素分析”以说明造成该企业亏损的原因。接下来 GTS 将分三部分为您详解同期资料的政策，包括：1. 同期资料豁免门槛；2. 同期资料具体内容；3. 税务机关对转让定价同期资料的日常管理。

1. 同期资料豁免门槛

（1）一般豁免门槛（2号文规定）

➢ 年度关联购销金额（来料加工业务按年度进出口报关价格计算）低于人民币2亿元；以及年度其他关联交易金额（关联融通资金按利息收付金额计算）低于人民币4000万元；

➢ 纯境内关联交易且外资股份低于50%；

➢ 关联交易属于执行预约定价安排所涉及的范围。

（2）准备同期资料义务的扩展

某些未达到上文所述转让定价同期资料准备门槛的企业仍需准备和提交同期资料（国税函2009年363号文的规定）：

➢ 关联交易中的合约企业，例如：单一生产（来料加工或进料加工）、分销或合约研发企业，不应承担金融危机的市场和决策等风险；

➢ 上述企业如出现亏损，均需准备同期资料，并于6月20日之前报送税务机关。

（3）实行转让定价纳税调整后事项

税务机关对企业实施转让定价纳税调整后，应自企业被调整的最后年度的下一年度起5年内实施跟踪管理。企业应在跟踪管理期内每年向税务机关提供跟踪年度的同期资料。

［例1］ 来料加工型企业A由母公司向其提供生产原料以供其开展来料加工业务。2009年该企业报关单上的进口、出口材料价格均为1亿元，向母公司收取加工费3000万元。在判定该企业是否达到准备同期资料门槛时，应以2.3亿元的报关价为计算基础（进口材料价格、出口材料价格及劳务费总计），也就是说该企业关联购销金额超过了2亿元的门槛，需要准备同期资料。

［例2］ 服务型企业B是一家中外合资企业，外资持股比例38%。该企业主要提供研发和技术支持服务。2008年该企业仅向中国关联方提供劳务，即仅发生境内关联交易。该企业外资持股比例小于50%且仅发生境内关联交易，因此2008年该企业无须准备同期资料。2009年，该企业向境

外关联方提供研发服务，并收取了5000万元的服务费。虽然该企业外资持股比例仍小于50%，但由于当年发生了境外关联交易，且超过了4000万元的门槛，所以该企业需准备2009年的同期资料。

［案例1］ 同期资料豁免门槛举例

凯希米亚中国公司是一家中国生产企业，其产品全部销售给母公司凯希米亚英国公司。2008年，公司从母公司获得销售额1.9095亿元人民币，成本为1.900亿元人民币，实际的完全成本加成率为0.5%，当年企业所得税税率为25%。由于管理层认为当年关联交易金额未达到2亿元的门槛，因此未准备同期资料。

2010年后，凯希米亚中国公司被当地税务机关施以转让定价调查，其结论为该公司的转让定价安排不符合独立交易原则。税务机关认为凯希米亚中国公司符合独立交易原则的利润率为6%的完全成本加成率，并对其销售额进行了调整，调整后的销售额为2.0140亿元。虽然企业2008年账上记载的关联销售金额没有超过2亿元的购销门槛，但在纳税调整后，企业的关联销售额超过此门槛，从而需要准备同期资料。

GTS专家建议：

鉴于转让定价调查是没有任何门槛的，即企业无论关联交易的形态如何、数额大小，只要是存在不合理的转让定价安排，均有可能被税务机关施以转让定价调查。因此，对于有关联交易的企业而言，应通过全面的转让定价分析，来判断自身的关联交易是否符合独立交易原则。2号文中准备同期资料的门槛是采用税务调整后的金额来计算的，而非会计记账金额或审计金额，因此当企业账上记载关联交易金额接近法定门槛时，企业也应对内部转让定价安排做未雨绸缪的考虑。

2. 同期资料具体内容

（1）组织结构

- 企业所属的企业集团相关组织结构及股权结构；
- 企业关联关系的年度变化情况；
- 与企业发生交易的关联方信息，包括关联企业的名称、法定代表人、董事和经理等高级管理人员构成情况、注册地址及实际经营地址，以及关联个人的名称、国籍、居住地、家庭成员构成等情况，并注明对企业关联交易定价具有直接影响的关联方；

➢ 各关联方适用的具有所得税性质的税种、税率及相应可享受的税收优惠。

（2）生产经营情况

➢ 公司分析与行业分析：1）企业的业务概况包括：企业发展变化概况、所处的行业及发展概况、经营策略、产业政策、行业限制等影响企业和行业的主要经济和法律问题，集团产业链以及企业所处地位；2）企业的主营业务构成包括：主营业务收入及其占收入总额的比重、主营业务利润及其占利润总额的比重；3）企业所处的行业地位及相关市场竞争环境的分析；

➢ 2009 年 2 号文出来之后，最显著的变化之一就是税务局对企业与关联方在交易中的功能、风险情况的分析更加重视了。对关联交易下的双方做出完整的功能分析，将有助于可比性分析，从而进一步确定符合独立交易原则的转让定价安排。下面将以案例的形式为您阐述企业功能风险分析表的填制。

◆［案例 2］企业功能风险分析表举例说明

A 企业为海外控股公司 H 设立在中国境内的生产型企业，其主要产品为汽车零部件。A 企业从境内外关联方和非关联方采购原材料进行生产后销售至境内第三方企业、母公司 H 和关联公司 D。在关联交易中，A 企业主要拥有产品工艺的修订和改进、采购、生产、质量控制、仓储、运输业务，并承担相应风险，包括技术改进方面的风险、原材料价格浮动的风险、生产风险、质量控制风险、存货风险、运输风险；母公司 H 主要负责核心技术研发、产品设计、全球市场营销战略的制定、境外市场营销的执行和销售等职能，并承担相应的风险包括：核心技术研发风险、市场风险等等。在非关联交易中，A 企业除拥有上述生产相关功能外，还执行境内第三方市场的营销和销售等功能，同时承担相应的生产相关风险和境内第三方市场的营销相关风险。此外，在关联交易中，A 企业不拥有核心技术、商标等相关的无形资产。母公司 H 与 A 企业签订许可协议，许可 A 企业在非关联交易销售中使用集团核心技术，A 企业就其第三方销售每年向母公司支付一笔特许权使用费。下面将以研发和营销为例，进行企业功能风险分析表的举例（见表 4－10）。

表 4-10　　企业功能风险分析表示例 1

分类	调查项目	A 企业	控股公司 H	关联公司 D
一、研发	（一）核心技术研发			
	1. 是否有关联企业代研发	×	×	×
	3. 谁拥有研发所有权	×	✓	×
	5. 研发费用由谁来负担	×	✓	×
	12. 谁承担研发风险	×	✓	×
	13. 谁在研发中处于较高地位	×	✓	×
	（二）生产和工艺设计			
	1. 在设计中有无自主能力	×	✓	×
	5. 设计费用谁来负担	×	✓	×
	12. 谁承担设计风险	✓	✓	×
	13. 对产品的设计及修订有无投入	✓	✓	×

就研发方面而言，A 企业负责产品工艺的修订和改进，控股公司 H 负责核心技术研发和产品设计。

在关联交易中，母公司 H 主要负责全球市场营销战略的制定、境外市场营销的执行和销售等功能，并承担相应的风险；而 A 企业不执行此类功能。而在非关联交易中，A 企业除拥有生产相关功能外，也执行境内第三方市场的营销和销售等功能，同时承担相关风险。由于此表设计简洁，但企业背景更为复杂，因而企业可以在表内单元格或表后添加附注，以便说明实际情况。具体示例如下（见表 4-11）：

表 4-11　　企业功能风险分析表示例 2

分类	调查项目	A 企业	控股公司 H	关联公司 D
三、营销	（一）营销策略			
	2. 谁制定营销策略	×	✓	×
	3. 谁具体负责营销	✓ （境内市场）	✓ （境外市场）	×
	4. 谁承担营销风险	✓ （境内市场）	✓ （境外市场）	×

（3）关联交易情况

- 关联交易类型、参与方、时间、金额、结算货币、交易条件等；
- 关联交易所采用的贸易方式、年度变化情况及其理由；

- 关联交易的业务流程，包括各个环节的信息流、物流和资金流，与非关联交易业务流程的异同；
- 关联交易所涉及的无形资产及其对定价的影响；
- 与关联交易相关的合同或协议副本及其履行情况的说明；
- 对影响关联交易定价的主要经济和法律因素的分析；
- 关联交易和非关联交易的收入、成本、费用和利润的划分情况，不能直接划分的，按照合理比例划分，说明确定该划分比例的理由，并参照填写企业年度关联交易财务状况分析表。

◆［案例3］ A公司为生产型企业，主要向母公司B公司销售产成品，由B公司对终端客户进行销售。在现金流上，A公司生产后将产品销售至B公司并取得货款，B公司销售给终端客户并取得货款；而在实物流上，A公司直接发货至终端客户。具体如图4－13所示：

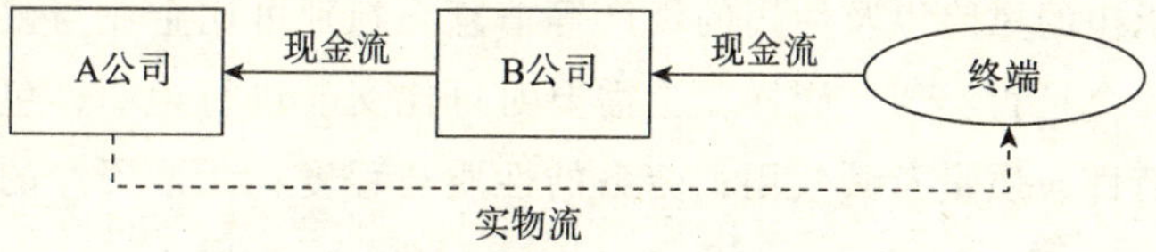

图4－13 现金流与实物流说明

在实际情况中，类似的销售行为普遍存在，但仍可能引起税务上的争议，企业应对此进行自查，确保这样的安排具有商业合理性，尤其是母公司必须拥有商业实质。否则会引起税务机关的转让定价调查。

（4）转让定价方法的选择和使用

- 转让定价方法的选用及理由：企业选择利润法时，须说明对企业集团整体利润或剩余利润水平所做的贡献；
- 可比信息如何支持所选用的转让定价方法；
- 确定可比非关联交易价格或利润的过程中所做的假设和判断；
- 运用合理的转让定价方法和可比性分析结果，确定可比非关联交易价格或利润，以及遵循独立交易原则。

（5）可比性分析

《2010年OECD转让定价指南修订版》指出，可比性分析是指受控交易与非受控交易的比较。如果受控交易与非受控交易间的差异，对在某一方法中所考察的因素（如价格或利润）不产生任何实质性的影响，或者可以通过合理而准确的调整来消除这些差异带来的实质性影响，那么受控交易与非受控交易就是可比的。可比性分析在各种转让定价方法[①]中均有应用。在这里以交易净利润法为例，说明可比性分析的大致原理与流程。

交易净利润法下可比性分析（基准定位分析）考察的是选定的可比公司的利润率水平，通过专业的数据库获取可比公司的财务数据以计算出合理的利润率，并计算出四分位数区间以进行比较，确认利润率的合理性。通常，交易净利润法下的可比性分析步骤可以概括为：制定筛选标准、搜索与筛选可比公司、计算财务数据与利润指标和四分位数区间比较：

①制定筛选标准。在制定筛选标准前，企业需对影响可比性分析的因素进行分析和考虑，包括交易资产或劳务的特性、交易各方的功能风险、合同条款、经济环境等。此外，企业也应当就可比信息的来源进行合理说明。

②搜索和筛选可比公司。企业应当在此部分内容中说明可比企业执行的功能、承担的风险以及使用的资产等信息，判别可比企业与被评估企业在功能风险上是否类似。同样，也需要对可比交易进行说明，包括有形资产的物理特性、质量及其效用；劳务的性质与程度；无形资产的类型及交易形式等。

③计算财务数据与利润指标。对上述过程中选出的可比公司的财务数据进行利润指标和四分位数区间计算。

④四分位数区间比较。根据可比公司组的利润指标计算四分位数区间，进而用被测试方的利润指标与该四分位数区间进行比较，得到最终结果。需要注意的是，有些可比数据不能直接使用，而需要进行差异调整并说明理由（可参见后文的“特殊因素”）。

[案例 4]　可比性分析举例

企业 A 是一家位于中国的合同生产商，属于五金配件行业。A 主要从关联方 B 采购原材料，进行生产后将产成品（五金配件）销售至 B。A 只承担生产功能，其他功能诸如研发、市场营销、终端市场等销售均由 B 承

---

① 国际通行的转让定价方法包括五种，分属于传统交易方法与交易利润方法这两大类。其中传统交易方法包括可比非受控价格法、再销售价格法和成本加成法，交易利润方法包括交易净利润法与利润分割法。

担。A 主要承担与生产相关的风险，其他风险如研发、市场等风险均由 B 承担。此外，B 是与产品技术相关的专利以及产品商标的法定拥有者。

根据分析，在本案例中，交易净利润法是适合用来评估相关关联交易是否符合独立交易原则的方法。由于 A 是关联交易双方中功能、风险、资产状况较为简单的一方，A 作为被测试方。又由于 A 是一家生产商，因此可以选取完全成本加成率作为利润指标。A 的完全成本加成率为 6.20%。

可比性分析具体操作如下：

步骤 1：制定搜索标准。我们对潜在可比公司制定了如下 6 个条件：

- 主要业务经营地为大中华区及亚太地区
- 属于生产装配商
- 主要产品为五金配件，或其他相关产品
- 无重大研发活动
- 无重大营销活动
- 不拥有重要的无形资产

步骤 2：选出可比公司。根据上述条件对可比公司量化和质化标准进行筛选。

步骤 3：计算可比公司利润指标。在该案例中，共选择了 7 家公司，以每家公司 3 年的加权平均完全成本加成率作为利润水平指标。表 4－12 列示了可比公司组的 3 年加权平均完全成本加成率。

表 4－12　　可比公司组的利润水平

项目	公司 1	公司 2	公司 3	公司 4	公司 5	公司 6	公司 7
完全成本加成率	5.00%	9.30%	7.27%	1.72%	3.08%	-1.39%	7.35%

步骤 4：比较四分位数区间。根据可比公司组的利润水平计算符合独立交易原则的利润水平区间（四分位数区间）。表 4－13 列示了本案例的可比四分位数区间值。

表 4－13　　可比四分位数区间值

可比四分位数区间	
下四分位数	2.40%
中位数	5.00%
上四分位数	7.31%

可比四分位数区间的结果为2.40%至7.31%，中位数值为5.00%。被测试方A公司的完全成本加成率为6.20%，位于可比四分位数区间内，高于中位数值。因此可以认为A公司的关联交易符合独立交易原则。

GTS专家总结：

在可比性分析方面，现在税务局最关注的部分就是企业报告中对可比公司选择的合理性。因为企业通常倾向于选择利润率较低的企业进行比较以证明其关联交易的合理性，同时尽量通过统计分析办法降低中位数值。向税务局出具这样的同期资料会给企业带来较大的税务风险，税务局可能会怀疑企业转让定价政策制定的合规性而施以转让定价调查。GTS专家提醒企业，在同期资料可比性分析部分，对于可比公司的选择要慎重，在报告中对可比公司删除的原因需要进行详细阐述，获取税务机关的认可。同时数据要求采用同行业或类似行业的上市公司发布的财务数据。

（6）特殊因素分析

在同期资料的准备当中，该部分是比较特殊的，因为这部分并非法规规定的必需部分。但就企业因非转让定价因素，如特殊经营决策、非自然损失、市场环境突变等，而产生的亏损或利润率比较低的情况，GTS专家认为企业有必要在报告中特别说明该原因，以取得税务机关的信任。

3. 税务机关对转让定价同期资料的日常管理

国家税务总局于2010年7月颁布《国家税务总局关于开展同期资料检查的通知》，要求各地开展同期资料的抽查工作，抽查覆盖2008年和2009年两个纳税年度，每个年度抽取样本数量应不低于总体的10%，各地税务机关需将同期资料抽查情况汇总后形成分析报告报送税务总局。

在2010年开展的抽查工作中，税务机关发现了许多企业在同期资料准备方面的不足之处，如多数报告偏重于验证利润率的合理性，忽略企业本身经营策略、功能风险说明和分析；定价原则和定价方法的选择说明不够，定价原则中未提及境外总部给予的利润空间；可比公司的选择不尽合理，删除理由说明也不够充分；无形资产交易（例如，融资、技术等特许权使用费、研发费用等）的分析过于简单等等。按照目前的发展趋势，税务机关对同期资料的检查可能会越来越严格，同期资料应担义务的甚至可能会延伸到会计核算体系比较健全的中小型企业，如2009年363号文中规定的单一功能企业。

GTS 专家总结：

第一，需要准备但尚未准备同期资料的企业——立即开始准备同期资料。

第二，已经备妥同期资料的企业——复核自身的转让定价操作，有效降低转让定价风险。

第三，尚未达到同期资料准备门槛的企业——鉴于转让定价法规环境在中国日趋严格，也应审慎自查，合理规划。

二、资本弱化

或许资本弱化①在国内还没有引起税务机关的重视，但随着 2011 年 11 月底国内首个资本弱化案件的顺利结案（相关信息将在后面详细介绍），税务机关在未来将会对资本弱化问题越来越关注，并对关联债资比例接近甚至超过法定比例的企业发起反避税调查。2009 年的 2 号文对资本弱化问题也提出了更加详细的规定，并给出了关联债资比例的计算方法，这在实际工作中具有很好的指导意义。

1. 债权性投资

企业间接从关联方获得的债权性投资，包括以下三种形式。

（1）关联方通过无关联第三方提供的债权性投资

［例 3］　B 公司通过某银行向其关联方 A 公司提供 100 万元的委托贷款，则该 100 万元即构成 A 公司的关联债权性投资。

（2）无关联第三方提供的、由关联方担保且负有连带责任的债权性投资

［例 4］　A 公司与银行签订 200 万元的借款合同，该笔贷款由 A 公司的关联方 B 公司提供负有连带责任的贷款担保，并收取担保费 10 万元，则该借款也为关联债权性投资。

（3）其他间接从关联方获得的具有负债实质的债权性投资

［例 5］　三年前，A 公司与关联方 B 公司因贸易发生一笔应付账款，

---

① 资本弱化（Thin Capitalization）又被称为资本隐藏、股份隐藏或收益抽取，是指跨国投资者为了获得更多的税前利息扣除，在企业资本结构的选择上，不恰当地提高贷款比重从而相应地降低股本的比重，以减少应纳税所得额的一种国际避税形式。

B 公司于今年支付该应收账款时，向 A 公司额外支付了拖欠应付账款的利息，则该笔应付账款已具有负债实质，亦属于 A 公司的关联债权性投资。

此外，国税函［2009］777 号进一步扩大了资本弱化的适用范围，即资本弱化的各项规定以及比例计算不仅适用于企业与企业之间，也适用于企业与关联个人之间。

2. 权益性投资

权益性投资一般为企业资产负债表所列示的所有者权益金额。但 2 号文指出，再计算关联债资比例时所选用的权益性投资应按以下原则：

“（一）如果所有者权益小于实收资本（股本）与资本公积之和，则权益投资为实收资本（股本）与资本公积之和。

（二）如果实收资本（股本）与资本公积之和小于实收资本（股本）金额，则权益投资为实收资本（股本）金额。”

3. 标准①

财税［2008］121 号规定，企业实际支付给关联方的利息支出，其接受的关联债权性投资与权益性投资比例如下：

- 金融企业，5:1；
- 非金融企业，2:1。

［案例 5］ 企业资本弱化问题综合案例

A 公司 2009 年发生如下三笔借款支出：向甲银行申请 200 万元贷款，合同约定年利率为 8%，支付利息 16 万元。该笔贷款由 A 公司的境内关联企业 B 公司提供负有连带责任的贷款担保，A 公司向 B 公司支付担保费 20 万元。同时，该企业另外直接向其关联企业 C 公司借款 500 万元，合同约定利率与金融企业同类同期贷款利率相同，均为 8%，支付利息 40 万元。此外，A 公司的境内母公司 D 公司通过乙银行向该企业提供委托贷款，贷款金额 1000 万元，合同约定利率为 9%，支付利息 90 万元。

为了简化计算，我们做了如下假设：

① A 公司 2009 年度的所有者权益仅在年末发生变动，其他各月保持

① 关联债资比例：企业从其全部关联方接受的债权性投资占企业接受权益性投资的比例。

不变，全年平均所有者权益之和为600万元。

②除以上借款外，企业未发生其他借款支出。

③以上三笔借款的期限均为2009年1月1日到2009年12月31日。

根据以上资料，现将具体计算和分析过程列示如下：

第一步，界定关联债权投资和利息支出。

根据《所得税法实施条例》和2号文的规定，A公司向甲银行取得的200万元贷款，由其关联企业B公司提供负有连带责任的贷款担保，因此属于关联债权投资。向银行支付的16万元利息以及向B公司支付的20万元担保费均属于利息支出。关联企业C公司直接提供的500万元借款，很显然属于关联债权投资。该借款下的利息支出为40万元。另外，该企业从乙银行获得的1000万元，是由其母公司D提供的委托贷款，所以也属于关联债权投资。该借款下的利息支出为90万元。

综上，年度关联债权投资总额 = 200 + 500 + 1000 = 1700（万元）

年度实际支付的全部关联方利息 = 16 + 20 + 40 + 90 = 166（万元）

第二步，计算关联债资比例。

关联债资比例 = 年度各月平均关联债权投资之和/年度各月平均权益投资之和 = 1700/600 = 2.83

该比例超过了2号文中规定的非金融企业的标准债资比例，即2:1。

第三步，计算不得扣除利息支出。

不得扣除利息支出 = 年度实际支付的全部关联方利息 ×（1 - 标准比例/关联债资比例）= 166 ×（1 - 2/2.83）= 48.69（万元）

理论上来讲，A公司在计算本年度应纳税所得额时，将有48.69万元的利息支出不能税前扣除。若A公司希望对此进行扣除，则应按照前文中的要求准备和提供资本弱化同期资料，以证明关联债权投资符合独立交易原则。

[案例6] 国内首个资本弱化案例

背景：

2011年年初，陕西省国税局在对全省关联企业台账进行综合分析时，发现日本某跨国公司在陕投资的中国子公司企业资产负债率大大高于一般负债经营企业常规标准，2007～2009年三年的资产负债率分别为91.26%、87.32%、93.86%。国税局进一步分析发现，该公司负债中存在大量来自关联方的借款费用，3年间的利息支出高达2200多万元，其中包含支付给境外母公司的高额担保费用、质押费用和利息费，并在税前扣除。

该企业引起了陕西省国税局的极大关注，通过调查发现，该公司自2003年投产以来一直处于亏损状态，在这样的状态下，关联方仍不断向子公司增加投资，累计达5470美元。同时该子公司由母公司担保，与境外银行签订了5500万美元的借款合同。针对上述事实，陕西省国税局随即对其发起反避税调查。

在反避税调查过程中，陕西省国税局收集和选取了大量可比企业的资料和数据，运用多种分析方法，按照独立交易原则对该公司上述的每一个涉税疑点进行论证和判定。最终，国税局经过与企业长达近半年数十轮正式或非正式协商谈判后，该企业接受了国税局对其进行的特别纳税调整措施。具体处理意见为：弥补以前年度亏损5100多万元，合计调增外商投资企业和外国企业所得税、企业所得税3000多万元。其中，兑现以前各项税收优惠1900多万元，最终企业应补各税1100多万元。

GTS专家总结：

该案的顺利查结，可能会在全国带来一系列的连锁反应，税务机关对资本弱化方面的检查会更加严格，企业需要注意以下三点：

第一，根据2号文的规定，关联性债权投资除直接借贷业务外，还包括关联方以各种形式提供担保的债权性投资。企业应注意自身资产负债结构，合理规划关联方债权性投资与权益性投资的比例。

第二，企业要关注资本弱化方面的政策法规，熟悉在计算企业所得税应纳税所得额不得扣除的利息的相关规定。对于同时从事金融业务与非金融业务的企业，其实际支付给关联方的利息支出，应按照合理方法分开计算；否则，一律按其他企业的比例计算准予税前扣除的利息支出。

第三，注意相关资料是否完备。《特别纳税调整实施办法（试行）》第八十九条规定，企业关联债资比例超过标准比例的利息支出，如要在计算应纳税所得额时扣除，除遵照本办法第三章规定外，还应准备、保存并按税务机关要求提供相关同期资料，证明关联债权投资金额、利率、期限、融资条件以及债资比例等均符合独立交易原则。

伴随着中国经济的快速发展，政府在财政收入稳步增加的情况下，也越来越关注对税源的保护，涉及关联交易的企业相较以往面临了更大的税务风险。企业应特别注意同期资料的准备工作以及企业本身的资产结构合理化问题。

本文第一部分为您详细介绍了同期资料准备方面的政策规定，总体来说，一份同期资料的前三大部分内容主要是对企业基本信息、经营情况和关联交易信息的事实陈述和基于事实的分析。后两大部分则是对转让定价方法选择及可比信息的分析。最后的特殊因素分析非法定内容，该部分仅是对企业盈利状况不佳的解释与说明。一份完整的同期资料涵盖了大量的关联交易信息和相关的分析，这些内容之间有紧密的逻辑关系，前后呼应。

本文第二部分紧密结合了最新的陕西资本弱化案例，为您介绍了2号文中关于资本弱化的最新政策规定。同时，GTS建议企业应注意保持自身资产负债结构的合理性，在进行增资扩大规模，获取规模经济利益的同时，合理使用财务杠杆进行债权性融资与权益性融资，将关联债资比例控制在合法范围之内，与税务机关建立互相信任的合作伙伴关系。

总体来看，中国转让定价法规在遵循国际上一致认可的独立交易原则的情况下，对企业提出了更高更严格的要求，同时，随着法规的完善以及更多双边、多变预约定价或税收协定的达成，企业在转让定价问题上也将会获得更稳定的法律环境，减轻企业的双重纳税负担，这有助于跨国企业在全球范围内获得更大的发展。

第五章

国际税务筹划

澳大利亚税务新环境与新风险

2003~2008年，中国对大洋洲的投资存量约为32.1亿美元，占投资总量的2.66%，投资主要流向澳大利亚、巴布亚新几内亚和新西兰。中国在大洋洲投资的主要行业是采矿业，占在大洋洲投资企业的56%，其次是制造业，由于澳大利亚具有得天独厚的资源禀赋，因此它吸引了大量的中国买家。

澳大利亚拥有世界上13%的铁矿石储量、9.2%煤炭储量和1.4%的天然气。至2009年，中国已经成为澳大利亚最大的贸易伙伴，而澳大利亚则是中国的第七大贸易伙伴，双边贸易额达到649.1亿美元，同比增长8.9%。同样，中国企业在澳大利亚的跨国并购也在持续升温之中：五矿以14亿美元收购澳洲OZ矿业、宝钢以2.4亿美元收购Aquila Resources 15%的股权、武汉钢铁以2.47亿美元投资Centrex Metals……在2008年至2009年间，澳大利亚的外商投资审核委员会（FIRB）批准了超过100起的中国企业收购案，总额达到了350亿美元。

随着澳洲经济与中国经济关系的日益紧密，中澳两国自由贸易协定有望在不久的未来签署，该协议的签订将带来更多的中国投资，尤其是对澳大利亚能源领域的投资。

除了优秀的投资环境，澳大利亚当然也有它自己特有的问题和困难，GTS将在下文逐一分析澳大利亚企业税的近况和应用、矿产税和石油资源税的前景以及澳大利亚的税收协议和优惠政策等等，帮助大家对澳大利亚的税收环境有更进一步的认识。

一、澳大利亚最新企业税的政策和应用

近年来在澳大利亚发生的跨国交易越来越频繁，澳大利亚税务局（Australian Taxation Office，ATO）也进一步加强了与其他国家税务机关的信息交换，并拓宽其税收信息交换协议（Taxation Information Exchange Agreements, TIEAs）的网络，目前澳大利亚已经与 27 个国家签订了 TIEAs。

1. 跨境举债融资

澳大利亚税务局的数据证明在澳大利亚境内 40% 左右的大企业是外资的，除去 40% 以外的企业也有一大部分企业有外资的股东。伴随着大笔的入境投资，举债融资[①]额也上升到了一个新高度，自 2000 财年起举债融资的比例开始大幅增加，而股票基金则开始下滑，这使得跨境融资成为了澳大利亚政府关注的热点。

2. ATO 的关注要点

国际交易始终是 ATO 关注的重点，尤其是对于转让定价以及税务金融安排（Taxation of Financial Arrangements, TOFA）的关注。同时，关于自然资源离岸销售的定价也引发了诸多讨论。在下文 GTS 也将就这个问题进行详细阐述。

3. 澳大利亚双边税收协定

在众多的双边协定中，澳大利亚有协议国家和非协议国家的分别。低税收管辖并不意味着执行的透明和信息的公开，ATO 正在努力寻求抑制滥用税收协定的办法。

4. 中立的税务政策

澳大利亚的国内立法主要是采取中立态度，在服务和产品当中发生的任何交易都应该使用中立的税务政策，这与世界上任何一个国家的税务机构是一样的。在个人税务和企业税务方面，澳大利亚全国都是采用统一中立的态度进行征税。

目前澳大利亚的国内税制与国际税制都在进行一系列的调整和改变，这些改变都是为了增加澳大利亚本土企业离岸业务的竞争力，并吸引外资企业在澳大利亚建立区域总部。这些变化主要涵盖了受控外国公司、转让信托、海外投资基金、管理基金、双边税收协定、外国分支机构所得、境

---

① 举债融资（Debt Funding），企业为筹集更多的运营资金向个人或机构投资者出售债券或票据，收到资金后个人或机构投资者成为企业的债权人，并得到企业承诺在将来偿还债务的本金和利息。

外税收抵消股利、利息预扣税以及公司注册登记等等。

二、MRRT 与 PRRT 的税务前景

澳大利亚拥有极其丰富但不可再生的矿产、煤炭、石油以及天然气能源，而中国与印度对这些资源不断增长的需求，将导致这些资源价格的持续走高。中国现在是澳大利亚最有价值的出口和进口合作伙伴国。

1. 矿产资源租赁税（Mineral Resource Rent Tax，MRRT）

MRRT 是澳大利亚不可再生资源的特殊征税，澳大利亚前任总理陆克文推行了超级利润税（Resource Super Profit Tax，RSPT），目前 MRRT 已经取代了之前的方案，而最终陆克文也由于 RSPT 税务提案而丧失了总理的位置。MRRT 回应的是澳大利亚未来税务系统的要求，而之前的 RSPT 是由国务税务部部长与当时的总理陆克文以及内阁一起设计的框架，主要是对石油方面的资源进行征税，以及对离岸石油勘探和开采行为进行征税。这个征税比例最初定在 40%，应用于所有的开采、勘探企业，包括金、镍、铀，所有的开采、勘探活动都需要征税。目前 MRRT 是用来取代之前 RSPT，也就是在同一个时间吉拉德取代陆克文做了澳大利亚的总理，2010 年 5 月份开始直到 2010 年 6 月份总理内阁换届结束，新税也在这段时间内取代了旧税。

矿业方面的利益在 2010 年联邦大选的过程中重新成为竞选方面的重点，支持派和反对派壁垒分明。支持者包括了联邦政府（劳动党）、澳大利亚议会公会、矿业公会以及澳大利亚绿党。反对派为矿业机构、矿业集团、矿业游说团体以及联邦反对党（自由党）。双方就 RSPT 所进行的广告宣传就斥资达 2200 万美元，这也是促使陆克文下台的重要原因之一。2010 年 7 月 2 日，政府宣布新的资源税方案将刺激前所未有的资源产业大发展，并在基础设施和工作就业上进行了大力投资，这也将让所有澳大利亚国人长期受益。新政策将于 2012 年 7 月 1 日起实施。

新修订的 MRRT 将适用于年利润超过 5000 万美元的铁矿石以及煤炭企业，MRRT 设置了一道门槛，有意把中小型矿业企业排除在外。各大企业要进行每年一度的 MRRT 利润测试，计算纳税收入减去可扣除支出的数额（不包括基础初始的货币贬值以及结转损失）。MRRT 也将适用于天然

气和煤炭开采业，目前已经扩展到所有陆上石油和天然气项目，包括煤层瓦斯。

新政策拟定征收30%的MRRT应税利润。应税利润就是纳税收入减去可扣除支出（包括MRRT津贴），MRRT津贴拟定为长期政府债券利率加7%（700个基点）。各类项目可以提取25%的津贴，从而有效降低法定税率至22.5%。特许开采税将会因为MRRT而予以抵扣，而MRRT也将会因为企业所得税筹划目的被抵扣。

不同于之前提议的RSPT体系，MRRT不会收到英联邦政府退还的部分项目损失。在新的架构下，MRRT对于澳大利亚铁矿和煤炭业的税率为30%。

2. 石油资源租赁税（Petroleum Resource Rent Tax，PRRT）

PRRT首先在20世纪80年代末被提出，是基于项目利润的二级税收，并且适用于所有在联邦区域内的来自于原油、天然气、液化石油气冷凝等项目的石油产品，但不包括LNG项目等增值产品。其税率为40%。

PRRT适用于英联邦管辖下的近海区域项目，但是西北大陆架勘探许可证地区除外，碳氢化合物（原油、凝析油、液化石油气。天然气和乙烷）的生产商是PRRT的支付者。巴斯海峡项目所支付PRRT的比例曾在90%以上，但随着该区域资源产量的下降，这一比例也在逐年递减。

PRRT同样有很多支持者与反对者，它为了保护中小企业也设置了一道门槛。PRRT在个人所得税之前征收，并且可以为了所得税筹划而进行部分的扣除，产生PRRT的项目不需要另外付消费税或者专利许可税。PRRT通常是在项目的生产许可证的基础上进行评估，而那些需要缴纳MRRT税的企业，可以选择使用市场价值的基础标准进行评估，而且可以从所得税当中进行部分扣除，有10%的扣除率。由于这个税收系统相对比较完整，且从2007年就开始运行，因此相关的法定机构、执法部门的运营也很成熟，不管有人起诉还是申诉，都有非常健全的法律法规。所以，如果能很好地利用澳大利亚税收系统是对投资者很好的保护，并且可以优化企业的运营体系。

三、澳大利亚的双边税收协定与税收优惠政策

澳大利亚已经和27个国家签订了双边税收协定（DTAs）。澳大利亚旨

在利用本身的法律同相关协议国家进行合作和协商，避免双重征税。澳大利亚的机构和机制主要目的就是要把这个税收权利很好地利用起来，在双边协定下相关区域之内的税率是非常优惠和吸引人的。

1. DTAs 的重要意义

DTAs 的重要性在于能够减少或消除因税收管辖权重叠所造成的双重征税，在纳税人认为税收待遇违背了税收协定时，为相关税务机关提供解决的途径。防止条约伙伴之间的收入流通过各种形式进行避税和逃税，在独立交易原则上提供关联方之间的利润分配，并解决转让定价和其他国际避税的应用。它在加强税务机关之间的信息交流的同时，通过降低外国预提所得税率从而促进投资、贸易、科技和国家之间的人员流动。

不同的国家的税率是不一样的，也有着不同的种类，对一些国家来说所得税是以居住地基础来征收的，其他 DTAs 税收是根据来源地进行征收的。在一些案例当中，一些收入来源国家也可以进行考量，通过这样的方法可以减少或者彻底避免双重征税，而防止征税区域的重叠，也提供了一定程度的安全性，能够让税收的原则和法律合理的应用到将来的国际交易当中。而通过进一步的合理分配税收权利，也能够引进更多的投资，并保护澳大利亚的国际贸易，这也是对相关方利益更好的分配，也可以通过这种方式避免逃税和避税，对相关税务方来说投资也能够引进更多的技术，促进新的产业和技术的发展。

2. 澳大利亚与中国的双边税收协定

但也不是所有的 DTAs 都是相同的，有些协定存在协商的差异。澳大利亚与中国在 1988 年 11 月 17 日签署了双边税收协定，其中部分税收待遇在协定中被明确指出，也是企业税务高管在进行澳大利亚纳税筹划时需要关注的要点，分别是：商业利润与常设机构的设立；不动产所得；股息红利与利息；不动产转让与资本利得的所得；特许使用费。

四、国际业务在澳大利亚的税务风险

在澳大利亚进行跨国投资或是商业运作必须时刻警惕 ATO 所关注的各类税务重点，ATO 尤其关注跨国公司的运营状况。ATO 是具有处罚权力的，而且在这方面它的知名度非常高，所以，目前在面对税务处罚时声称自己不了解条例而不应该受罚，这一点是不被承认的。2011 年 ATO 进行了一些比较有力度的处罚，例如，在著名的“Wickenby operation”行动[①]中，许多被查处的税务人员在澳大利亚监禁了一个星期左右，并伴有一些刑事和民事的处罚。据其中一个离岸公司披露，此次行动共涉及 7699 个项目，涉案金额高达 83600 万澳元，共有 18 人被判处监禁。

在做任何税务决定之前，通过合法的税务筹划来减少纳税额度当然是非常重要的，但是在澳大利亚税务的“自我评估”体系下，公司的税务架构是公司自己的责任，这也意味着不论是否有事务所承担企业的税务管理或退税，公司都要自己担负所有的税务风险和责任。进行任何一项投资都将对公司的纳税义务产生影响，所以，取得独立、公正的税务建议是十分必要的。

如果一个公司的税务结果是“太好以至于不真实”的话，公司就要警惕目前的税务安排是否步入了反避税计划。ATO 一直对两方面的税务安排给予高度关注：第一，外国信托安排；第二，利用信托和亏损实体进行的利润清洗。

1. 2011 年至 2012 年 ATO“合规性项目”的关注重点

ATO 每年都会发布“合规性项目”的相关文件，而且国际税永远是其中的要点之一。2011 年至 2012 年的关注焦点如下：

（1）利润转移

ATO 关注澳大利亚企业与境外分支机构间的利润或不动产转让间的税务安排，这涉及国际税收的立法，包括转让定价和反延期纳税制度。ATO 会重点对国际税务问题进行一系列的审计，主要集中在转让定价与资本弱化的审查上。

（2）商品服务税（GST）与跨境交易

ATO 会与企业利益相关者合作，来进行新法律的推广与执行，任何牵涉到国际货运的变化都会经过税务审查委员会的 GST 审核。

（3）非居民企业预提税

---

① “Wickenby Operation”是澳大利亚税务局自 2006 年起实施的大型反避税项目，在 2010～2011 年之间，从 13 个主要税收保密管辖地区流回澳洲的资金总额大概增加了 50 亿澳元，而流向这些逃税天堂的资金总额却下降了 22%，该行动有效地震慑了富有的逃税人。

澳大利亚税基的风险在于非居民企业向另一个非居民企业支付利息、红利和特许使用费时没有提交扣缴报告或支付预提税。即便是支付了预提税，也可能在这些交易中伴随着其他的国际税务风险，例如：转让定价。ATO 关注的是下列几种交易形式：

第一，转让澳大利亚知识产权（如版权）给非居民企业，并支付特许使用费。这些转让将有可能涉及关联方以及转让定价等问题。

第二，错付受控于预提税的税项。例如：企业认为应该支付的是服务费，而事实上应该支付的是特许使用费。

第三，无法确认税负数额的捆绑支付（正确的税项支付将能反映出非居民企业预提税税负）。

第四，能够有效规避预提税的税务安排和设计。

（4）税务金融安排（TOFA）

ATO 将监测企业所得税的纳税申报并进行活动分析，以确保 TOFA 纳税人在使用恰当的工具措施。ATO 也将采取有针对性的活动，包括企业执行情况的审查等等，下列是有关 TOFA 的关注重点：

第一，明确纳税人满足 TOFA 阙值，符合 TOFA 的申请条件并遵守申请规则。

第二，进入 TOFA 前的重组。

第三，计算 TOFA 纳税人的平衡调整。

第四，TOFA 规则下的选择有效性。

第五，TOFA 税负定时方法的适当运用，包括满足套期保值方法记录的要求。

（5）海外合作

要确定是否可以在澳大利亚扣除利息，ATO 将会审查企业的海外合作关系，以促进两国间的利息扣除，并在适当的时机与海外的税务机构进行信息交换。

（6）企业重组与并购

在持续的经济衰退中，澳大利亚是依靠大量的并购整合交易来实现经济复苏的，这些交易中税务安排的复杂性和高价值都在显著地增长着。这些交易涉及税收制度的相互作用，从而引发双方企业和股东层面的所得税和间接税负债以及权益的上升。

ATO 审查并购整合项目的重点是：

第一，重组中涉及的不必要的复杂或奇异的税务安排。

第二，有效所有权或资产控制的变化导致征税点的延迟或规避，进而寻求间接的税务利润。

第三，澳大利亚企业的海外机构销售，包括受控外国公司的资本收益和亏损的相关问题。

（7）外国居民企业

ATO关心外国居民企业资本收益的纳税筹划，包括外国所有的合并集团。税务机关通过加强对并购整合活动和其他信息的监管，能更好地识别企业的避税意图，也能通过网站信息和定向沟通发现外国居民企业资本收益中的税负义务。

在跨国交易越来越频繁的当今，澳大利亚税务局一直保持着对国际事务的关注。早期的数据显示大型的项目更容易引起税务局的监管，ATO尤其会关注集团内部的财务安排以及新金融工具的运用。所以在进行国际交易的时候，企业必须时刻保持税务方面的警醒。

澳大利亚税务环境的变化不可避免地将带来新的税务风险，企业值得注意的是在进行纳税筹划时要同时关注反避税条款，确保企业制定的税务计划不会落入反避税条款之中，否则眼前的利益可能在未来造成企业的税务处罚和利息成本而得不偿失。

中国企业走出去——印度税收大环境

印度作为最近投资的大热目的地之一，吸引了越来越多世界级企业的关注，相信在中国也有非常多的企业有意在印度略施拳脚，其中中国的通讯企业包括中兴通讯、华为都已痴迷于印度市场，两家中国企业的“印度攻略”不约而同地集中在加大本土化步伐的推进上。开放的印度市场提供了机遇，但是印度复杂的税收环境以及税务协定都让那些已经去或者准备去印度投资的公司面临着巨大的挑战。GTS 将从专业税务角度探访印度，为您在印度的国际税务筹划保驾护航！

据了解，印度和中国在税收方面非常相似，两个国家之间有大量的投资和贸易在进行，所以从 GTS 的角度出发，我们应该彼此了解双方的税收制度从而减少跨国的诉讼，这样对双方都有益。本文主要将给大家介绍一下印度的产品与服务税、印度一些重要的税务协议，从税收角度出发印度政府将会在未来的税务政策上有哪些实践和规则，有哪些新的改革。

印度的国土面积为世界上第七大，达 297.47 万平方千米，人口是世界第二大国，达 12.1 亿人；GDP 2010 年度是 1.53 万亿美元，比 2009 年同期增长 8.6 个百分点。像其他所有国家一样，印度税务也是从古代就已经开始实行，在过去最重要的是土地税，因为印度这个国家有 98% 的人口从事农业，当然还包括其他的比如水利税、矿产税等等。

一、印度的直接税

有关印度的直接税，要追溯到其在 1860 年 2 月份就开始使用的个人所得税，这些税收主要来自于土地、地产、业务、证券等等。1922 年印度所得税法得到通过，从这以后印度有了一个非常正式的行政税收制度，之后又有一些其他的立法协助政府管理印度的税收情况，1940 年出台所得税检查法令，1941 年建立了所得税法仲裁厅，1957 年有了财富税法立法，1961 年有 1961 年所得税法，1977 年引入新的申诉法令并建立评估机构，选出评估委员长，1981年在税收部门竞争激化的情况下建立了所得税的名录，1997年开始使用MAT，此后开始逐渐走向正常化。反观印度税收的发展和变化，的确和中国颇为相似。

二、印度的非直接税

在非直接税方面，2012年印度将会建立并且引入直接税代码，这是非常大的一个改革举措。印度现在有增值税、中央销售税（CST）和中央增值税三大税种。其中增值税主要牵扯到使用货物的权利、工作合同等等，现在已经取代了地方税收销售税法；在这之后政府又实行了CST，这是中央政府征收的一个新税种；中央增值税主要对在印度进行生产的产品进行课税，所以任何在印度本国进行生产制造的货物都需要征收关税或者中央增值税，两者必征其一；印度的关税主要是对进口到印度的货物收取，在基本的关税的基础上印度还有一些额外和特别的关税，主要是针对一些特殊的货物；印度的服务税是1994年开始征收的，目前已经有十五六年的历史，主要对不同类别的服务征税，约有100多种服务在税收的范围之内，从事进口服务的机构需要缴纳这方面的税款，目前是18%的税率。除以上提到的几种关税和服务税以外，印度还有印花税、日常税等等，这是由当地机构进行征收的。GTS从非直接税方面解释了印度税法的进化，对于税务专业人员来说难点和挑战在于永远不知道什么时候印度政府会有新的税务法规开始启用。所以，接下来本文会介绍一下中国企业应该如何应对政府的规章制度并结合具体的案例进行分析。

三、直接税代码（Direct Tax Code，DTC）变革

举例来说，很多公司会在营业10年、15年、20年以后出现税收方面的滞纳问题。以服务税作为例子，我们会发现一些企业的管理人员在某一天突然发现由于自查或者被查之前并不需要缴纳的税收变成了应纳税额，所以在企业漫长的营业生涯中，你就会发现有4%的某一种税要缴，或者有额外的税收要补，这就会把过去20年的利润挖掉一部分。也正是因为这种情况的发生，印度如今有很多与税收有关的诉讼正在进行。印度政府目前正在尝试做一些努力，想建立一些新机制，这样企业就能比较清楚目前

个人或者公司应该承担怎样的税负才能在印度进行正常的商业活动。本文刚才提及的直接税代码就是在这样的情况下产生的新机制，缩写成 DTC，DTC 将要取代 1961 年的所得税法，印度政府希望它能够在 2012 年 4 月 1 日开始生效。这里要强调一点，新的 DTC 直接税代码是一个新的税务政策的变革，它的出现是因为用古老的税收结构和古老的税收方式已经没有办法使政府很好地运营下去了，企业在改变，环境在改变，法律法规也在改变，各个产业都是一样，所以，政府需要做的是如何能够在新的环境之下进行税收征管，这就是新变革产生的原因。与此同时，印度政府开始引入了一些新的条规条令，在形式上进行简化，也注意到了之前被忽略掉的内容。像中国、印度这类的发展中国家，政府也有很多的责任要参与到企业的优化过程中去，并且能够吸引更多的投资，从而确保所有的投资能够真正地用于企业的运营。

DTC 的出现将会在印度取代一些旧的法令和税法，任何人如果想要在印度进行投资的话，必须要确保完全符合 DTC 的要求。在进一步探讨 DTC 之前，首先我们要弄清有关住所地和来源地的税收问题。所谓住所地的标准，就是任何公司在印度的一年中只要在任何时间有一定程度的有效管理，都叫做印度的居民。其中的有效管理是指什么呢？有效管理分成两类：第一类是董事会或者相关决策机构在印度做了相关的公司决定；第二类是董事会成员定期规律地在印度场所之内进行商业和战略的决策。除了商业和战略的决策以外，如果董事会或者高层人员在印度公司内上班，并且公司行政决策在印度公司之内被执行，这些也都叫做有效管理。

我们知道，住所地的税收和来源地的税收是不太一样的。比如说关于住所地，像沃达丰之前就在印度有一个相关税收方面的例子很值得大家思考：

[案例 1]

背景：

沃达丰于 2007 年曾收购一家印度手机运营商 Hutchison Essar Ltd，交易金额 112 亿美元，沃达丰没有为这笔交易纳税。之前一位资深的税管人士表示，沃达丰应该为这笔交易支付 1000 亿卢比（21 亿美元）至 1200 亿卢比的税收。沃达丰认为公司收购 Hutchison Essar 67% 的股权发生在外国，不应该交税。而印度税务局则认为该收购涉及印度企业，必须纳税。最终的结果就是印度高级法院听了沃达丰的辩论，最终的决定是要求英国沃达丰公司付20亿美元的罚款。

案例分析：

在这个案例中，沃达丰是买方，从当地的运营商购买了它的股份，印度的税务机关就向沃达丰征税，他们认为沃达丰的所得进行了转移，所以在印度税法的架构下，沃达丰应该缴税。这个时候印度的收入税务官就给了沃达丰一个税收表，沃达丰就应该负责购买价的预提税，而且沃达丰付给印度当地运营商的价格主要是基于这个公司在印度的不动产。沃达丰辩解说交易是在海外进行的，并不是在印度当地资产的转移。根据印度的法律，当时的法律是不需要征收收购的预提税。大家知道沃达丰事件持续了很多年，而且在这个期间印度的税法也进行了相应的变更，这就使得印度政府能够采取相应的措施，尤其是针对于那些在交易中没有设预提税的公司。

四、股权转让税务处理及税收激励

可见随着印度税收法律的改变，企业要交的数额也会有很大的不同。如果是按照住所地基础做征收的税务，那就是以全球收入为基准的。但是如果根据来源地税收，那就适用于非居民的标准。所以对很多想要进行股权转让的公司来说，现在的DTC机制就变得尤为重要。

例如：有一家公司是设立于香港的，他们在印度也有一家公司，现在想要进行股份转让。这时候我们就需要看一下DTC关于股份转让的一些具体情况，之前在印度的税务制度当中是没有相关机制的，而现在如果从一个外资公司转让到印度的公司，就必须要有至少50%的市场价值由外部公司所拥有。而是否达到50%的这个要求将会在股份转让正式达成以前的12个月随时进行。

除了DTC，印度也有相关的税收激励措施，不过都和投资紧密相关，其中在指定企业当中的资本支出（不包括收购土地、商誉、金融工具产生的）是可以被允许扣除的。如果投资的是以下这些指定的行业，也会有一定比例的扣除，特别是在第一年当中会有很大比例的扣除。第一是能源，第二是发展、运营的基础设施，第三是在指定区域运营或者开设医院，第四是天然气开采、房屋开发，第五是在经济特区当中进行的开发。除此以外还有一些其他的减税措施，比如证券交易税，还有一个是长期资本收益的免除，如果你持有证券超过 12 个月，就可以进行长期资本收益的免除。比如内部研发费用，因为内部研发费用可以以 200% 的税率加权扣除。如果你们花了很多资金在内部研发方面，就可以做一个这样的加权扣除。

五、印度的一般反避税规则

目前，在印度有个新的规则叫做一般反避税规则，这是在印度税法当中新加的条例，和中国的一般反避税规定非常相似，具体就是人们在指定的区域建立了公司，如果这些企业是为了单纯获取税收利益，或缺乏商业实质，那么这个所得税是不允许扣除的。而印度的税务机关当局有自由裁量权来认定企业是否有义务交税，如果在这个企业当中，所得税当局看到了相关的证据，他们就有权作出相关的裁定。

随着 GAAR 系统的引入，可以看到任何一个企业主动来认定，除非他们自己没有很好地利用这样一个工具，否则都会从这种新的税收当中受益。政府部门将会没有权力来假设企业不能够享受这方面的税务优惠。除此以外，印度和中国在税收协议方面有一些类似的文本和条目，两个国家也都在进行一些改变来避免税务问题在自由贸易签订等方面带来一些负面的作用。GTS 并不确定未来印度政府将会做哪些改变，这是因为 DTC 对于政府的下一步税收改变是非常重要的文件，他们将会怎样进行调整，最终的版本将会是怎样的，目前还不得而知。但是给大家介绍的目前已经公布的提案会在很大程度上影响未来税务调整的内容。这无论在中国还是印度都是一样的情况。据 GTS 了解，在 DTC 新的提案当中还将会建立一个纠纷解决小组，这个小组将会帮助解决在不同国家税务协议内容有冲突的情况下如何进行最终的裁决，它的反应速度将会快于一般常见的政府机构。在 DTC 当中还有一些有关利率的重点，在企业所得税方面税率不会改变，仍然是 30%，MAT[①] 将会在计账利率 20% 的比率中收取，这方面的记录可以持续 15 年。在教育方面附加征税取消了，目前是按照 15% 的税率在征收。

---

① Minimum Alternate Tax（MAT），最低税负制，目前该税率由 18% 提高至 18.5%。

六、印度的产品与服务税

现在来看一下目前印度的产品与服务税（GST）。GST 是建立在消费税基础之上的，主要是针对所有的产品和服务，它并不会在服务和产品中间有任何的区别。目前在宪法方面已经提出了这样的补充法案：2011 年 3 月，印度议会通过了 GST 法案，使其得到立法，印度提案采取的是双 GST 模式，就是指中央 GST 和州 GST，由中央政府征收一部分，再由各个州征收其他的部分。中央政府将会立法建立中央 GST 法案，并且各个州的政府将会建立各州自身的州 GST 法案。这样一些新法案的产生，使得在州政府和中央政府将会有一些新的合规方面的要求，比如说包括相关退税情况和注册情况、收税情况都会有一些新的要求和规定，中央和州的 GST 要求是不同的。所有之前曾经征收的分离的税种，包括服务税、医疗和卫生用品方面的税收、奢侈品税、博彩税等，目前全部都要综合起来，并以 GST 大的类别来命名。

目前提案当中提到的建议 GST 收税比例是 20%，在服务方面大概是 16%，目前进口产品仍然还是在进口关税的管辖范围之下，所以目前还不会受到 GST 的影响。出口产品和服务在 GST 方面目前是零收费的，所以企业在出口之前已经付了 GST，那么在出口之后可以得到退税。

七、印度的税收协定

对印度来说比较重要的税务协议，包括跟美国、英国、中国、毛里求斯等。以美国为例，包括任何个人、公司以及其他法人团队，被当做一个收税的单位来对待，中国和毛里求斯也是使用同样的定律。但是在今时今日滥用受益所有人身份套取协定优惠的各类手段层出不穷，印度政府也在积极采取反滥用措施。来看以下的案例：

[案例 2]

背景：

X 先生是英属维尔京群岛的一名富有的商人。他在亚洲和中东有几笔投资，包括由一家印度公司发行的10万元债券，X先生每年从这笔债券中获得6%的利息收入。目前，印度和英属维尔京群岛之间没有签订税收协定，但印度与澳大利亚签有税收协定。澳大利亚与英属维尔京群岛之间也没有税收协定。根据印度国内法，支付给非居民的利息所得应由支付人源泉扣缴20%的所得税。而根据印度与澳大利亚税收协定第十一条，印度居民支付给澳大利亚居民的利息所得，仅按照10%的税率扣税。今年初，X先生把这笔债券以10万元的价格卖给了澳大利亚的一家居民公司悉尼代理人公司。悉尼代理人公司通知印度公司，自己是该债券的新所有人，而且以信托的形式替X先生持有该债券。根据澳大利亚的法律，信托的实际受益所有人应就从信托取得的所得纳税。印度公司目前即将支付其下一季度的利息，并联系了当地税务机关应按照什么税率代扣税款。

案例分析：

这是个典型的滥用协定案例，不应适用印澳协定中的限制税率10%。尽管利息的收款人（也就是悉尼代理人公司）是澳大利亚居民，但由于信托安排的存在，该公司并非利息所得的实际受益所有人，因此可拒绝给予享受协定待遇。

GTS也提醒各位在进行跨国投资的同时，需要注意中印税收协定的合理运用。

然后来了解一下印度业务利率、业务利息以及鼓励红利税收的问题。业务利率的比例稍微有点不同，美国是15%和25%两档，英国是15%，中国是10%，毛里求斯是5%到15%，分别比中国多和少5%。接着是印度的利息问题，美国是10%和15%，英国是15%，中国是10%，毛里求斯不适用于相关的税率。专利所得税方面，或者是技术以及相关服务的税收，美国是10%和15%，英国是10%和15%，中国是10%，毛里求斯关于专利许可税的比例是15%，FTS相关的条款现在还没有成型。对一些避免双重协议的国家来说它的情况也会有所不同。

八、印度的外资投资现状

了解了印度的主要税种和税收协定之后，来关注一下大家都颇为关心的印度外资投资现状。在印度进行外商投资有两个重要的途径：其一是F2的途径，也就是资产组合的投资，这些证券要求必须在印度的证券交易所上市。其二是外商直接投资，叫做 FDI。这两种模式从 1991 年以来变得更加具有自由和流动性。现在已经有越来越多的行业可以直接接受外商的投资，比如说零售贸易、原子能、博彩业和相关基金的运营、农业、房地产、不动产、传统的商业贸易，以及雪茄及其相关的烟草行业。外商直接投资有一定的股权比例，如果在私人银行方面则必须限制在 49%，如果在保险方面是 26%，如果在电信行业则最高限定是 49%。

根据调查研究显示，印度外商直接投资截至 2010 年 4 月份已经有 1979.4 亿美元，毛里求斯占了全部外商直接投资的 42%，除毛里求斯以外，外商投资的主要来源是新加坡、英国、美国、日本、塞浦路斯。其次在服务方面印度也吸引了很多外商投资者，占外商投资的 21%。其他的如电脑软件及硬件、电信、房地产、不动产、建筑、汽车、能源等，是仅次于服务业吸引外商投资的领域。

印度税务体系的复杂是世界闻名的，甚至比中国的税务体系还要复杂，常常听说税务高管对于印度税总是焦头烂额。虽然印度的低成本和巨大的潜在市场都是吸引企业入驻的重要条件，但是其复杂的税收环境、不同的文化背景以及政府态度，同样也是进行合理有效纳税筹划的巨大屏障，希望 GTS 的经验之谈对您能有所启发，帮助您的企业实现在印度的利润最大化。

中国大陆与中国台湾纳税筹划比较与实践差异

“国际纳税筹划”永远都是跨国企业税务部门最为重要的工作主旋律，如何根据不同区域的不同税收环境调整出最佳的纳税筹划方案是税务总监们孜孜不倦钻研的主题。GTS 以美国母公司的跨国企业为例，从有效税率的降低、中国大陆与中国台湾的税制比较以及大中华区投资的注意要点这三个方面入手，和大家分享大中华区的国际纳税筹划与实践差异。

一、税务战略目标：全球有效税率的降低

1. 全球有效税率的降低

GTS 认为，跨国企业税务高管的首要任务是制定集团的税务战略并定义整个税务部门的工作目标。许多税务负责人管理税务团队是没有战略目标的，他们根本不知道整个部门要往哪里走，也不去理会集团里有多少人，只知道每天埋头处理发票，这是非常可悲且没有意义的。从外资企业的角度来说，通常第一个要确定的就是整个集团的税务战略目标到底是什么？最为常见的税务战略目标是：降低全球的有效税率，让全球现金流动不受税率变化的影响。例如：一家世界 500 强在全世界 100 多个国家有 1000 多个公司，每个公司有 10 美元，那就能“凑”到 1 万美元了，无论是要用这笔资金进行收购还是其他的投资，总需要先把这 1 万美元拿到手里，那么在用各种方式回笼这笔资金的时候，资金的流动是否可以保持在低税负的水平呢？

答案是可以！如果你是跨国企业，尤其是美资企业，总部会告诉你你的战略目标就是降低全世界的有效税率。什么是有效税率？就是财务报表

上面所得税费用除以税前盈余①，这本身是一个财务报表的概念。今天假设一个公司税前盈余每股 10 美元，美国税率是 35%。如果没做任何的税收筹划，得出税后盈余是 6.5 美元，市盈率是 10 倍，那股价就是 65 美元。如果做了一些税收筹划，税后盈余则变成 7.5 美元，相对的股价就会变成 75 美元。整个税务部门一旦做了这些努力，公司的股价就会直接往上升。由此可见税务筹划是非常重要的，税务成本它完全是财务报表的体现，如果税务部门能够改变它，从而增加公司的市场价值，那么税务部门无疑就是整个企业中贡献最大的团队。

税后盈余还与所得税密切相关，主要涉及两个税种：递延所得税与代扣所得税。

(1) 递延所得税

递延所得税（Deferred Income Tax）：是指按照所得税准则规定当期应予确认的递延所得税资产和递延所得税负债金额，即递延所得税资产及递延所得税负债当期发生额的综合结果，但不包括计入所有者权益的交易或事项的所得税影响。用公式表示即为：递延所得税 =（递延所得税负债的期末余额 - 递延所得税负债的期初余额） -（递延所得税资产的期末余额 - 递延所得税资产的期初余额）。在中国的历史背景下，较少有公司使用递延所得税，因此，在中国并没有那么多税务从业人员懂得递延所得税，不过一旦深入了解这个税种，就会发现它是一个非常美妙的东西，因为很多的税收筹划都会从递延所得税衍生而来。还是以全世界有 1000 家公司，每一家公司 10 美元为例：假设这些盈余最后都应该回到美国，理论上每一块钱的税率都应该是 35%，因为最后在美国都会是 35%。即使按中国现行的税率上缴了 2.5 美元，就代表企业应该承认递延所得税负债 10 美元吗？但是为什么没有？什么情况下税务部门需要控制递延所得税费用？这些都是税务总监、税务经理需要深入思考的重要课题。同时税务高管需要思考的还有另外一个问题，假设美国母公司底下最底层有六层机构，这些机构的盈余会不会拉回来到美国缴税？如果你不明白受控外国公司（CFC，下文会有进一步的分析）的法规，那它就被视为同股利分配，因此所有的钱都要拿回美国去征税，所有公司税率都应该是 35%，就算之前付了 2.5 美

① 税前盈余（Earnings Before Taxes，EBT）是指尚未扣除税金（Taxes），但已支付利息（Interest）的一笔金额。所以，其计算方式就是以息税前利润（EBIT）减掉利息（Interest）。

元，仍然要支付10美元的递延所得税，那么重点来了：税务总监要如何证明你的盈余是永久留在你母公司境外的？

（2）预扣所得税

预扣所得税（With Holding Tax，WHT）。WHT大家相对比较熟悉，这里就不再累述它的概念了。各国对外国公司或个人在该国境内取得的股息、利息、租金、特许权使用费等，往往征收预提所得税，在没有税收协定的情况下，税率多在20%以上，如荷兰、日本、芬兰等目的预提所得税的税率为25%，美国为30%，有的国家甚至达到了50%。所以在两国之间没有税收条约或协定来相互降低税率的情况下，税负是不容忽视的。一般的WHT筹划策略为：

第一，将一般所得税转变为预提税，主要办法是不在境内设立机构，或虽设立机构场所，但避免将股息、红利、利息、租金、特许权使用费与上述机构场所发生联系。

第二，将股息、红利、利息、租金、特许权使用费含在转让设备的价款之中，利用转让设备的机会，一方面提高设备价款，另一方面少要或不要上述属于预提税范畴的收入。

除此之外，在美国还有一些规定，能够抵扣的税收可以不计入财务报表中的成本项，可重点是怎么让那些税负去美国抵扣？这本身就是税务高管们应该思考的方向。并不是很被动地在美国抵扣就可以了，抵扣的方式方法是需要再三斟酌的。

2. 全球转让定价策略

除了利用各个税种的纳税筹划，全球转让定价策略也是降低税率的有效手段。GTS发现目前只有一半不到的跨国企业有一套全球的转让定价策略。很多税务部门还都习惯于在年底和其他公司讨论利润的分配，但这并不是有效的转让定价策略。假设一家跨国企业在全世界一年赚20亿美元，那么到底谁是利润承担者？最后大部分的利益到底放在哪家公司？税务负责人一定要确定大部分利益的归属，一旦确定了归属地，就可以针对归属地实行有效的降税策略，税务总监找到最后利润的利润池，然后去降低利润池的税率，就能降低当期的费用进而达到规划目的。不过可惜一半以上的公司，尤其是规模小一点的公司都没有制定全局性的转让定价策略。

以上是GTS对降低有效税率的一些看法和经验之谈。如果整个税务部门的目标是要降低全球有效税率，那么这就牵扯到税务部门到底要做什么事情。年底跟其他的子公司决定利润分配比例的时候，建议一定要有一个全世界共同的规定，才会对未来有效税率的控制起到很大的帮助。

二、中国大陆与中国台湾的税制比较

中国大陆和中国台湾都是外资公司在亚太区的重点投资地区，而这两个地区的税法差异如何，请看表5-1：

表5-1　　中国大陆与中国台湾的税制差异

	中国大陆	中国台湾
税制	WW + Sourcing	WW + Sourcing
管理和控制机构	明确	法律不明确
来源所得	高	非常高
间接转让	是	否
扣除审计	中度	高度
增值税和发票	是	是
转让定价审计	高度	中度
转让定价与海关调整	低	低
资本弱化	是	是
受控外国公司法规	一般	无
GARR	高度	中度
成本分摊	一般	无
并购整合特殊税务待遇	所得税导向	增值税导向
双边税收协定	广泛	有限

之所以用中国大陆与中国台湾而不是香港相比较，是因为中国香港有属地原则[①]，差异性过大。而中国大陆与中国台湾都是属人加属地原则[②]，有相同也有不同。中国大陆有实质控制管理机构的概念，但是中国台湾没

① 属地原则是指一个国家以地域的概念作为其行使征税权力所遵循的原则。属地原则可称为来源地国原则，按此原则确定的税收管辖权，称作税收地域管辖权或收入来源地管辖权。它依据纳税人的所得是否来源于本国境内来确定其纳税义务，而不考虑其是否为本国公民或居民。

② 属地原则指的是以地域概念为行使征税权所遵循的原则，属人原则指的是以人的概念为行使征税权所遵循的原则，属人兼属地是指两个原则都遵循。

有，而且台湾是法律上没有。如果哪一天你去问台湾税务局：“台湾有没有税务管理机构?”，他会告诉你：“有，但是法律上没有。”

1. 中国台湾税制的利弊

两个地区的税务机关对于所谓“来源所得”这个概念的重视程度有所区别。大陆很重视，出了很多的相关条例：到底要不要登记、要不要不登记……可是因为条文太多且有疏漏的存在就导致大家对法规的执行存有疑虑。不过大陆的税务机关会清楚地告诉你：如果你今天有劳务提供地在大陆就征收，如果不在大陆就不征收。不过中国台湾的重视程度更高，只要有资金支付出去就扣你20%的税。这牵扯到台湾原来的法规，每个所得税法都会牵扯到所谓的所得分类。大陆的法规中第三条或者第五条会看到营业利润、租金等等，在中国台湾有一条叫做第八条第五款，它会告诉你所得如果在台湾境内就要征税。台湾税务局有一天会通知你，他们认为劳务提供地或者使用地在台湾都要征税。当然后来台湾税务局发现了这个问题，但也没有很好地解决。

中国台湾的税收除了上述的不足之处，也有优于其他地区的可取之处，例如：股票交易所得在台湾是不用缴税的。在这里有一个很重要的区别：中国大陆59号文会告诉你什么情况下、什么时候要缴所得税，但是台湾是告诉你什么时候不用缴所得税，两地的趋势是不一样的。台湾还是在沿用很传统的方式。

2. 发票的处理

同样，对待发票的处理两地也是不同的。发票是台湾很重要的发明，但是也是很愚蠢的发明，因为它到大陆来了之后变形成非常复杂的东西。为了减少逃漏税的状况，发票在台湾也的确产生了很好的效果，现在大陆用的发票也有同样的效果，但是大陆的发票更复杂，相信很多税务总监都有搞不清楚的发票，就目前而言，也确实还没有特别好的解决方法。

3. 两地资本弱化与反避税差异

还有两地的资本弱化与反避税的差异。资本弱化中国大陆是2:1，中国台湾是3:1。在大陆，现在一般反避税条款就像《圣经》一样，凡事只要一讲到一般反避税条款好像都是有道理的。台湾也有这个概念，但是台湾不会把一般反避税条例当做圣旨。中国大陆 2 号文也有一个一般性的概念，但是台湾没有。

三、跨国企业在大中华区投资的注意要点

除了两地的税制异同需要税务高管们关注，跨国企业在大中华区的投资也有以下的关注要点。就整体概况而言：中国香港各方面条件都较为优秀，不过都不是和税收相关的方面；整个大中华区除了香港之外，台湾和中国大陆人均收入都偏低，台湾的基层薪资收入高于大陆，但管理阶层薪资低于大陆，因而呈扁平状，而中国大陆的贫富差距要大于台湾；从咨询人才来看：在大中华区其实有非常多的相关人才，大陆的研发中心几乎都是设在上海的，当然台湾也有很多，可见在两岸资讯科技人才是非常充足的；在优惠政策方面，可惜台湾和大陆都没有太多优惠的政策。

1. 在大中华区投资的注意事项

GTS 将从税务环境以及税务挑战的角度出发阐述在大中华区投资的注意事项。首先，在税务整体环境上，香港拥有整个大中华区相对好一些的税务环境，在香港很多事务都可以和税务局商谈的，而且双方会洽谈得很愉快。中国大陆和台湾就要差一些，在这两个地区，只要打官司十之八九纳税人一定会输。这两个地方都有一个特点，法官很多都是从军队等地方退下来的，他判过人家的生死，判过民法，判过刑法，但就是没判过商法。有争议的时候，一定是专业机构说了算。那什么是专业机构？税务局就是专业机构。所以打官司对纳税人来说就相当的艰难了。综上所述，台湾和中国大陆目前都是属于不容乐观的情况，但是大陆目前有一个好处，就是跨国企业和税务局有争议的时候，可以让两个税务局去商谈解决，68 号文出了之后，美国公司就可以让美国的税务局和中国政府洽谈，告诉中国税务机关中国没有征税权。这是非常好的条文，但这对中国税务机关来说还是存在一定风险和问题的。

其次，中国大陆与台湾都还有一个很大的问题：外汇管制。2004 年的时候在大陆做一个出口报关就要 16 种单据，现在有所改善但还是一个大问题。台湾相对来说要宽松一些，政府机关有的时候会告诉你什么费用要准备什么凭证，这是有明令的，会比较好遵循。但在大陆没有这样的明令，

当你询问某个业务用什么凭证证明的时候，他会告诉你越多越好，但这对公司税务的实际操作会有着相当大的阻碍。

再次，OECD 的法规调整与中国大陆的税法相互影响。目前在大陆国内法已经开始凌驾于国际法之上，OECD 也注意到了这个情况，并在积极研究解决这个问题。国内法凌驾国际法到底应该怎么解决？但是你说它错吗？其实也没有。比方说受益所有人国际法上是没有定义的，那我们今天用国内法定义难道有错吗？这是很重要的问题，也是未来很值得大家关注的一个部分，因为以后每个国家或者地区都在争取自己的征税权时，OECD 会做怎么样的表态将会非常有趣。大家如果注意到的话就能发现其实中国跟印度正在重塑整个税收体系，同时很多 OECD 的概念都慢慢受到中国和印度的限制，当 OECD 提出成本节约等等之类的问题时，大家就会知道是中国正在发生税制变化。

最后，受控外国公司（Controller Foreign Corporation，CFC）也是税务总监们必须高度关注的问题。受控外国公司是指那些在避税地设立的由本国居民直接或间接控制的外国公司，在美国税法中对受控外国公司的定义为：凡有选举权股票的 50% 以上被美国股东掌握的外国公司，即是受控外国公司。作为外资企业的税务从业人员必须了解母公司的 CFC 及其相关的法律法规，尤其是在中国大陆与台湾一定要有效地掌握相关知识与实践操作。以下是一个与 CFC 相关的真实案例。

[案例 1]

背景：

美国某跨国企业 A 在台湾有一家股份有限公司 B，B 拥有的是最为常用的组织架构。B 公司正在经历股东的更换，A 的税务负责人在股东更换之前决定汇出几亿台币的盈余出台湾，他认为转换股东之前去实行就只要代扣代缴 10%，如果转换股东之后再做的话就要 20%，他觉得省了 10% 的税收。

案例分析：

但事实是：假设子公司第七层股利发放给第六层，这在美国是要征税的，然而外国公司可以通过一定的方式避免这部分税收，但是股份有限公司不能进行这样的操作，所分配的盈余被美国税务机关视为要在美国征税，A公司的这位税务负责人认为为公司省了10%的税款，但其实没有。可见，对于CFC的税务处理是需要相当审慎的。美国为了避免企业利用CFC来避税，在税法上对CFC的独立交易和关联交易等方面都做出了相当具体的规定，税务总监们在进行全局的纳税筹划时一定不能忽略CFC的税务考量。

以上是GTS所总结的在进行大中华区纳税筹划时税务高管们所要关注的要点。如果税务部门的目标是降低全世界有效税率的话，那在和政府谈判的过程中就绝对不要放弃，多一毛钱少一毛钱都是对企业很有帮助的。在上市企业大家会知道多少钱代表股价的一块钱，1%的变化需要税务部门做多少努力。税务高管知道每一个百分比会影响多少股价，一方面要让税务团队明确需要做哪些努力，同时另外一方面也要让公司管理层知道：如果没有税务部门，公司的股价会差多少。

作为一个税务人，只有熟知业务地区的税法、努力寻求税务困境的“破解”之道，才能成为一流的税务总监！

中国企业在美国投资的税收战略筹划

中国对美国的外商直接投资（FDI）在过去五年里增长了约25倍，但截至2011年，中国对美历年直接投资存量仅为23亿美元，仅相当于各国对美直接投资存量的千分之一。1978年改革开放以来，中国作为一个开放的FDI接收国的形象已为世界所熟知，到2009年，中国已成为仅次于美国的世界第二大FDI接收国，共吸收FDI近1万亿美元。但中国作为FDI输出国受到关注，还只是近几年的事。

据有关数据显示：中国在对外投资方面一直是一个微不足道的配角，直到2004年以后。2004年，中国对外直接投资仍少于20亿美元，2006年就超过200亿美元，2008年超过500亿美元。2004年到2008年，年平均增长率超过130%。2009年后危机时期，全球FDI总额猛降了40%，而中国对外直接投资只是微降，仍旧保持在400亿美元之上——中国胃口惊人。无可争议的是：继成为劳务输出、初级工业产品输出大国之后，中国终将成为一个资本输出大国。随着越来越多的中国企业赴美上市和投资，美国税收战略的筹划也被赋予了更多的关注，中国投资者要谨慎对待的不仅仅是美国的税务合规，也同样要考虑到中国的涉税问题，对美投资必须建立在企业全球的税务大框架下，从而进行以减轻全球税负为目标的长期筹划。

一、美国税收系统的概况

美国税收系统在19世纪推出，已经有200多年的历史了，跟中国税收系统历史相比，美国税收系统的历史和发展都非常悠久且复杂。图5-1表示的是美国主要的税收种类：企业所得税、个人所得税、工薪税，还有一个美国有而中国没有的且非常强大税种——赠与税，但GTS在这里不做赘述。GTS在此文中主要向大家介绍美国与中国都拥有的税种。中国在全国实行的是统一的税法，不管是营业税、增值税，还是企业所得税，在全国各地都使用同样一种法律来管辖，不管是本地的税收机关还是全国的税收机关，它们所遵循的都是统一的法律，所以中国各个省并没有自己的税。这跟美国并不一样，在美国有联邦税法，取决于公司在哪个地方，还有州税和地方税，但并不是所有级别的税法都有所得税。

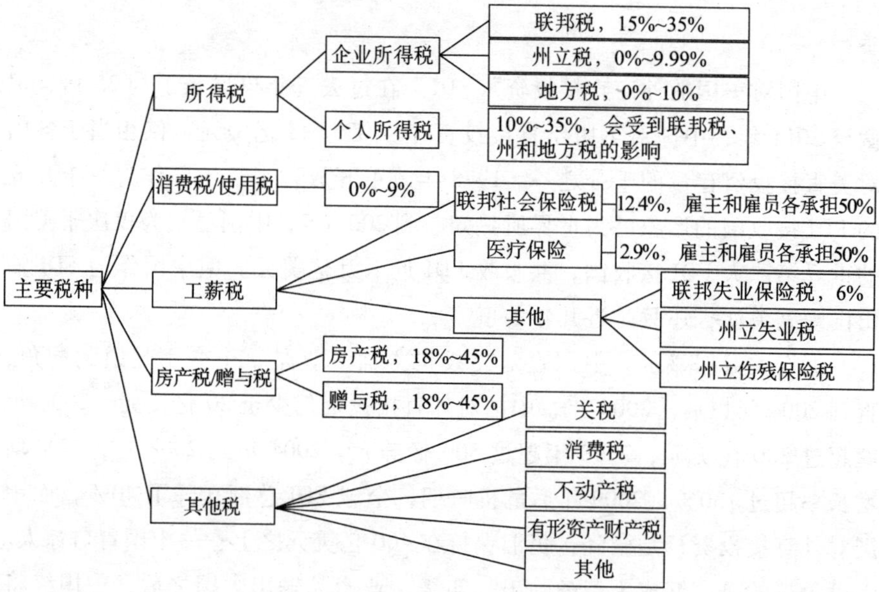

图 5－1 美国税收系统概况

1. 联邦税

（1）企业所得税税率

联邦税的企业所得税税率根据应纳税所得额的不同，税率从 15% 逐层上升至 35%，这些税率不仅适用于美国企业，也同样适用于外资企业涉美的贸易和商业活动。联邦税的企业所得税税率没有包括州税和地方税，美国的税负较之其他工业国家算是相当高的了。表 5－2 为联邦税的企业所得税税率。

（2）税收的商业实体

第一，C 类公司[①]的利润要被征税两次，首先是在商业实体层面针对企业的利润征税，其次是在股东层面当利润被当作红利分发给股东时要再

① C 类公司是指源于美国税法中对公司的称呼，即 Corporation。

表 5－2　　美国联邦税企业所得税税率　　单位：美元

应纳税所得额 超过	应纳税所得额 不超过	税率
0	50000	15%
50000	75000	25%
75000	100000	34%
100000	335000	39%
335000	10000000	34%
10000000	15000000	35%
15000000	18333333	38%
18333333	18333333 +	35%

次征税。

第二，S 类公司①、合伙企业、有限责任公司以及独资企业不需要就他们的收入支付实体层税收，企业拥有人将在实体收入的份额上征税。

第三，中国 S 类企业和独资企业并不适合在美国进行投资。

（3）转让定价

转让定价准则在美国十分复杂且历史悠久。在遵循独立交易原则的前提下，支付给关联企业的款项可以被免税。根据转让定价准则，母公司为中国企业的美国子公司就“管理服务”收取的管理费，只要是合理的都将被允许。

（4）其他联邦税

第一，消费税。制造业以及特定商品的销售和消费是要征收消费税的，例如：烟草、酒类以及天然气；制造商、生产商以及进口商使用或销售任何消耗臭氧层物质的化学品都要征收消费税；在制造商产品售价与进口商抵岸价的双重影响下，部分产品的消费税可能会高达 12%；消费税通常针对批发商征收，这是他们的法律责任。

第二，关税。不同的关税税率是根据商品来源地、商品种类以及贸易协定来确定的。

---

① S 类公司是指具有特殊税收特征的企业，以股份表示其所有者权益，由 1～35 个自然人或法人（股东）拥有，他们根据股份比例每年获取一部分净利润，对企业债务承担的责任以其承诺投资于企业的资金为限。

第三，联邦税中没有销售税和增值税。

2. 州和地方税

图 5 – 2 是美国的地图，其中并没有包括阿拉斯加和夏威夷，在这 50 个州当中有 46 个州要征收企业所得税，只有内华达州、南达科他州、华盛顿州以及怀俄明州这 4 个州没有企业所得税。

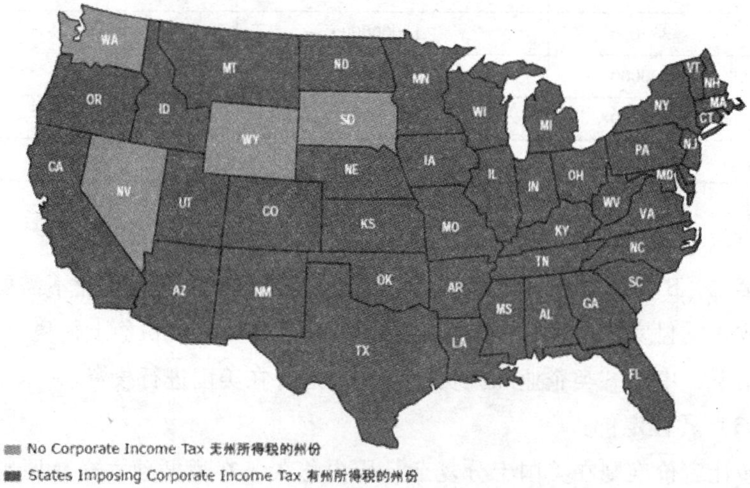

图 5 – 2　美国州立所得税分布图

州和地方也可以有自己的个人所得税，非常重要的是：中国和美国的税收协定不会牵扯到各个州的税收情况。一个设立在美国的中国公司，可能在联邦层面可以豁免所得税，但是在各个州依然是需要交付相应的税项，这取决于公司在哪个州、哪个城市。

（1）州所得税概况

目前，一些州立的税务机关联合在一起，通过“各州税务紧凑政策”来共同促进一致性以及信息的收集，在州立所得税方面值得注意的是：

第一，跨州企业在某个特定的州建立了一定数量的办事处后，该州税务机关就有权向该企业征收企业所得税。

第二，联邦法规规定个人财产的征集销售不涉及所得税征收，但也引起了州政府和法院对于征集销售和未受保护活动的界定争议。

（2）州所得税税率

在美国，许多州适用的是浮动的所得税率，通常是 5% ~ 10%。但也有一些州适用的是固定所得税率。一些税率较高的州是：爱荷华州 12%，北达科他州 10.5%，宾夕法尼亚州 9.99%，哥伦比亚特区 9.975% 以及明尼苏达州 9.8%。另外四个没有所得税的州是：内华达州、南达科他州、华盛顿州以及怀俄明州。在适用州税率方面，GTS 提醒大家注意：

第一，一个公司的税负取决于它所在州的数量，各州司法管辖区之间对应纳税所得额的定义或分配是没有统一规则的。

第二，一些收入项目有可能被征税超过一次或者免征，因此跨州经营面临的风险是过度征税或低度征税。

如果一个跨国公司在美国多个州设有办事处，那么该公司的州所得税率要如何计算？美国的税务机关将会对该公司的适用税率进行一个估算。这样一个典型的估算将包含三个因素：收据、工资单和州内的财产。这些费用叠加后，税务机关会与公司全球花费相比较。例如：公司有 7 张收据，税务机关会把这些数字加在一起，与公司全球出具收据的花费比较一下，最终得出一个结论。但是，这样的计算几乎没有一个精确的数字，假设 7 张收据相加后的数字是 100，可能税务机关最后得出的估算值是 101 或者 102。

（3）销售税及其他税别

在美国，大多数州和城市都征收销售税，但有五个州不征收销售税，它们是阿拉斯加、特拉华州、蒙大拿州、新罕布什尔州和俄勒冈州。美国 50 个州以及多个地方的独立征税权造成了特许经营费、许可证、印花税、房产税、财产税等多个税种的交叉征收，投资者们需要非常小心谨慎。

（4）州和地方的奖励机制

联邦层面没有什么税收奖励机制，但是在州和地方就有很多鼓励机制。举例来说：有一个上海的食品公司想要在美国建一个工厂，上海公司可以向州政府展示公司可以创造哪些新的职位，给经济带来哪些新的活力，政府就会为这个公司做两件事情：第一，给予它们现金补助，帮助上海公司建立在州政府的办公室；第二，州政府帮助它们购买一个产业发展债券，公司不需要到银行去借款，可以从州政府那里获得债券，银行就会从公司手中购买债券。这一点非常好，因为银行从产业收入债券中获得的利息不需要缴联邦税，所以如果从债券当中获得 100 美元的利息，这个银行在纽约需要缴 47% 的税，缴完税只能剩下 53 美元，但是在州政府购买的债券就只需要缴本州和地方的税，并不需要缴到 47%，而是非常低的

10%左右的税，这样可以剩下80多美元（见图5－3）。

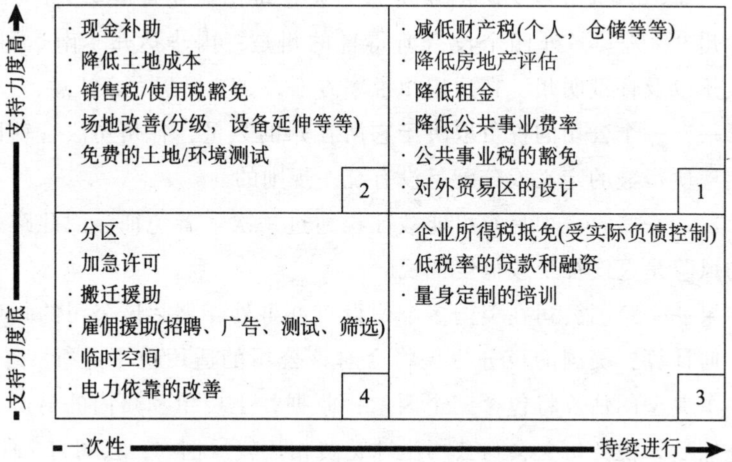

图5－3 美国州和地方的主要鼓励措施

（5）个人所得税

美国的个人所得税负担相比其他工业国家要低很多。个人要交个人所得税，当然有各种不同的个人所得税税率，如果一个人生活在纽约，他可能要付35%的个人所得税，但在其他地区个税税率可能达到41%或者42%，中国最高的税率比这个还要高一点。所有美国公民和居民，包括居留的外国人，就其全球个人收入缴纳联邦税，并允许外国税收抵免。

目前美国的个人所得税采用的是六级超额累进税率结构，税率分别为10%、15%、25%、28%、33%和35%。个人所得税法对纳税者的全部应税所得按五种不同申报方式分别规定了级距，同一级距的税率相同，而美国国税局则每年依据一定指数对该税率表进行调整。美国所规定的五种不同的申报方式是：已婚合并申报、已婚分别申报、丧偶家庭申报、未婚单身申报及户主申报。美国个税的免除和扣除与否都取决于上述五种申报方式，个人免税额随着收入的增长也在逐年增加，例如：2010年每个家庭一个人的年度免税额为3650美元，而2011年则上升至3700美元。

由于越来越多的人投资或移民美国，外侨的个税问题也是大家颇为关心的，外侨的个税主要受到“实际居留标准”[1]的约束，按照“实际居留

---

① 实际居留标准（Substantial Presence Test），该标准考察外国人在美国的居留时间而非其移民身份。

标准”的要求，外侨本人首先必须在当前日历年在美国居留 31 天，其次在紧接的两个日历年本人在美国的时间加权后要达到 183 天。到达要求后即和当地美国居民一样进行个人所得税缴纳。

二、美国纳税筹划战略的重要考量

当企业在美国做投资，并对美国机构已经有了一定的了解时，还需要考虑哪些方面的因素呢?

1. 在美国的融资

如果对美国机构已经有了一定的了解，那接下来是融资的工作，因为这在美国规划当中是很重要的一点，企业必须规划好最优资本结构，以便更好地把现金流和利润从美国调回国内。

(1) 货币限制

在美国融资与在中国融资最大的不同就在于货币限制，在中国有货币的限制，但是在美国没有，因此企业能够最大限度地利用货币政策为发展筹得更多的资金。

(2)“资金/权益”与“债务”的比率

在融资过程中“资金/权益”与“债务”的比率也起着非常关键的作用。企业筹借债务性资金的活动，被称为“债务性融资”；筹借权益性资金的活动，被称为“权益性融资”，企业在不同的发展阶段，应选择不同的融资形式：

第一，当企业的资产负债率较高时，适宜进行“权益性融资”。企业负债率高，意味着企业资金成本高，债务风险较大。进行权益性融资，来增加企业的自有资金，可迅速降低企业的资产负债率，如进行增资扩股、股票上市融资等。

第二，当企业的资产负债率较低时，适宜进行“债务性融资”。企业负债率低，说明企业的发展潜力未得到充分发挥。企业应该发挥财务杠杆的作用，对外适度举债，进行债务性融资，扩大经营规模、资产规模，如向银行贷款、商业信用融资等，但进行“债务性融资”后会提高资产负债比率，增加债务风险。

这样，就存在一个循环融资的过程：“债务性融资”→资产负债率高

→“权益性融资”→资产负债率低→“债务性融资”→资产负债率高→“权益性融资”……企业的资金结构，简单地说，就是自有资金和债务资金的比例，可以用企业的资产负债率（负债÷资产）来衡量，企业没有一个绝对固化的合理资产负债率，在企业发展过程中，企业资产负债率可以在一个范围内波动，如上箭头方向所示，在动态中使企业的资金结构获得优化。

（3）收入剥离规则

在融资方面，GTS 还要提醒大家注意美国联邦税法的一个重要规则，即“收入剥离规则”（Earnings - Stripping Rule）。该规则规定：债务/股本比例超过 1.5:1 的美国居民公司如果向非居民股东或免税的居民股东支付的利息超过了公司所得的 50%，这部分超额利息也不能在税前扣除；但债务/股本比例低于 1.5:1 的公司不适用这个规则。所以，在进行相关税务筹划时要特别注意此条款的规定。

有时候在美国建立一个工厂或企业会存在诸多争议，GTS 认为企业高管们要从全局出发考虑这些问题，但首先要确定企业战略，然后根据相应的企业结构来确定最佳的融资结构。

2. 转让定价的筹划

美国实体公司与海外关联公司（例如：在中国的公司）间的交易，转让定价策略既可以是税务筹划的机会，也可以是面对税务机关挑战的防卫措施。同时，企业也可以利用关联公司间费用（美国实体公司与其关联公司之间）来减少美国的应纳税所得。

3. 减少知识产权（IP）从美国向境外的转让

美国是世界上最为重视知识产权保护的国家，在美国 IP 转让的税率是相当高的，因此为了减轻企业的税负，在任何商业活动中，都应该尽量减少 IP 从美国向境外的转让（尤其是境外相关税率低于美国的国家）。在美国 IP 的税务问题中有以下两个法规需要特别注意：

第一，需要透彻了解和分析美国税法的 Sec 367（d）条款以及其他相关法律法规。367（d）规定了美国居民向外资企业转让知识产权所要遵循的程序、转让人应该享受的权益以及产权接受方所要遵守的税务规定。

第二，考量中国新企业所得税法下新颁布的受控外国公司（CFC）相关税务法规。在与美国合作的过程中要严格控制股东的构成，中国居民企业或者中国居民直接或者间接单一持有外国企业 10% 以上有表决权的股份，且由其共同持有该外国企业 50% 以上的股份，该外国企业即被认为是受控外国公司。同时，在中国新企业所得税法下，政府引入了受控外国公司的反避税措施，因此，在受控外国公司的税务筹划上尤其要小心避过相关反避税条例。

4. 成本分摊协议

在美国转让定价法规下，允许使用“成本分摊协议”来进行知识产权的纳税筹划。这个方法在中国新企业所得税法下也同样适用。企业所得税法中的新的转让定价规则也允许中国境内的公司与其海外的关联公司之间签订成本分摊协议。研究和开发成本的分摊协议在技术公司之间（尤其美国的技术公司之间）普遍存在。依据成本分摊协议，从中国公司汇出的分摊成本并不需要交纳预提税，因为中国公司也从知识产权的转让中获得了部分的经济利益。然而，为了实施成本分摊协议，中方经常需要对相关现存技术支付“购买费用”。这部分购买现存技术的“购买费用”需在中国纳税。

在进行技术许可时，外方须谨慎实施以确保实现免税所得的转让额最大化（例如：须同时对于非技术层面的交易缴纳营业税）。从外国关联方获得知识产权的中国受让方须谨慎制定交易转让价格，并认真准备相关文件以支持其相关定价。企业也可考虑实施成本分摊协议，以避免由于向中国关联方提供技术时产生的税收。

三、中国企业进入美国市场或在美国建立运营实体

1. 在美国进行商业运作的不同方式

在美国进行贸易或者投资的方式取决于公司现在和将来的商业模式战略。主要的商业运作有两种方式：在美国销售或分销中国商品，或者购买美国产品销售至中国或其他国家。由于商业模式的不同，有些商业运作不一定要在美国有实体的经营机构。但以下商业模式需要在美国有实体经营机构：设立“绿地机构”；合并一个或多个美国实体公司；以及制造业、

服务业、制药业、房地产业等在美国境内的商业运营。

2. 中国企业在美国销售产品

中国企业在美国销售产品主要有三种方式：从中国直接向美国出口；利用在美国的非关联分销商；在美国建立自己的子公司进行分销或销售。在销售过程中的税务处理一直都是税务团队关注的焦点，GTS 将通过分析正反两个案例为大家介绍和美国业务相关的销售税务处理。

［案例1］中国香港企业在美国的销售税务处理（正面案例）

背景：

一个中国香港的大型制衣企业，他们是中层阶级最高的生产商，相当于美国百货商店的水准层次，该公司全球的信息、物流、销售都是需要慎重考虑的。该公司在中国西部有棉花的来源，并且这方面也取得了一定的领先地位。公司主要把产品卖到美国、欧洲和亚洲，亚洲最近已经逐渐占据更多的份额，之后他们主要的目标是美国和欧洲。该公司有一个分销的子公司在纽约，中部和西部的业务都由西部海岸来负责。公司想要做的是构建一些销售的港口和销售点，结构如图 5－4 所示：

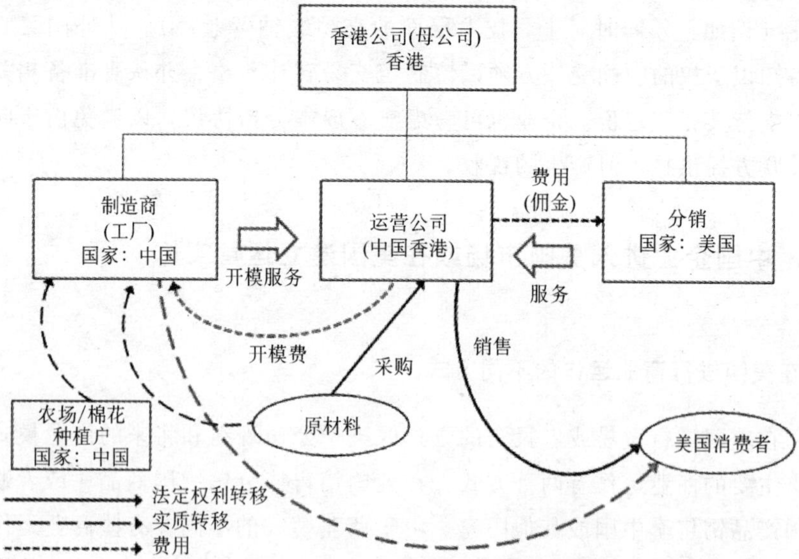

图 5－4　香港企业在美国分销的架构图

案例分析：

这个案例的主要设计思路是把一些大的、主要的功能都放在中国香港，这样就能够让中国香港承担大部分的责任，当然香港这边的税就会缴得非常多。美国更像是一个服务提供商，可以把他们的利润降到最小，这样美国的税负就相对较少。但在中国大陆情况又不一样了，在大陆不管收益多少都要支付25%的税率，如果每件事情都做得很正确那当然没有问题，但是美国公司是为香港公司提供服务的，就会产生成本开销的问题。如果都做对就没有问题，反之，如果做错香港公司就要付钱给美国公司，税务机关就会过来质疑费用不公的问题，因为在美国需要支付更高的税率。后来因为该公司的TP出现了问题，香港公司现在只能成为依附型的公司，而不是独立的公司，如果让香港公司做这样独立的业务，那它的本意就改变了。香港和美国有这样的税务协定，但是他们都还要遵循独立交易的原则，如果香港公司进行这方面的商业运作，就会在税务方面产生一定的问题。

［案例2］（反面案例）

背景：

一家公司A在美国西雅图进行商业运作，同时在欧洲其他地方也有业务，主要经营烟草或者其他相关的行业。A公司旗下有一家经营园艺的公司，A公司高层认为这是不相关的生产，想把它放到香港公司，再通过香港公司以高利润进行转售，当然香港公司是非相关的公司，香港公司只做这笔生意，A公司是香港公司唯一的客户。

案例分析：

但这对税务局来说并不可信，A公司是香港公司的唯一客户，如果两者是不相关的，根本就不成立。因此A公司不应该说两家公司是不相关的，而是应该作为一个关联的案例进行申诉，这就变成了转移定价的问题。如果两者没有任何的关系，那就有了洗钱的嫌疑。

3. 中国企业在美国的常设机构风险

在联邦与州立税法上，企业要警惕常设机构（PE）的税务风险问题。外资公司来源于美国商业运营的收入都受到美国税法的制约。外资公司和美国贸易及运作紧密关联的收入都要在美国征税，例如：出售美国房地产的所有收益、参与或合作美国业务相关的任何收益、以受益人身份获得的房地产或信托相关的任何收益。在中美税收协定下，当中国企业的收益仅仅归属于美国的常设机构时，是可以被美国机关征税的。例如：一个中国公司在美国销售产品，在美国有很多仓库，在新泽西也有。新泽西政府就认为中国在美国有开设业务以及常设机构，在中美税务协定方面，在新泽西建立仓库的这些年当中应该向新泽西政府交付一定的税收。然后公司和税务机关进行了一定的协商和商谈，根据当地的法律和双边协定得到了妥善解决。

四、实体的选择

1. 中国投资者在美国建立新业务的架构考量

在考虑美国新业务的架构时，商业运作模式、交易设计以及退出战略是中国企业考量的重中之重。关于商业运作模式需要考虑的有：商业实体的形式、是否成为中介控股公司、资金以及融资架构等等。而交易设计的要点包括：IP 的运用、IP 的配置、转让定价、运营规划以及美国联邦、州地方所得税的最小化。

2. 优化美国运营结构的重点要素

除了上述内容，GTS 认为还有以下 8 点同样需要慎重纳入考虑范畴：

- 预期盈利能力
- 融资来源与成本
- 预期现金生产的利用
- 美国所得税和分支利润税充抵外国税收的可信性
- 实体选择对于中国企业在美国所得税的征收影响
- 资本结构（债务与股权的比例）
- 中国母公司的债务成本
- 中美税收协定的有效利用

3. “Check the Box Planning”（“机构分类计划”）

在美国，超过一人的商业实体被允许使用 8832 表格来选择公司类别，也就是“Check the Box Planning”技巧，这是美国特有的一个规划工具，在国际纳税筹划上有着非常重要的作用。“Check the Box Planning”包括纳税人分类自己形成的机构，并且能够按照这个机构分类进行交税，这样可以避免支付重复的费用。所以，在美国建立一个公司其实很简单，在新泽西一个公司可以在一个小时之内建立，多交几百美元就可以做到这一点。在纽约和新泽西大概六七百美元可以建立一个公司，其他州可能要多付一些。企业拿到一个税号之后，就能在一两分钟之内在网上查到自己的公司了。除非是像保险、银行、专业服务以及其他需要特别授权的公司，90%的美国公司都可以在一天内开始发展自己的业务。

五、税收协定的注意事项

1. 美国税收协定概况

美国有61个所得税税收协定，还有社会福利税和其他税种的协定。仅仅只有一个南美国家和美国有福利税的协定，就是委内瑞拉，除此以外没有任何一个南美国家和美国有这样的协定，这是因为委内瑞拉所得税税率非常高。美国税收协定概况如表5－3所示（截至2011年8月）：

表5－3　美国税收协定概况

	所得税税收协定	房地产税与赠与税税收协定	社会保险税税收协定	运输协定
与美国签订协定的国家和地区	61	15	25	134
中国	是（1984）	无	无	是（1984）
中国香港	无	无	无	是
中国澳门	无	无	无	是
中国台湾	无	无	无	是
新加坡	无	无	无	是

2. 美国与中国的税收协定

中国与美国的税收协定非常悠久，但条件也不是足够优惠，中国台湾、中国香港和中国澳门跟美国之间并没有协定。跟美国相比，中国有95个所得税协定，两国之间并没有社会福利的协定。也就是说，如果两个国家都有社会福利所得税，那就会有一个协定，让个人不至于被双重征税。表5－4是美国与中国各自的税收协定概况（截至2011年8月）：

表5－4　美国与中国各自的税收协定概况

	所得税税收协定	房地产税与赠与税税收协定	社会保险税税收协定	运输协定
美国	61	15	25	134
中国	95	0	0	8

3. 税收协定下的预扣税

预扣税包括利息、特许使用费和红利，如表5－5所示。中美税收协定下的预扣税率是10%，这个比之英国和加拿大的税率都偏高。如果一个英国人拥有某一美国公司10%的股份，红利方面只会扣5%的税。如果一个英国公司控股一个美国公司，美国公司付给他利息是不需要缴税的，税率是0%。

[案例3]

背景：

一家上海市的酒店控股公司要和一家美国公司建立一个合资企业，然后控股美国的一家酒店。

案例分析：

一般的建议是：在另外一个地方进行投资，用另外投资地点设立的公司和美国进行合资，因为这样公司才能够有最优惠的税务结构。但是在这种情况下中国和美国之间的税收协定却不再生效了，这就意味着在税务筹划的时候必须要考虑到这些特点，运用新政进行传递和股权的转让就会变得无法继续享受中国和美国的协定。从美国的角度出发，尽管这样使美国公司不用支付某一方面的税负，但是新的税收协定也因此不能够被使用。本来通过这个方式中国企业可以立刻开始获得利润，但是目前由于这个矛盾，使得中国企业不能够进行业务，因此这种方式成为了一个非常差的选择。当然美国公司也可以选择在中国注册，成为中国纳税公司，这可能是更为合理的方式，当然这也不是完全没有风险的。或者可以在美国建立一个独立的公司，这样也可以解决问题，但是同样不能享受中美之间贸易协定带来的优惠。所以，在中国和美国公司中间建立关系的时候，以上都是必须考虑的因素。

表 5－5　中美税收协定以及其他国家或地区与美国税收协定下的预扣税概况

国家或地区	红利		利息		特许权使用费
	支付给大股东	支付给其他股东	支付给主要债权人	支付给其他债权人	支付版权和专利
中国	10%	10%	10%	10%	10%
英国	5%	15%	0%	0%	0%
加拿大	5%	15%	0%	0%	0%
荷兰	5%	15%	0%	0%	0%
法国	5%	15%	0%	0%	0%
德国	5%	15%	0%	0%	0%
中国香港*	30%	30%	30%	30%	30%
新加坡*	30%	30%	30%	30%	30%

注：*代表没有与美国签订所得税协定的国家和地区。

很久之前，中美贸易协定就允许中国企业在美国进行商业活动，这是在 1984 年签订的，当时美国的总统是里根，此协定比目前新税法的历史要更加悠久。新的业务保护税并没有包含之前与中国签订的税收协定内容，但在这之前中美双方已经签订了很多这方面的协议，由于这个原因，中国公司在美国开展业务的时候就不需要考虑这些新的税法规定。

4. 控股方式的运用

中国公司在美国进行投资时都会产生这样一个疑问：公司是不是应该采用控股的方式？在这个问题上必须考虑“LOB”[①] 利益限制条款对美国税收协定的影响。

例如：企业要在什么地方建立控股公司？是在香港？还是在荷兰？在

① Limitation of Benefits（LOB），LOB 规定存在于所有美国的税收协定中，旨在确保防止第三世界国家居民享受税收优惠。例如：一家外资企业不能在美国享受预扣税的优惠税率，除非企业的美国居民股东（或协议国家的股东）控股到一定的比例。

美国投资的时候一定不要选择香港作为控股地方，因为香港和美国之间没有协定，GTS 建议企业可以选择荷兰。荷兰和中国一样，与美国的税收协定要求控股公司必须有商业的实质、有商业的业务，不能仅仅是一个皮包公司，这就是中国与美国以及荷兰与美国税收协定中的共同点，政府必须看到控股公司的确是有商业活动、有业务，那企业就必须要在荷兰或者其他地方拥有实体的业务，这样才能够利用荷兰与美国之间，或者其他地区与美国之间的税务协定。企业可以选择荷兰，因为荷兰协议是所有协议中税率是最为优惠的。

六、向美国公司的供资与融资

1. 向美国公司融资的常见陷阱

在向美国公司融资时容易遇到以下三个陷阱：债务与股权的特性化、利息扣除的时间点以及收益剥离。其中要特别注意债务与股权的特性化。

关于债务与股权的相关法规，企业要详细了解判例法的 Code 385。在企业借出资金并把资本送到美国本土的时候，美国的公司将会向中国的母公司交付利息，一般来说是 47% 的比例与 10% 的当地税率。因此这个利息的回报非常低，但是美国在这方面有一系列非常严格的规定，这些规定来自判例法的 Code 385 以及其他的法条，主要管理的是跨境公司。这是一个非常复杂的计算方法，如果是中国公司的一个子公司，这个比例就变成 1.5：1，这比美国本土的公司更高，而且是不能够从上一年转移到下一个财政年度的。

七、美国业务的并购整合

1. 并购美国业务的主要方式

（1）应税资产的收购（见图 5－5）

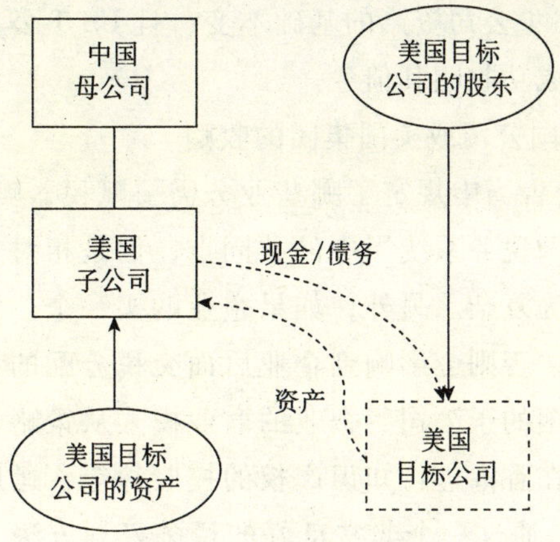

图 5－5 美国应税资产的收购

如图 5－5 所示，美国目标公司向母公司为中国企业的美国子公司出售资产以换取美国子公司的资金或债务，出售方美国目标公司承担了自己的应税所得或应税损失，就买方美国子公司来说，通过资产得到了公平的市值，没有同时负担目标公司的相关税负，其商誉的分期摊销可长达 15 年。因此，中国母公司可以考虑直接收购目标公司的部分资产。

（2）应税股票的收购（见图 5－6）

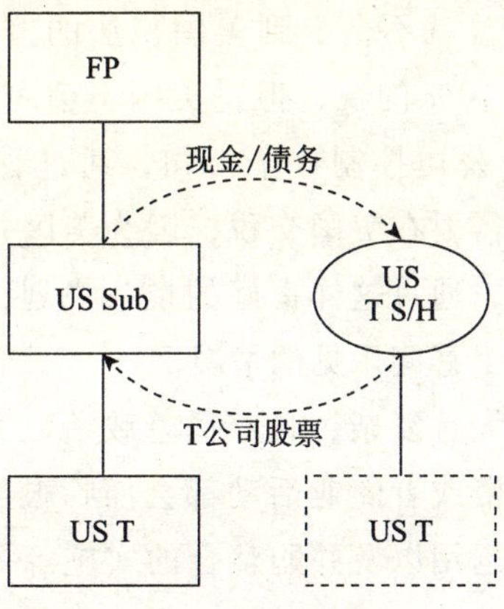

图 5－6 美国应税股票的收购

如图 5－6 所示，US T S/H 公司出售 US T 公司的股票给 US Sub 以换取 US Sub 的资金或债务，出售方 US T S/H 公司的角度来说承担了股票出售后的资金收益或损失，从买方 US Sub 的角度来说成本的高低基于目标公司的估价，目标 US T 公司资产的基础不变，且 US T 公司的税负没有被转嫁到自己公司，并成功收购其债务。

（3）免税的美国公司或美国集团的收购

中国的 59 号公告当中规定了哪些业务需要赋税，哪些业务可以免税，这就是在中国和美国税务系统当中的共同点，但是相对来说美国的税务系统较之中国系统更为复杂。另外，如果企业购买一个公司的股票，这个百分比需要精心规划，否则会影响到企业后面交税分配的计算方法。如果一个中国公司拥有美国的子公司，企业的商业模式从策略方面来讲，应该在新加坡进行研发，在香港进行知识产权的控股等等，运用这样一些方式最终达到 0% 的税率。通过一个非常良好的税务筹划方法，可以尽量减少企业的税务负担，这是因为在不同的地方会有 5% 到 10% 的税率区别。这里面还有费用的问题，但是费用并不是使用权的收费，这样企业就可以在收入当中扣除这个部分，这个部分可以在税前扣除。当企业在一个与美国之间并没有税收协定的国家进行某一项业务时，在向中国母公司付费用的时候就不需要受到这种限制。将所有这些因素考虑在内，企业就可以尽量获得好的税务待遇。

例如：作为一个具有美国子公司的中国公司，企业拥有 100% 的股权，其中投资 100 美元，如果企业把这个股票以 200 美元卖出去，可以给企业的相关方出售，这个收益就不会受到美国税法的控制。与美国不同的是，在这种情况下中国会有 10% 的税，但是美国不会对这部分收益进行收税。如果企业通过香港控股公司控制这个公司，通过香港公司把股票出售出去，这个过程中仍然不需要在美国交税，因为美国并没有盈余税的对等税种。对于一个公司来说，通过这样良好的税收规划，尽量少交税或者零交税，对于公司来讲是一个喜闻乐见的情况。

美国的税收系统庞大且复杂，且穿插着政治、文化认知的不同，使得中国企业在美国进行投资或者商业活动都会面临艰巨的税务难题，商业实体的选择、税收协定的运用以及并购整合的实施等等都是整个美国税收筹划战略版图中的重要环节，GTS 上文对于美国税务系统与税务环境的介绍，希望能够给大家描绘出美国税务体系的大体框架，并未雨绸缪地规避一些潜在的税务风险。

第六章

GTS 互动问答

GTS 互动式知识问答分享平汇总 http：//www. goldenfinance. com. cn/summit. html 上的经典提问，结合 GTS 专家的权威解答，从税务的不同分类和领域为您罗列了并购重组、房地产税、个税、企业所得税等热门问题。

GTS 也希望能够将这些问答提供给其他有类似疑问的用户，达到分享知识的效果，我们相信这些带有普遍意义的问题也一定会为您的税务工作带来帮助。

税收优惠

1. 提问：某外商投资企业以前享受过税收优惠，经营7年后要注销，是否需要补缴税款？

GTS：根据《国家税务总局关于外商投资企业和外国企业原有若干税收优惠政策取消后有关事项处理的通知》（国税发［2008］23号）规定，外商投资企业按照《外商投资企业和外国企业所得税法》规定享受定期减免税优惠，2008年后，企业生产经营业务性质或经营期发生变化，导致其不符合《外商投资企业和外国企业所得税法》规定条件的，仍应依据《外商投资企业和外国企业所得税法》规定补缴其此前（包括在优惠过渡期内）已经享受的定期减免税税款。各主管税务机关在每年对这类企业进行汇算清缴时，应对其经营业务内容和经营期限等变化情况进行审核。

2. 提问：高新技术企业存在国产设备投资。在进行所得税申报时，能否同时享受高新技术企业减按15%与国产设备投资抵免的税收优惠政策？

GTS：企业应当选择最优惠的政策执行，不得叠加享受，且一经选择，不得改变。

房 产 税

1. 提问：在财税［2010］121号文件下发以前，纳税人在会计核算时未将地价计入房产原值，此外，在申报缴纳房产税时未将地价计入房产计税原值，是否应当补征2010年度以前的房产税？

GTS：财税［2008］152号文件规定："房屋原价应根据国家有关会计制度规定进行核算。对纳税人未按国家会计制度规定核算并记载的，应按规定予以调整或重新评估。"根据会计制度的规定，纳税人在会计核算时应当将地价计入房产原值。

因此，在财税［2010］121号文件下发以前，执行会计制度的纳税人在申报缴纳房产税时，未将地价计入房产计税原值造成少缴房产税的行为属于偷税行为，应按规定补征税款、加收滞纳金并处以罚款。

需要注意的是，在财税［2010］121号文件下发以前，纳税人在申报缴纳房产税时，可只将房产实际占用土地所对应的地价计入房产计税原值，房产未占用的土地所对应的地价，可不计入房产计税原值。但是，纳税人在进行会计核算时已经将全部地价计入房产原值，或者计入房产原值的地价超过房产实际占用土地所对应的地价的，在2010年底以前，应当以会计核算的房产原值作为房产税计税依据。

2011年以后，房产容积率在0.5以下且计入房产原值的地价超过财税［2010］121号文件规定标准的纳税人，在申报缴纳房产税时，可按照财税［2010］121号文件的规定相应调减房产计税原值。

根据新《企业会计准则》的规定，纳税人可将土地使用权单独计价，而不计入房产原值。因此，在财税［2010］121号文件下发以前，执行新《企业会计准则》的纳税人在申报缴纳房产税时未将地价计入房产计税原值的，不必补征房产税。

2. 提问：A 公司将一楼房租给 B 公司用于生产经营，租期为 5 年。前 3 个月 B 公司要对楼房进行装修，双方合同约定可免收这段时间的租金，问免租期该如何征收房产税？

GTS：财税［2009］128 号文件，无租使用其他单位房产的应税单位和个人，依照房产余值代缴纳房产税，由房产使用人代缴房产税，因此，不少纳税人认为在免租期内由承租房屋的应纳税单位缴纳房产税。财税［2010］121 号文件第二条重新进行了规定，免收租金期间由产权所有人按照房产原值缴纳房产税。在房产租赁行为中，除房产产权未明确或存在未解决的租典纠纷外，房产所有人为房产税的纳税义务人，应最终承担房产税。

3. 提问：某公司新购置一栋房产，进行房屋装修时发生的装修费是否计入房产原值征收房产税？

GTS：《财政部、国家税务总局关于房产税、城镇土地使用税有关问题的通知》（财税［2008］152 号）规定，对依照房产原值计税的房产，不论是否记载在会计账簿固定资产科目中，均应依照房屋原价计算缴纳房产税。其中，房屋原价应根据国家有关会计制度规定进行核算，纳税人未按国家会计制度规定核算并记载的，应按规定予以调整或重新评估。

对新建房屋进行初次装修，凡属于与房屋不可分割的吊顶、高档灯具、墙饰、地砖、门窗等投资，不论其账务如何处理，一律并入房产原值征收房产税。对旧房重新装饰、装修的投资额，按现行会计制度规定，凡计入固定资产科目、增加房产原值的，征收房产税，不增加房产原值的，不征收房产税。

4. 提问：某公司向另一房地产公司购买一块土地，拟开发为商业地产，并对土地上的建筑物进行了拆除及土地的平整，委托中介机构进行规划方案设计、勘查设计等，已支付的部份设计费计入开发成本，同时因项目进行招商发生了部份费用计入管理费用。后因其他原因，该公司将尚未开工的该地块进行转让。该转让行为土地增值税是否可按开发成本的 20% 加计扣除，期间费用及利息可否扣除？若认定为直接转让土地，则已发生的开发成本及相关费用如何扣除？

GTS：根据《国家税务总局关于印发〈土地增值税宣传提纲〉的通知》（国税函发［1995］110 号）文件第六条二款规定：“对取得土地使用权后投入资金，将生地变为熟地转让的，计算其增值额时，允许扣除取得土地使用权时支付的地价款、交纳的有关费用，和开发土地所需成本再加计开发成本的 20% 以及在转让环节缴纳的税金。”这样规定，是为了鼓励投资者将更多的资金投向房地产开发。

因此，该公司将生地变为熟地的开发过程中，对开发成本可以加计 20% 扣除，但期间费用及利息不得扣除。

如该公司实质上属于未进行开发即转让的，则根据第六条一款规定：“对取得土地或房地产使用权后，未进行开发即转让的，计算其增值额时，只允许扣除取得土地使用权时支付的地价款、交纳的有关费用，以及在转让环节缴纳的税金。”这样规定，其目的主要是抑制“炒”买“炒”卖地皮的行为。

由此可见，相应的相关费用在计算土地增值额时不得作为扣除项目。

5. 提问：A 企业与 B 企业合作建房，一方出地，一方出资金，建成后按比例分房自用，是否需要缴纳土地增值税？

GTS：根据《财政部、国家税务总局关于土地增值税一些具体问题规定的通知》（财税［1995］48 号）第二条规定，对于一方出地，一方出资金，双方合作建房，建成后按比例分房自用的，暂免征收土地增值税。

6. 提问：防爆企业该怎么征收土地税和房产税？有没有相关的法规文件？

GTS：根据《国家税务局关于对煤炭企业用地征免土地使用税问题的规定》（国税地字［1989］第 089 号）：

（1）煤炭企业的矸石山、排土场用地，防排水沟用地，矿区办公、生活区以外的公路、铁路专用线及轻便道和输变电线路用地，火炸药库库房外安全区用地，向社会开放的公园及公共绿化带用地，暂免征收土地使用税。

（2）煤炭企业的塌陷地、荒山，在利用之前，暂缓征收土地使用税。

（3）煤炭企业的报废矿井占地，经煤炭企业申请，当地税务机关审核，可以暂免征收土地使用税。但利用报废矿井搞工商业生产经营或用于居住的占地，仍应按规定征收土地使用税。

（4）除上述各条列举免税的土地外，其他在开征范围内的煤炭生产及办公、生活区用地，均应依照规定征收土地使用税。

武警部队的工厂，凡专门为武警部门内部生产武器、弹药、军训器材、部队装备（指人员装备、军械装具、马装具）的用地，免征土地使用税；生产其他产品的用地，应照章征收土地使用税。

因此，如是单纯的企业，应当缴纳房产税及土地使用税。

7. 提问：房地产开发企业土地增值税清算后，尾盘发生销售该如何申报？

GTS：房地产企业土地增值税清算后尾房销售，应根据《国家税务总局关于房地产开发企业土地》（国税发［2006］187号）第八条规定，在土地增值税清算时未转让的房地产，清算后销售或有偿转让的，纳税人应按规定进行土地增值税的纳税申报，扣除项目金额按清算时的单位建筑面积成本费用乘以销售或转让面积计算（单位建筑面积成本费用＝清算时的扣除项目总金额÷清算的总建筑面积）。纳税人已清算项目继续销售的，应在销售的当月进行清算，不再先预征后重新启动土地增值税清算。

土地增值税以国家有关部门审批的房地产开发项目为单位进行清算，对于分期开发的项目，以分期项目为单位清算。也就是说，土地增值税是以一个项目为单位进行的清算，对属于同一清算单位所发生的房地产开发成本费用不得从其他的房地产开发项目中扣除，对同一项目也不能作为两个清算单位。所以对一个开发项目清算后，剩余的房产再转让不能再单独作为一个清算单位计算土地增值税。

8. 提问：某公司由于经营不善导致停产一年并将继续停产待清算，厂房已空置不用。请问，该厂房是否需要缴纳房产税？

GTS：《财税部、国家税务总局关于调整房产税有关减免税政策的通知》（财税［2004］140号）规定："废止《财政部、税务总局关于房产税若干具体问题的解释和暂行规定》（财税地字［1986］第008号）第二十条关于企业停产、撤消后，对他们原有的房产闲置不用的，经省、自治区、直辖市税务局批准可暂不征收房产税的规定。"

根据上述文件规定，关于企业因停产、撤消而空置不用的房产不征收房产税的规定已废止，因此企业因停产而将房产闲置不用的，仍需根据《中华人民共和国房产税暂行条例》的相关规定缴纳房产税。

9. 提问：《财政部、国家税务总局关于城镇房屋拆迁有关税收政策的通知》（财税［2005］45 号）规定，对拆迁居民因拆迁重新购置住房的，对购房成交价格中相当于拆迁补偿款的部分免征契税。拆迁居民通过赠与方式获得住房，是否适用此政策？

GTS：依据契税的立法，只要办理房屋产权登记，就要征收缴纳契税，直系亲属之间的房屋权属转移除外；据此，除非拆迁居民通过赠与方式获得住房的面积，相当于拆迁补偿款相对应的面积，免征契税；超出部分，无论是购买还是赠与，均应依据公允价格缴纳契税。

10. 提问：融资租赁方式租入的房产该如何缴纳房产税？

GTS：根据《财政部、国家税务总局关于房产税城镇土地使用税有关问题的通知》（财税［2009］128 号）第三条“关于融资租赁房产的房产税问题”规定，融资租赁的房产，由承租人自融资租赁合同约定开始的次月起依照房产余值缴纳房产税。合同未约定开始日的，由承租人自合同签订的次月起依照房产余值缴纳房产税。

11. 提问：按揭买房发生的利息支出是否计入房屋原值计算缴纳房产税？

GTS：根据《财政部、国家税务总局关于房产税、城镇土地使用税有关问题的通知》（财税［2008］152 号）规定，对依照房产原值计税的房产，不论是否记载在会计账簿固定资产科目中，均应按照房屋原价计算缴纳房产税。房屋原价应根据国家有关会计制度规定进行核算。对纳税人未按国家会计制度规定核算并记载的，应按规定予以调整或重新评估。因此，按揭买房发生的利息支出，凡按照国家会计制度规定应该计入房产原价的，则计入原值计征房产税。

个税与高管薪酬

1. 提问：节日加班费和取暖费算不算国家的补贴?

GTS：节日加班费和取暖费不算国家的补贴。

第一，节日加班费属于工资薪金所得，要并入工资总额缴纳个人所得税；企业也可以在企业所得税前列支。

第二，取暖费不属于法定免征个人所得税项目，应并入工资薪金缴纳个人所得税；企业可以通过应付工资或应付福利费科目进行税前列支；但是个别北方城市有不同规定，比如大连市，制定了《大连市职工采暖费补贴办法》："职工按照本办法规定标准取得的采暖费补贴，不作为社会保险费缴费基数，免征个人所得税；超过本办法规定标准的部分列入社会保险费缴费基数并征收个人所得税。"该规定只是例外，不具备通行的法律效力。

综上，节日加班费和取暖费不算国家的补贴。

2. 提问：母公司派遣老外到中国上班，工资由母公司先代发然后再找国内公司收取。这种情况下付外汇银行需要税务局出具的完税证明。要取得此证明需要缴哪种税金?

GTS：这个问题比较复杂，需要区别一下情形：

第一，如果是代发工资，外管局可以视为债权债务，那么，需要报经外管局审批。

第二，如果是明确代发工资的应收款，则应当出具个人所得税的完税证明，依据境内公司的工资表及当月代扣代缴个人所得税完税凭证，到主管税务机关开具某一员工个人的完税证明。

第三，如外管局视为与境内有关联的劳务所得，则需要出具境内公司代扣代缴的营业税及预提企业所得税的完税证明。

所以，如何办理，取决于外管局对该笔业务的认定。

3. 提问：某人年中辞职到另一公司任职，年末同时取得新老公司发放的年终奖金，这两部分奖金是否可以合并到一起按照一次性奖金的计算方法缴纳个人所得税？

GTS：不可以将这两部分奖金合并到一起按照一次性奖金的计算方法缴纳个人所得税。

《关于调整个人取得全年一次性奖金等计算征收个人所得税方法问题的通知》（国税发［2005］9号）第三条规定：在一个纳税年度内，对每一个纳税人，该计税办法只允许采用一次。第五条规定：雇员取得除全年一次性奖金以外的其他各种名目奖金，如半年奖、季度奖、加班奖、先进奖、考勤奖等，一律与当月工资、薪金收入合并，按税法规定缴纳个人所得税。

根据上述规定，您在一个纳税年度内先后在两家企业任职受雇而取得的两部分年终奖金，不能合并到一起按照一次性奖金的计算方法缴纳个人所得税，按照一次性奖金的计算方法缴纳个人所得税在一个纳税年度当中只允许使用一次，所以您只能将一年终奖金按一次性奖金的计算方法缴纳个人所得税，另一年终奖金与当月工资、薪金收入合并，按税法规定缴纳个人所得税。

4. 提问：某外商独资企业，2008年分派2007年度红利，是否执行新的企业所得税法？分配给境外公司的中国籍公民股东，企业是否需要代缴个税？

GTS：依据《财政部、国家税务总局关于企业所得税若干优惠政策的通知》（财税［2008］1号）第四条关于外国投资者从外商投资企业取得利润的优惠政策的规定："2008年1月1日之前外商投资企业形成的累积未分配利润，在2008年以后分配给外国投资者的，免征企业所得税；2008年及以后年度外商投资企业新增利润分配给外国投资者的，依法缴纳企业所得税。"因此，外商独资企业2008年分派2007年度红利，如果是分配给外国投资者的，免征企业所得税。不执行新的企业所得税法规定的缴纳预提所得税。

《中华人民共和国个人所得税法》第一条规定，在中国境内有住所的个人，从中国境内和境外取得的所得，依照本法规定缴纳个人所得税。第二条第七款规定，利息、股息、红利所得，应纳个人所得税。第八条规定，个人所得税，以所得人为纳税义务人，以支付所得的单位或者个人为扣缴义务人。因此，外商独资企业2008年分派2007年度红利，分配给境外公司的中国籍公民股东的，按规定外商独资企业应代扣代缴“利息、股息、红利所得”个人所得税。

5. 提问：某企业员工2009年6月离职，按月收到企业所支付的离职保密费5000元，一共支付24个月，共计120000元。此费用是否属于解除劳动合同补偿金？应该在每月发放时还是在第24个月一次性扣缴个人所得税？

GTS：企业按月扣缴个人所得税，每月申报金额应当为累计金额，即4月按5000元申报，5月按10000元申报，以此类推。根据《财政部、国家税务总局关于个人与用人单位解除劳动关系取得的一次性补偿收入征免个人所得税问题的通知》（财税［2001］157号）文件精神，直至某一月的累计金额超过免征额标准，即当地上年职工平均工资三倍时，应当计算出应纳税款，进行有税申报；以后月份申报时，应当扣减以前月份已缴税款。

6. 提问：某外国公司在中国设立工厂，在东南亚其他国家设立办事处，在当地聘请当地员工，由中国工厂发放工资。这种情况下个人所得税怎么处理？

GTS：需去税务机关进行解释，付给代表处运转资金，由代表处发放工资，应可以做免税处理。

7. 提问：某董事同时在A、B公司取得董事津贴，但不任职。该董事取得的津贴是否应合并缴纳个人所得税？

GTS：根据《国家税务总局关于明确个人所得税若干政策执行问题的通知》（国税发［2009］121号）规定，《国家税务总局关于印发〈征收个人所得税若干问题的规定〉的通知》（国税发［1994］089号）第八条规定的董事费按劳务报酬所得项目征税方法，仅适用于个人担任公司董事、监事，且不在公司任职、受雇的情形。因此，对于不在公司任职的董事津贴，按照劳务报酬所得计征个人所得税。劳务报酬所得，属于一次性收入的以取得该项收入为一次。属于同一项目连续性收入的，以一个月内取得的收入为一次。“同一项目”是指劳务报酬所得列举具体劳务项目中的某一单项。

根据《国家税务总局关于个人所得税偷税案件查处中有关问题的补充通知》（国税函［1996］602 号）第四条规定，纳税人在一个月内，在同一县（含县级市、区）范围内取得的劳务服务为一次，当月跨县级地域的，应分别计算。因此，如果 A、B 公司在同一县市范围内，纳税人当月取得的董事津贴应合并计税，否则可以分别计税。

8. 提问：个税法调整以后减税有 1600 亿元，针对高收入这部分有提高，超过 8 万元开始收 45%。从财政收入来讲，增加的和减少的大概是什么样的比例？

GTS：这是分段计算的，举个例子，1.6 万元以下的，如果月收入 3500 元以下税负降低 100%，月收入在 9000 元的纳税人减少的税负是 480 元，税负降幅是 46.8%，月收入在 1.5 万元的纳税人减税 355 元。至于高收入者，5 万元的纳税人因为减除费用提高，相应减少 450 元，而增加税额是 620 元，整体增加税额是 170 元，增幅是 1.5%。对于月收入在 10.3 万元的，两者联动增加税额是 1195 元，税负增值是 4%。10 万元以上的税负恒定在这么多，增加税负是 4%。大家也可以根据自己的收入计算一下。

9. 提问：非本企业职工销售企业产品，企业向该职工发放的营销手续费需代扣何种税款？

GTS：《财政部、国家税务总局关于个人提供非有形商品推销、代理等服务取得收入征收营业税和个人所得税有关问题的通知》（财税字［1997］103 号）规定：非本企业雇员为企业提供非有形商品推销、代理等服务活动取得的佣金、奖励和劳务费等名目的收入，无论该收入采用何种计取方法和支付方式，均应计入个人从事服务业应税劳务的营业税，按照《中华人民共和国营业税暂行条例》及其实施细则和其他有关法规计算征收营业税；上述收入除去已缴纳的营业税税款后，应计入个人的劳务报酬所得，按照《中华人民共和国个人所得税法》及其实施条例和其他有关法规计算征收个人所得税。

10. 提问：个体工商户的生产、经营所得如何适用新旧个人所得税法的规定？请举例说明一下。

GTS：个体工商户的生产经营所得项目的相关税法规定不仅适用于个体工商户，也适用于个人独资企业和合伙企业的生产经营所得。在计算方法上，个体工商户、个人独资企业、合伙企业 2011 年 9 月 1 日（含）以后的生产经营所得应适用税法修改后的减除费用标准和税率表。由于新税法的施行时间是在年度中间的 9 月 1 日，年终汇算清缴时涉及分段计算应纳税额的问题，需要分步进行：（1）按照有关税收法律、法规和文件规定，计算全年应纳税所得额。（2）然后计算前 8 个月应纳税额：前 8 个月应纳税额 =（全年应纳税所得额 × 税法修改前的对应税率 - 速算扣除数）×8/12。（3）再计算后 4 个月应纳税额：后 4 个月应纳税额 =（全年应纳税所得额 × 税法修改后的对应税率 - 速算扣除数）×4/1。（4）全年应纳税额 = 前 8 个月应纳税额 + 后 4 个月应纳税额。对企事业单位的承包经营承租经营所得也是比照这个计算方法计算缴纳个人所得税。需要注意的是，这个计算方法仅适用于纳税人 2011 年的生产经营所得，2012 年以后则按照修改后的税法全年适用统一的税率。假如，某个人独资企业按照税法相关规定计算出全年应纳税所得额为 45000 元（其中，个人独资企业投资者本人的减除费用标准，前 8 个月按 2000 元/月计算，后 4 个月按 3500 元/月计算），则其全年应纳税额计算如下：前 8 个月应纳税额 =（45000 ×30% -4250）×8/12 =6166.67 元；后 4 个月应纳税额 =（45000 ×20% -3750）×4/12 =1750 元；全年应纳税额 =6166.67 +1750 =7916.67 元。

11. 提问：工资、薪金所得如何适用新旧个人所得税法的规定？

GTS：具体来讲，纳税人 2011 年 9 月 1 日（含）以后实际取得的工资、薪金所得，应适用税法修改后的减除费用标准和税率表，计算缴纳个人所得税。而纳税人 2011 年 9 月 1 日前实际取得的工资、薪金所得，无论税款是否在 2011 年 9 月 1 日以后由扣缴义务人申报入库，均应适用税法修改前的减除费用标准和税率表，计算缴纳个人所得税。扣缴义务人应准确理解税法的有关规定，并依法扣缴税款。

12. 提问：就公司企业的福利待遇进行缴税是不是合法的？

GTS：职工福利费是企业进行所得税汇算时都要处理的业务，也是税务稽查的必查项目。《企业所得税法》实施后，企业职工福利费税前扣除适用的税收文件主要有《国家税务总局关于企业工资、薪金及职工福利费扣除问题的通知》（国税函［2009］3 号）、《国家税务总局关于做好 2007 年度企业所得税汇算清缴工作的补充通知》（国税函［2008］264 号）、《国家税务总局关于企业所得税若干税务事项衔接问题的通知》（国税函［2009］98 号）。经过两年多的实践，仍有一些企业对职工福利费的规定理解得不够准确，错记、补税现象时有发生。在此，我们需要对企业进行五点提醒，以便纳税人正确进行职工福利费的账务处理。

提醒一，企业职工福利费如有贷方余额，应先行冲减。

提醒二，职工福利费要专款专用，改变用途需要缴税。

提醒三，企业职工食堂的采购支出，如果没有取得发票，不允许税前扣除。

提醒四，企业职工通讯费支出的会计核算与税务处理存在差异。企业为职工报销的通讯费和向职工发放的通讯补贴，均应按职工福利费标准进行税前扣除。

提醒五，企业为员工报销的燃油费、修车费是属于给职工发放的交通补贴，还是企业正常的办公费用，需要主管税务机关确认后才能正确扣除。

总体来看，无论是对会计核算进行规范的财企［2009］242 号文件，还是对企业所得税税前扣除进行规范的国税函［2009］3 号文件，由于各地在职工福利费和工资总额认定方面存在差异，导致政策的实际执行情况不尽一致，因此，迫切需要财政部和国家税务总局联合制定统一的职工福利费核算及税前扣除相关文件，以便征纳双方准确执行。

13. 提问：内地非外商投资企业在香港上市，企业高管取得 H 股红股和分红应如何缴纳个人所得税？

GTS：首先明确：境内非外商投资企业属于居民企业，应当接受境内法律的管辖，因此，企业高管在境外取得的 H 股红股和分红，视为来源于中国境内的所得；

其次，区分该高管的身份：

A：高管为外籍个人对外国企业转让不是其设在中国境内的机构、场所持有的中国境内企业发行的 B 股和海外股所取得的净收益，以及外籍个人转让所持有的中国境内企业发行的B股和海外股所取得的净收益暂免征收所得税。

依照《中华人民共和国外商投资企业和外国企业所得税法》第十九条的规定和《中华人民共和国个人所得税法》施行细则第五条第二款的规定，外国投资者从外商投资企业取得的利润（股息），以及外籍个人从中外合资经营企业分得的股息、红利，免征所得税。

依照国税发［1993］045号、国税函发［1994］440号文件规定，对持有B股或海外股的外国企业和外籍个人，从发行该B股或海外股的中国境内企业所取得的股息（红利）所得，暂免征收企业所得税和个人所得税。

B：高管为境内居民，依照国家税务总局《关于印发征收个人所得税若干问题的规定的通知》规定："股份制企业在分配股息、红利时，以股票形式向股东个人支付应得的股息、红利（即派发红股），应以派发红股的股票票面金额为收入额，按利息、股息、红利所得项目计征个人所得税。利息、股息、红利所得实行源泉扣缴的征收方式，其扣缴义务人应是直接向纳税义务人支付利息、股息、红利所得的单位，亦即是股份制企业。"

14. 提问：如何判断股权转让所得的个人所得税计税依据明显偏低？

GTS：根据《国家税务总局关于股权转让所得个人所得税计税依据核定问题的公告》（国家税务总局公告2010年第27号）规定，符合下列情形之一且无正当理由的，可视为计税依据明显偏低：（1）申报的股权转让价格低于初始投资成本或低于取得该股权所支付的价款及相关税费的。（2）申报的股权转让价格低于对应的净资产份额的。（3）申报的股权转让价格低于相同或类似条件下同一企业同一股东或其他股东股权转让价格的。（4）申报的股权转让价格低于相同或类似条件下同类行业的企业股权转让价格的。（5）经主管税务机关认定的其他情形。

15. 提问：境内某外商投资企业的法定代表人为外籍个人，每年在境内居住时间不超过60天。同时在境外三家公司任职，三家公司分别发放工资。以下两种情况是否需要缴纳个人所得税？情况一：不在境内担任任何职务，境内也不发放任何工资。情况二：只在境内外商投资企业担任董事，无其他任何职务，境内没有发放任何工资及董事费。

GTS：一是《个人所得税法》第一条第二款规定，在中国境内无住所又不居住或者无住所而在境内居住不满一年的个人，从中国境内取得的所得，依照本法规定缴纳个人所得税。据此，境内外商投资企业的法定代表人，在中国境内无住所，但是在一个纳税年度中在中国境内连续或者累计居住不超过90日的个人，没有来源于中国境内的所得，不缴纳个人所得税。二是《个人所得税法实施条例》第七条规定，在中国境内无住所，但是在一个纳税年度中在中国境内连续或者累计居住不超过90日的个人，其来源于中国境内的所得，由境外雇主支付并且不由该雇主在中国境内的机构、场所负担的部分，免予缴纳个人所得税。

根据上述规定，境内外商投资企业的法定代表人，在中国境内无住所，但是在一个纳税年度中在中国境内连续或者累计居住不超过90日的个人，其来源于中国境内的所得，由境外雇主支付并且不由该雇主在中国境内的机构、场所负担的部分，免予缴纳个人所得税。

企业所得税

1. 提问：某公司被法院判决需支付赔偿金，但没有发票，此项支出可否在企业所得税税前扣除？

GTS：《中华人民共和国企业所得税法》（以下简称《企业所得税法》）规定，企业实际发生的与取得收入有关的、合理的支出，包括成本、费用、税金、损失和其他支出，准予在计算应纳税所得额时扣除。

因此，被法院判决需支付的赔偿金如果是与企业生产经营有关的，可以在企业所得税税前扣除。法院判决企业支付赔偿金，因为没有发生应税行为，所以无法开具发票，企业可凭法院的判决文书与收款方开具的收据作为扣除凭据。

2. 提问：境内A公司与境外非关联B公司于2011年1月1日签订4年期的借款合同，B公司借给A公司本金1000万元，年利率为10%，约定于2014年12月31日到期一次性还本付息1400万元。合同到期后，又与境外企业签订补充协议把原借款本金及利息的到期日延迟1年至2015年12月31日。A公司应如何扣缴B公司利息所得企业所得税？

GTS：若A公司借入该款项不是为购置、建造固定资产、无形资产和经过12个月以上的建造才能达到预定可销售状态的存货，则A公司应按会计制度规定每年计提100万元利息计入当期损益（财务费用科目）。2011年到2014年期间，A公司按权责发生制计提利息费用时，属于到期应支付款项，A公司每年应在此时代扣代缴B公司的企业所得税10万元（100×10%）。

借款合同到期，A、B公司签订补充协议后，2015年度A公司计提应付B公司利息费用100万元。A公司将该利息费用100万元在税前扣除，若B公司于2016年5月申报2015年度企业所得税，则A公司应在2016年5月代扣代缴B公司的企业所得税10万元。

若A公司借入该款项是用于建造固定资产，则2011年至2015年，公司将计提的借款利息计入固定资产成本。2011～2014年，A公司按权责发生制计提利息费用时，属于到期应支付款项，A公司每年应在此时代扣代缴B公司的企业所得税10万元。

借款合同到期，A、B公司签订补充协议后，2015年度A公司计提100万元利息并将其资本化，如果A公司应在2016年5月申报2015年度企业所得税，A公司应在2016年5月全额代扣代缴B公司的企业所得税10万元，而不是在该固定资产使用期内分摊。

3. 提问：企业年终取得的政府债券利息所得，是否可以免征企业所得税？

GTS：根据《财政部、国家税务总局关于地方政府债券利息所得免征所得税问题的通知》（财税［2011］76号）的规定，对企业和个人取得的2009年、2010年和2011年发行的地方政府债券利息所得，免征企业所得税和个人所得税。地方政府债券是指经国务院批准，以省、自治区、直辖市和计划单列市政府为发行和偿还主体的债券。

4. 提问：某企业向个人借款，这样所发生的费用是否可以在企业所得税税前扣除？

GTS：根据《国家税务总局关于企业向自然人借款的利息支出企业所得税税前扣除问题的通知》（国税函［2009］777号）的规定：

一、企业向股东或其他与企业有关联关系的自然人借款的利息支出，应根据《中华人民共和国企业所得税法》第四十六条及《财政部、国家税务总局关于企业关联方利息支出税前扣除标准有关税收政策问题的通知》（财税［2008］121号）规定的条件，计算企业所得税扣除额。

即在计算应纳税所得额时，企业实际支付给关联方的利息支出，不超过以下规定比例和税法及其实施条例有关规定计算的部分，准予扣除，超过的部分不得在发生当期和以后年度扣除。企业实际支付给关联方的利息支出，其接受关联方债权性投资与其权益性投资比例为：

（一）金融企业，为5:1；

（二）其他企业，为2:1。

二、企业向除第一条规定以外的内部职工或其他人员借款的利息支出，其借款情况同时符合以下条件的，其利息支出在不超过按照金融企业同期同类贷款利率计算的数额的部分，根据税法第八条和税法实施条例第二十七条规定，准予扣除。

（一）企业与个人之间的借贷是真实、合法、有效的，并且不具有非法集资目的或其他违反法律、法规的行为；

（二）企业与个人之间签订了借款合同。

因此，用户企业向个人的借款，在符合上述文件规定内的部分允许在企业所得税税前扣除。

5. 提问：子公司资金困难，由母公司提供担保才得以正常贷款开展经营。对母公司参照外部担保公司标准收取的担保费（为子公司开具担保费发票，提取营业税），子公司能否税前扣除？

GTS：《企业所得税法》第八条规定，企业实际发生的与取得收入有关的、合理的支出，包括成本、费用、税金、损失和其他支出，准予在计算应纳税所得额时扣除。

根据上述规定，子公司因生产经营需要，需要向银行借款而发生担保费用，属于生产经营活动中的合理支出，按规定可在税前扣除。

但是，结合《企业所得税法》第四十一条、第四十六条，《企业所得税法实施条例》第三十八条、第一百一十九条，《财政部、国家税务总局关于企业关联方利息支出税前扣除标准有关税收政策问题的通知》（财税［2008］121号），《特别纳税调整实施办法［试行］》（国税发［2009］2号）第九章关于资本弱化的条款，企业间接从关联方获得的债权性投资也要受以上条款的限制。

根据《企业所得税法暂行条例》第一百一十九条规定，企业所得税法第四十六条所称债权性投资，是指企业直接或者间接从关联方获得的，需要偿还本金和支付利息或者需要以其他具有支付利息性质的方式予以补偿的融资。

企业间接从关联方获得的债权性投资，包括：

（一）关联方通过无关联第三方提供的债权性投资；

（二）无关联第三方提供的、由关联方担保且负有连带责任的债权性投资；

（三）其他间接从关联方获得的具有负债实质的债权性投资。

国税发［2009］2号文件第八十七条规定，企业所得税法第四十六条所称的利息支出包括直接或间接关联债权投资实际支付的利息、担保费、抵押费和其他具有利息性质的费用。

《财政部、国家税务总局关于企业关联方利息支出税前扣除标准有关税收政策问题的通知》（财税［2008］121 号）第一条规定，在计算应纳税所得额时，企业实际支付给关联方的利息支出，不超过以下规定比例和税法及其实施条例有关规定计算的部分，准予扣除，超过的部分不得在发生当期和以后年度扣除。

企业实际支付给关联方的利息支出，除符合本通知第二条规定外，其接受关联方债权性投资与其权益性投资比例为：

（一）金融企业，为 5∶1；

（二）其他企业，为 2∶1。

根据上述规定，问题所述情况即属于上述《企业所得税法暂行条例》第一百一十九条第（二）项所限定的银行（无关联第三方）提供的，由母公司（关联方）担保且负有连带责任的债权性投资。因此，子公司支付给关联方的担保费也要受债资比例的限制，但如果子公司能够符合财税［2008］121 号文件第二条规定的“企业如果能够按照税法及其实施条例的有关规定提供相关资料，并证明相关交易活动符合独立交易原则的；或者该企业的实际税负不高于境内关联方的，其实际支付给境内关联方的利息支出，在计算应纳税所得额时准予扣除”。

6. 提问：有限合伙企业从被投资企业分得的红利，被投资企业要不要代扣代缴？

GTS：从被投资企业分得的红利，只能是被投资企业的税后所得，即被投资企业在缴纳完毕企业所得税及提取法定公积金、盈余公积金之后的分配。2008 年新的企业所得税实施后，投资企业从被投资企业取得的股息红利也无需纳税，所以，被投资企业无需代扣。

间 接 税

1. 提问：某公司将未取得产权的房屋出租，取得的租金收入是否需要缴纳营业税？

GTS：现行营业税是对有偿提供应税劳务，转让无形资产和销售不动产的单位和个人就其取得营业收入征收的一种税。《营业税税目注释（试行稿）》明确，租赁业，是指在约定的时间内将场地、房屋、物品、设备或设施等转让给他人使用的业务。因此，不论企业是否取得产权证，只要取得租赁收入，就应依租金的全额收入，按服务业中的“租赁业”税目缴纳营业税。

2. 提问：某公司到外国参加展览，支付给外国公司的参展费用，是否要征收营业税？

GTS：根据《财政部、国家税务总局关于个人金融商品买卖等营业税若干免税政策的通知》（财税［2009］111号）规定，境外单位或者个人在境外向境内单位或者个人提供的完全发生在境外的、属于《营业税暂行条例》规定的劳务，不属于条例第一条所称在境内提供条例规定的劳务，不征收营业税。上述劳务的具体范围，由财政部、国家税务总局规定。根据上述原则，对境外单位或者个人在境外向境内单位或者个人提供的文化体育业（播映除外），娱乐业，服务业中的旅店业、饮食业、仓储业，以及其他服务业中的沐浴、理发、洗染、裱画、誊写、镌刻、复印、打包劳务，不征收营业税。因此，境外单位在境外向境内单位提供的文化体育业劳务，不征收营业税。

3. 提问：将来增值税普通发票也可以抵扣吗？还是将来不再区分增值税专用发票和普通发票？

GTS：将来符合规定的增值税普通发票也可以抵扣，改革完成之前还是要区分增值税专用发票和普通发票。

4. 提问：我是营业税的纳税人，去买固定资产，销售方说既可以开增值税专用发票，也可以开普通发票。销售方这么做符合税法么？我是营业税纳税人，拿了专用发票也不能抵扣，增值税扩围后，将来有希望抵扣吗？

GTS：按照现行规定，增值税专用发票只能开给一般纳税人，不应开给营业税纳税人。因为营业税纳税人不能抵扣增值税进项税，要增值税专用发票也就没有意义。如果增值税扩围后，将来纳入增值税征收范围，并被认定为一般纳税人，购进固定资产也可以按规定抵扣。

5. 提问：企业库存原材料市场价格大幅下降，导致销售价低于成本价，请问原材料已抵扣的增值税进项税额是否需要进项税转出？

GTS：《增值税暂行条例》第十条规定，下列项目的进项税额不得从销项税额中抵扣：

（一）用于非增值税应税项目、免征增值税项目、集体福利或者个人消费的购进货物或者应税劳务；

（二）非正常损失的购进货物及相关的应税劳务；

（三）非正常损失的在产品、产成品所耗用的购进货物或者应税劳务；

（四）国务院财政、税务主管部门规定的纳税人自用消费品；

（五）本条第（一）项至第（四）项规定的货物的运输费用和销售免税货物的运输费用。《增值税暂行条例实施细则》第二十四条规定，条例第十条第（二）项所称非正常损失，是指因管理不善造成被盗、丢失、霉烂变质的损失。

根据上述规定，因原材料市场价格大幅下降导致价格低于成本价，不属于上述规定的不得从销项税额中抵扣进项税额的情形，企业不需要作进项税额转出。

6. 提问：某公司的一个分厂设备及土地需全部转让出去，转让价低于账面固定资产值，需缴纳哪些税费？

GTS：如果不是股权转让，则视同销售，设备缴纳增值税，土地缴纳营业税，由转让所得需要缴纳所得税；建议采用股权转让方式，这样可以免征流转税及所得税。

7. 提问：企业定订货会发给客户的外购礼品，是否视同销售？进项税是否可抵扣？

GTS：依据增值税条例，应当以公允价值视同销售，同时进项税是允许抵扣的；如果在采购上述礼品时即知道用于非应税目的，则不允许抵扣，在增值税上也无需视同销售。

但在所得税上，均要视同销售，做收入调整。

8. 提问：A 公司向 B 公司购买产品，取得 B 公司开具的增值税专用发票，但 B 公司却委托 C 公司收款，即 A 公司将款项支付给 C 公司。请问，A 公司取得的增值税专用发票能否抵扣？

GTS：根据国家税务总局《关于加强增值税征收管理若干问题的通知》（国税发［1995］192 号）规定，纳税人购进货物或应税劳务，支付运输费用，所支付款项的单位，必须与开具抵扣凭证的销售单位、提供劳务的单位一致，才能申报抵扣进项税额，否则不予抵扣。上述公司将货款支付给 C 公司，与开具增值税专用发票的销售单位 B 公司不一致，因此不能抵扣进项税额。

9. 提问：增值税暂行条例中的“非正常损失”该如何理解？哪些情况属于非正常损失？

GTS：《增值税暂行条例》第十条规定，“非正常损失的购进货物及相关的应税劳务”和“非正常损失的在产品、产成品所耗用的购进货物或者应税劳务”的进项税额不得从销项税额中抵扣。《增值税暂行条例实施细则》第二十四条进一步明确，非正常损失是指因管理不善造成被盗、丢失、霉烂变质的损失。

对于企业由于资产评估减值、市场价格波动的贬值而发生的流动资产损失，如果流动资产未丢失或损坏，只是由于市场发生变化，价格降低，价值量减少，则不属于《增值税暂行条例实施细则》第二十四条中列举的非正常损失的情形，不作进项税额转出处理。

10. 提问：A 公司于 2010 年安装物资条形码管理系统，共计 62 万元。系统提供方给 A 公司开具增值税专用发票，开票项目是"物资供应管理信息系统（条码扩展）"，金额 62 万元，税额 10.54 万元，此进项税额能否抵扣？

GTS：《增值税暂行条例》第十条规定，下列项目的进项税额不得从销项税额中抵扣：

（一）用于非增值税应税项目、免征增值税项目、集体福利或者个人消费的购进货物或者应税劳务；

（二）非正常损失的购进货物及相关的应税劳务；

（三）非正常损失的在产品、产成品所耗用的购进货物或者应税劳务；

（四）国务院财政、税务主管部门规定的纳税人自用消费品；

（五）本条第（一）项至第（四）项规定的货物的运输费用和销售免税货物的运输费用。

《增值税暂行条例实施细则》第二十一条规定，条例第十条第（一）项所称购进货物，不包括既用于增值税应税项目（不含免征增值税项目）也用于非增值税应税项目、免征增值税（以下简称免税）项目、集体福利或者个人消费的固定资产。

前款所称固定资产，是指使用期限超过 12 个月的机器、机械、运输工具以及其他与生产经营有关的设备、工具、器具等。

第二十二条规定，条例第十条第（一）项所称个人消费包括纳税人的交际应酬消费。

第二十三条规定，条例第十条第（一）项和本细则所称非增值税应税项目，是指提供非增值税应税劳务、转让无形资产、销售不动产和不动产在建工程。

前款所称不动产是指不能移动或者移动后会引起性质、形状改变的财产，包括建筑物、构筑物和其他土地附着物。

纳税人新建、改建、扩建、修缮、装饰不动产，均属于不动产在建工程。

第二十四条规定，条例第十条第（二）项所称非正常损失，是指因管理不善造成被盗、丢失、霉烂变质的损失。

第二十五条规定，纳税人自用的应征消费税的摩托车、汽车、游艇，其进项税额不得从销项税额中抵扣。

根据上述规定，公司购入并取得增值税专用发票的“物资供应管理信息系统（条码扩展）”用于物资管理，不属于用于非增值税应税劳务（营业税应税劳务），也不属于用于免征增值税项目、集体福利和个人消费，即不属于上述不可以抵扣的范围，其进项税额可以抵扣。

11. 提问：企业取得的赞助收入是否交纳营业税？

GTS：国家税务总局关于印发《营业税问题解答（之一）的通知》（国税函发［1995］156 号）的规定：根据营业税暂行条例及其实施细则规定，凡有偿提供应税劳务、有偿转让无形资产或者有偿转让不动产所有权的单位和个人，均应依照税法规定缴纳营业税，而所谓“有偿”是指取得货币、货物或其他经济利益。根据以上规定，对企业取得的各种名目的赞助收入是否征税，要看企业是否发生向赞助方提供应税劳务、转让无形资产或转让不动产所有权的行为。企业如果没有向赞助方提供应税劳务、转让无形资产或转让不动产所有权，此项赞助收入系属无偿取得，不征收营业税；反之，企业如果向赞助方提供应税劳务、转让无形资产或转让不动产所有权，此项赞助收入系属有偿取得，应征收营业税。

所以，企业取得的赞助费如果与赞助方提供应税劳务或与转让无形资产、销售不动产有关，应缴纳营业税。

12. 提问：关于增值税专用发票的问题，增值税专用发票可否不填写发票下方的收款人一栏？这样的发票能否抵扣？已开票且已写明收款人是否视同已收到款？

GTS：《增值税专用发票使用规定》（国税发［2006］156 号）第十一条规定，专用发票应按下列要求开具：

（一）项目齐全，与实际交易相符；

（二）字迹清楚，不得压线、错格；

（三）发票联和抵扣联加盖财务专用章或者发票专用章；

（四）按照增值税纳税义务的发生时间开具。

对不符合上列要求的专用发票，购买方有权拒收。

《国家税务总局关于增值税专用发票使用与管理有关问题的通知》（国税发［1995］47 号）第一条规定，专用发票所有栏次必须如实填写。

第二条规定，各地税务机关要严格执行《增值税专用发票使用规定》，对不按规定开具的专用发票（包括项目填写不全、未盖有财务专用章或发票专用章），一律不能作为税款的抵扣凭证。

根据上述规定，专用发票所有栏次必须如实填写，对项目填写不全专用发票，一律不能作为税款的抵扣凭证。

收款人栏次是对权利对象的明确，权利的实现可能是货币资金，也可能是债权或其他利益。GTS 专家认为，“已开票且已写明收款人则视同已收到款”的说法没有依据。

13. 提问：单位转让自己单位的车辆，需要缴纳哪些税？固定资产有净值，在企业注销时会将净值合并到未分配利润里上税吗，税率是多少？

GTS：如果该纳税人车辆购进时未抵扣增值税，依据财税［2008］170 号文件与国税函［2009］90 号文件规定：一般纳税人销售自己使用过的固定资产，凡根据《财政部、国家税务总局关于全国实施增值税转型改革若干问题的通知》（财税［2008］170 号）和财税［2009］9 号文件等规定，适用按简易办法依 4% 征收率减半征收增值税政策的，应开具普通发票，不得开具增值税专用发票。按下列公式确定销售额和应纳税额：销售额 = 含税销售额/（1 + 4%）；应纳税额 = 销售额 × 4%/2，即应当缴纳增值税及其附加，如转让价款高于账面净值，差额部分应并入本年度企业所得税应纳税所得额；反之，抵减利润。

企业注销时会计算净值，企业注销清算期间，应当单独作为一个纳税年度计算清算所得税，是否应该缴纳所得税，取决于资产处置收入与资产净值的差额，即资产处置收入大于资产账面净值，应缴纳企业所得税；否则，抵减清算所得。

该清算所得无需合并到未分配利润，未分配利润是免税的，除非将其分配给股东，且该股东为境内个人或境外法人，须分别缴纳个人所得税及预提企业所得税。

如上，资产处置同样要缴纳增值税及其附加。

14. 提问：“买一赠一”促销中赠送样品是否属于“无偿赠送”？

GTS：对于“买车赠油”、“买房送车”等现实中常见的商品促销行为是否征税，实践中税务机关与企业的分歧非常大：

税务机关征税依据：《中华人民共和国增值税暂行条例实施细则》第四条："单位或者个体工商户的下列行为，视同销售货物：……（八）将自产、委托加工或者购进的货物无偿赠送其他单位或者个人"。第十六条："纳税人有条例第七条所称价格明显偏低并无正当理由或者有本细则第四条所列视同销售货物行为而无销售额者，按下列顺序确定销售额：（一）按纳税人最近时期同类货物的平均销售价格确定；（二）按其他纳税人最近时期同类货物的平均销售价格确定；（三）按组成计税价格确定。组成计税价格的公式为：组成计税价格 = 成本 ×（1 + 成本利润率）。"

企业不赞成征税的依据：《国家税务总局大企业税收管理司关于2009年度税收自查有关政策问题的函》（企便函［2009］33号）规定："……（二）金融保险企业开展的以业务销售附带赠送实物的业务，属于金融保险企业提供金融保险劳务的同时赠送实物的行为，按照现行流转税政策规定，不征收增值税，其进项税额不得抵扣；其附带赠送实物的行为是金融保险企业无偿赠与他人实物的行为，不属于营业税征收范围，不征收营业税。"《国家税务总局关于确认企业所得税收入若干问题的通知》（国税函［2008］875号）中规定："三、企业以买一赠一等方式组合销售本企业商品的，不属于捐赠，应将总的销售金额按各项商品的公允价值的比例来分摊确认各项的销售收入。"既然在企业所得税上该行为可以理解为不属于捐赠，在增值税上也不应该理解为无偿赠送。

GTS意见：买一赠一与无偿赠送虽然都是赠送行为，但二者之间存在本质区别：

（1）法律意义上的无偿赠送是指出于感情或其他原因而作出的无私慷慨行为；而销售货物后赠送货物的行为是有偿购物在先、赠送于后的有偿赠送行为，是商场为了刺激消费而采取的促销手段。

（2）对于赠送财产的质量，根据《中华人民共和国合同法》的规定，无偿赠送的财产有瑕疵，赠送人不承担责任。而顾客所接受的赠送商品如果出现质量问题，商场必须承担相应的责任。所以，因购物而赠送的货物不是无偿赠送，应视同销售计算增值税。

15. 提问：现在BT会被VAT取代，我是做房地产的，我们做房地产最重要的是BT和土地增值税，因为BT和土地增值税都是地方税，这牵扯到地方政府和中央政府博弈的问题，对此您有什么看法？

GTS：这是一个非常好的问题，在中国增值税转型的一个重大阻碍是原先营业税是 100% 属地，增值税 25% 属地。现在交营业税变成交增值税，财政上怎么分，这对中央政府来说也好，对地方政府来说也好，确实都是一个很大的挑战。本来运输企业是 2012 年就要做增值税的改变，但是过了半年只有上海市做这个。在政府换届之前他们都不愿意真正落实这个问题，因为这个问题确实非常复杂。机关领导也有许多讨论，都认为在换届之后再来完成这个问题比较妥当。

非居民企业税收

提问：外国企业常驻代表机构按照据实方式申报纳税的条件是什么？

GTS：根据《国家税务总局关于印发〈外国企业常驻代表机构税收管理暂行办法〉的通知》（国税发［2010］18号）第六条规定，代表机构应当按照有关法律、行政法规和国务院财政、税务主管部门的规定设置账簿，根据合法、有效凭证记账，进行核算，并应按照实际履行的功能和承担风险相配比的原则，准确计算其应税收入和应纳税所得额，在季度终了之日起15日内向主管税务机关据实申报缴纳企业所得税、营业税，并按照《增值税暂行条例》及其实施细则规定的纳税期限，向主管税务机关据实申报缴纳增值税。第八条规定，采取核定征收方式的代表机构，如能建立健全会计账簿，准确计算其应税收入和应纳税所得额，报主管税务机关备案，可调整为据实申报方式。第十一条规定，本办法自2010年1月1日起施行。

金 融 涉 税

1. 提问：企业增资扩股导致的所有者权益增加，应该如何缴纳印花税？

GTS：《国家税务总局关于资金账簿印花税问题的通知》（国税发［1994］25号）第一条规定，生产经营单位执行“两则”后，其“记载资金的账薄”的印花税计税依据改为“实收资本”与“资本公积”两项的合计金额。

第二条规定，企业执行“两则”启用新账簿后，其“实收资本”和“资本公积”两项的合计金额大于原已贴花资金的，就增加的部分补贴印花。

根据上述规定，企业“实收资本”和“资本公积”两项的合计金额大于原已贴花资金的，增加的部分补贴印花。

2. 提问：非股份制公司如何操作股份转让？

GTS：转让价低于账面价值，对于房产及土地来说，无需考虑转让价与原值的关系，因此应当按照转让价格缴纳流转税。

对于设备，看是否在购进时抵扣过增值税，如抵扣过，按17%的税率计征。

如未抵扣，按4%的征收率减半计征。

3. 提问：某企业全年期货投资损失100万元，股票投资损失50万元，其他长期投资收益200万元。请问期货投资损失的100万元和股票投资损失的50万元能否直接从其他长期投资收益200万元中扣除，有何税法规定？

GTS：期货和股票投资对企业而言，都属于一种金融商品的买卖。对于企业买卖金融商品的损益核算都是通过投资收益来核算的。一般而言，企业从事金融商品买卖业务的投资收益需要缴纳企业所得税，而产生的投资损失应允许在申报企业所得税前进行扣除。只不过税法对于企业从事股权投资产生的损失的税前扣除有特殊的规定。

根据国税发［2000］118号文的规定：企业因收回、转让或清算处置股权投资而发生的股权投资损失，可以在税前扣除，但每一纳税年度扣除的股权投资损失，不得超过当年实现的股权投资收益和投资转让所得，超过部分可无限期向以后纳税年度结转扣除。

同时，国家税务总局2008年下发的《国家税务总局关于做好2007年度企业所得税汇算清缴工作的补充通知》（国税函［2008］264号）规定：企业因收回、转让或清算处置股权投资而发生的权益性投资转让损失，可以在税前扣除，但每一纳税年度扣除的股权投资损失，不得超过当年实现的股权投资收益和股权投资转让所得，超过部分可向以后纳税年度结转扣除。企业股权投资转让损失连续向后结转5年仍不能从股权投资收益和股权投资转让所得中扣除的，准予在该股权投资转让年度后第6年一次性扣除。

不过，以上这些都是原先对于两税合并前内资企业所得税的规定。两税合并后，新的《企业所得税法》及其配套规定中，对于企业投资损失的税前扣除还没有出台特殊的规定。如果是2008年以前的事项，根据原先的规定，100万元的期货投资损失肯定可以在税前扣除。而50万元的股票投资损失属于转让股权投资发生的股权投资损失，但由于每一纳税年度扣除的股权投资损失不得超过当年实现的股权投资收益和股权投资转让所得，如果企业当年除了该项股权转让损失外，无其他股权投资收益和股权投资转让所得，则该损失向以后年度结转，企业股权投资转让损失连续向后结转5年仍不能从股权投资收益和股权投资转让所得中扣除的，准予在该股权投资转让年度后第6年一次性扣除。

对于2008年新发生的该事项，建议企业在季度企业所得税申报时，先将股票投资损失扣除后再进行申报，在年度企业所得税汇算清缴时，看国家税务总局对这一部分是否有新的规定再做纳税调整。

4. 提问：在金融危机期间很多银行投资不太好，能不能给我们说一下现在越来越多的监控系统，不管是欧洲还是美国，在银行业当中的税收有没有可能改革？

GTS：金融危机更多的是关于更多的资产债券化，因为很多资金被当做一种证券的手段，比如贷款购房，如果利息非常低，客户就可以借更多的钱来买更多的房。客户贷款 500 万元，但因为银行可能需要短期内用现金偿还，就把这个贷款卖给另外一家银行，或者另外一家保险公司，只换回来 450 万元的资金。通过这样不断借贷的过程，这个雪球越滚越大，又因为整个市场不太好，可能有一些房子不能支付还清贷款，因此这个资金链就崩溃了。GTS 专家之前也跟一些官员讨论过，他们现在还没有考虑过在银行业方面的税务改革，因为金融业非常复杂，一些高官和专家也在做研究工作和税收优惠工作，对银行来说也是要做更多的市场调研，在发达国家的银行是怎么做的？他们是如何征收 BT 的？目前而言，无论政府还是金融机构都没有明确的答案。

税务稽查

提问：税务复议决定能否加重对纳税人的处理或处罚幅度？

GTS：《中华人民共和国行政复议法》（以下简称《行政复议法》）第二十八条规定，行政复议机关在作出复议决定时，根据不同情况，可以分别作出维持具体行政行为或撤销、变更、确认具体行政行为违法等决定，并可责令被申请人限期重新作出具体行政行为。但行政复议机关能否在被申请人所作行政处罚或者其他具体行政行为之外增加新的处罚种类或者加重对申请人的处罚，对此法律并没有明确规定。因此，本着“法无明确禁止即许可”的原则，复议单位可以对原具体行政行为的处理决定进行任何改变，包括加重处理尺度在内。

GTS意见：对此问题法律虽然没有明确规定，但其他法律法规中有“上诉不加刑”和“行政诉讼不得加重处罚”的规定。如《中华人民共和国刑事诉讼法》第一百九十条规定，第二审人民法院审判被告人或者他的法定代理人、辩护人、近亲属上诉的案件，不得加重被告人的刑罚。《最高人民法院关于执行〈中华人民共和国行政诉讼法〉若干问题的解释》第五十五条的规定，人民法院审理行政案件不得加重对原告的处罚。探究《行政复议法》的立法宗旨，行政复议规则的目的是为了对纳税人的权利进行救济而不是加重其负担，因此行政复议机关在对被申请人作出的行政处罚或者其他具体行政行为进行审查时，不应增加或加重对申请人的处罚。国家环保总局曾于2001年就行政复议机关能否加重对申请人的处罚问题书面请示全国人大常委会，全国人大常委会法制工作委员会答复意见认为：“行政复议机关在对被申请人作出的行政处罚或者其他具体行政行为进行复议时，作出的行政复议决定不得对该行政处罚或者该具体行政行为增加处罚种类或加重对申请人的处罚。”因此，复议机关作出的处理决定不得加重纳税人的负担。

涉税风险管理

1. 提问：作为一个大企业，税务局让企业提供一些关于风险方面的资料，税务局会不会要求把具体的每一个风险项目内容告诉他们，如果提出这样的要求，作为税务总监该如何应对？

GTS：这个问题非常好，也非常尖锐，大企业处的官员现在要的资料也比较详细了，企业提供了自己的内控流程，以及财务和税务相关的内控流程，相信接下来他们也会问到这样的问题，就是企业的税务风险控制点。税务风险控制点并不代表企业一定少交税了，要在这个点上确定该交的税交掉，不该交的不交，这和国家税务总局以及大企业处的税务官员的概念也是一样的。

2. 提问：预提税是零，或者系最低税，是否先去缴税，然后有退税，还是说刚开始就是免税的？

GTS：首先要有一定的文档，也就是说你必须要证明你的母公司不需要建立一个融资的控股公司。如果刚开始就有资格的话，你就是直接免税的。

转让定价

1. 提问：税务机关转让定价调查重点关注哪些企业?

GTS：一些大城市当地税务机关已具备全面转让定价审计的能力（包括对无形资产及融资业务的审计）；税务机关转让定价重点调查长期亏损、微利却不断扩大经营规模的企业；不符合营业常规的企业；对在避税港或准避税港设有总部或分公司的企业尤为关注；对向中国境外关联公司支付特许权使用费问题十分重视；核心是防范中国税收转移境外，强调“中国的利润应该留在中国”。

2. 提问：如何认定集团内劳务费用支付是否符合独立交易性质?

GTS：在许多跨国公司中，集团内劳务是一种常见现象。某项劳务是否已经提供的一个关键问题是，该劳务是否提供了利益。要回答这个问题，可以考虑类似环境下的独立企业是否愿意就所述劳务活动的开展向另外一个独立企业支付费用，或者其是否愿意为其自己开展该项活动或安排另外的非关联企业进行此类活动。一旦得出结论，证明劳务得以提供且独立企业也会愿意为该类劳务支付费用，或自己完成该类劳务，则可以得出结论，应就所提供的劳务收取费用。接下来，有必要根据公平交易标准确定应当为这类劳务提供的补偿。这意味着，公司间劳务的补偿级别应当与独立企业之间的相符。可以通过两种方法对此进行确定，亦即直接收费法和间接收费法。

根据直接收费法，需要就各项可识别的劳务确定一个具体费用。然而，直接收费法在实践中难以得到应用，因为这要求进行大量的（且经常是不成比例的）管理活动，以便为确认和跟踪与所提供劳务相关的费用提供支持。间接收费法中，需要采用分配指标将提供某项劳务的总成本分配到各劳务接收方（譬如根据员工数量将提供工资发放劳务的总成本予以分担）。然后，将这些分配的成本与利润加成额相加。

直接收费法是首选方法，这意味着每个集团公司都需要为其提供的特定劳务支付费用。税务主管当局也倾向于选择这种方法，因为这便于其确定劳务和付费之间的关系。然而，纳税人却并非都愿意采用直接收费法，因为在实践中确实很难实施。例如，如果采用直接收费法，则意味着，每次财务审计人员给集团公司打电话，都需要将所花费的时间予以登记，以便计算出与该次来电相关的成本。如果作为业务活动中必不可少的一部分，公司也需要向第三方提供类似的劳务，并要将拥有的相关 IT 基础设施予以登记，则可以适用直接收费法。对于为某集团公司提供特别劳务而发生的特别费用而言，也可以适用直接收费法，譬如某执行官为海外的集团公司提供现场培训所发生的飞机票和住宿费用。

然而就多数劳务而言，其适用的都是间接收费法，这意味着提供劳务所发生的成本将在因该项活动而受益的公司间分摊。

3. 提问：目前许多跨国企业在中国设立了工厂，在工厂中安排很多销售人员进行销售活动，而这些销售和营销活动都是为了集团或国外公司在中国的盈利，这样的行为是否会涉及常设机构（PE）的问题？会有什么样的风险？

GTS：这个问题要这么来看，既有 PE 的问题，同时也有转让定价的问题。从 PE 的角度来讲非常简单，这里的销售人员是在为海外的公司产生收入，本身就会有一个 PE 的问题。第二个角度，撇开 PE 不看，其实会有收入和成本的不吻合，这个工厂收入只有工厂本身的收入，而它所付出的成本既有制造人员又有销售人员的成本。本身当收入和成本不匹配的时候就会产生转让定价的问题，从风险上来讲要寻求一个方式，如果这个工厂要扩展营业范围，也许会被构建成既是制造型企业，又为海外提供服务，这样既可以管理 PE 的风险，又可以管理转让定价的风险，这样会比较好一点。

4. 提问：我收到的发票只有 100 元，但我的利息成本却是 110 元。关联方贷款利息支付的时候，要我给他发票的金额。我收到的发票只是我最终成本的一部分而已，另一方面是税务局给我的向国外交税的单子，这样我们要如何解决所得税税前抵扣的问题？

GTS：你向国外支付利息的时候，多少的利息相当于你来承担了应当由海外所承担的那部分预期所得税。税费如果由你来承担，正常你付 100 元的利息，可能你只会给他 90 元的实际货款。如果你合同是 100 元的利息，你又给了 100 元，也就是说实际的利息是 110 元左右。

并购重组税

1. 提问：企业在重组过程中发生的不动产转移是否需要缴纳营业税？

GTS：《国家税务总局关于纳税人资产重组有关营业税问题的公告》（国家税务总局公告［2011］第51号）规定，纳税人在资产重组过程中，通过合并、分立、出售、置换等方式，将全部或者部分实物资产以及与其相关联的债权、债务和劳动力一并转让给其他单位和个人的行为，不属于营业税征收范围，其中涉及的不动产、土地使用权转让，不征收营业税。

因此，该企业资产重组时转让厂房不需要缴纳营业税。

2. 提问：中国香港的一家公司作为集团公司收购了海外4家公司，经评估，4家公司的固定资产都有增值，这部分增值由于折旧会涉及递延税款，而且这部分递延税款也会影响到商誉，那么这部分递延税率是按照香港集团公司的税率来算吗？

GTS：在考虑这个问题时，首先分析收购方是否在境内，其次被收购方是否在境内，综合起来，大约有以下几种情况：

（1）收购方与被收购方均在境外，则与境内税法无关，在境内不发生纳税义务；

（2）收购方在境外，被收购方在境内，则被收购方的资产及计税基础，包括税率、递延税款均保持不变；被收购方可能会涉及资产转让所得或损失，即可能会缴纳所得税；

（3）收购方在境内，被收购方在境外，则被收购方的资产及计税基础，包括税率、递延税款均保持不变；任何一方均不会缴纳所得税；

（4）双方均在境内，则会产生两种可能：

A：依据《关于企业重组业务企业所得税处理若干问题的通知》（财税［2009］59号）一般性税务处理中的明确规定：企业合并，当事各方应按下列规定处理：

①合并企业应按公允价值确定接受被合并企业各项资产和负债的计税基础。

②被合并企业及其股东都应按清算进行所得税处理。因此，不涉及任何税率及递延税款的调整。

B：特殊性税务处理。该通知中第六条第四项规定，企业合并，企业股东在该企业合并发生时取得的股权支付金额不低于其交易支付总额的85%，以及同一控制下且不需要支付对价的企业合并，可以选择按以下规定处理：

①合并企业接受被合并企业资产和负债的计税基础，以被合并企业的原有计税基础确定。

②被合并企业合并前的相关所得税事项由合并企业承继。

③可由合并企业弥补的被合并企业亏损的限额 = 被合并企业净资产公允价值 × 截至合并业务发生当年年末国家发行的最长期限的国债利率。

④被合并企业股东取得合并企业股权的计税基础，以其原持有的被合并企业股权的计税基础确定。因此，双方的税率及递延税款均按账面价值保持不变。

3. 提问：美国两个公司并购后对中国子公司仅持有1%股权公司的影响，怎么样评估这个并购所带来的影响？怎么来应对这个复杂性？

GTS：当我们看到我们需要技能的时候，我们必须明确什么样的技能可以解决这些问题，我们必须要对现实有充分的了解，并且建立合作的关系。如果在中国遇到的一些税务问题需要其他同事了解，那我们要建立与美国同事之间的网络，这样他们就能知道我们在中国遇到了哪些商业税的问题，他们会与我们共同商讨，来看在美国进行税务计划的时候有哪些是需要考虑到的。那如何处理那些外来因素的影响？我们需要跟这些同事圈以外的人进行合作，才能够了解到更多的信息，不能够仅仅在中国鼓励大家思考，必须要有全球的同事进行联络和商讨。

4. 提问：企业在重组过程中发生的不动产转移是否需要缴纳营业税？

GTS：《国家税务总局关于纳税人资产重组有关营业税问题的公告》（国家税务总局公告［2011］第51号）规定，纳税人在资产重组过程中，通过合并、分立、出售、置换等方式，将全部或者部分实物资产以及与其相关联的债权、债务和劳动力一并转让给其他单位和个人的行为，不属于营业税征收范围，其中涉及的不动产、土地使用权转让，不征收营业税。

因此，企业资产重组时发生的不动产转移不需要缴纳营业税。

国际税收

1. 提问：关于税务方面的奖励机制和谈判，请问在新加坡这些谈判主要是从技术人员角度出发还是商务的谈判？

GTS：跟其他国家不同，你并没有一个模板来遵循，比如投资多少可以有什么样的税率，所以你必须不断地培训你的人员。比如一个客户说我要投资1亿美元，这个税率就可以通过一系列的谈判，把这个税率定到5%或者另外一个允许使用的税率。通过这一系列的谈判以后，今后在这个地区当中这样大额的投资将会有一个5%或者10%的税率。从GTS的体验来讲，主要是和内部的员工进行合作，和他们进行谈判，因为你跟新加坡政府打交道的时候，会发现政府这方面的软技能是非常强的。所以必须要坚持自己的立场，因为没有一个人手里有水晶球，不知道未来是什么情况，所以在新加坡从业的这些税务人员就需要很好地考虑这些方面的情况。这也就是为什么像你我这样的人士非常重要。政府并不想要在这方面影响太大，如果通过这个谈判，其中一个公司获得10%或者比较优惠的税率，另外一个公司就会开始有这方面的要求，所以这是一个私有的谈判、保密的谈判。

2. 提问：关于新加坡低税率和高收益的问题，能否再进一步解释？

GTS：这个世界并不是人人平等的，有很多人更聪明，教育水平更高，新加坡并不需要在生产线上按个键这样简单的劳力操作，因为这样的劳力操作并不会为新加坡的经济产生增值作用，新加坡的实力在于许多总裁或者副总裁都拥有雄厚的管理水平。比如在印度可能在成本方面比较低，但是你可能需要雇佣1000个相关的人，但在新加坡有的是高端管理人才，所以在美国的同事会想把总部设在印度吗？他们不想，因为印度的生活水平各方面和新加坡都是不能比的。所以新加坡并不是和印度做直接的比较，虽然生活成本新加坡更昂贵，但是企业也希望有更高层的管理和更高层的人力资源。所以 GTS 认为：把成本和工资进行比较后，可以说新加坡高层人员性价比是非常高的。

3. 提问：如果一个公司不能在新加坡建立管理，他们是否能建立一个模型，比如和欧洲一起建立一个这样的模型，可以有一些文件的传输，而不需要有产品的运输，这是否和新加坡的税制有所冲突？

GTS：一个实质的产品转移到新加坡你的目的就不一样，所以会有很多筹划的人员，但是没有真正的操控，所以你们会雇佣高层的管理人员。举个例子，如果你有全套的仓储点在新加坡，包括你的规划、出仓和物流都在新加坡，那么你有一系列的员工需要在当地雇佣，如果你不是采用这样的方式，在新加坡本地并没有仓储的实体，只是使用法定的拥有权转移，就不会是这样的情况了。

高顿税务峰会（Golden Tax Summit）

——中国权威高端税务分享平台

GTS的宗旨：

GTS作为专业税务领域分享交流的先驱组织，将汇聚政府官员、税务专家、知名跨国企业以及本土大中型上市公司的财税高级管理人员，持续打造集权威性、专业性、时效性及创造性于一体的高端税务分享交流平台，为中国财税经理人的分享交流，人脉拓展，合作共赢提供最丰富的资源和全方位的支持。GTS——让专业与权威无处不在！

GTS的愿景：

GTS是一个会员制的知识学习和经验分享的平台。我们将网罗税务领域最佳的实践案例与解决方案，挖掘税务管理核心价值，成为您专业税务分享交流的首选，带给您前所未有的新兴体验。

高顿税务峰会（GTS）2012

年度	时间	峰会名称	天数	地点
2012	2月21日	企业所得税汇算清缴实务（*Webinar*）	1	网络研讨会
2012	3月16日	2012企业税务稽查风险防范与应对（*Salon*）	1	上海
2012	4月19~20日	第二届国际税务峰会（*Flag*）	2	上海
2012	5月11日	非贸付汇（*Teleconference*）	1	空中会议
2012	5月18日	如何更好地与税务机关打交道？（*Salon*）	1	上海

续表

年度	时间	峰会名称	天数	地点
2012	6月12日	最新税务法律法规解读与应用（上半年度）（*Webinar*）	1	网络研讨会
2012	6月15日	转让定价高峰论坛（*Hot*）	1	上海
2012	7月27日	从税务角度优化企业商业模式（*Salon*）	1	上海
2012	8月14日	高管薪酬制定与派遣员工的薪酬管理（*Teleconference*）	1	空中会议
2012	8月16~27日	企业并购及海外投资高峰论坛（*New*）	2	北京
2012	9月28日	税收会计差异处理经验分享（*Salon*）	1	上海
2012	10月16日	房地产最新税收政策及风险管理（*Webinar*）	1	网络研讨会
2012	10月26日	中国海关涉税筹划论坛（*New*）	1	上海
2012	11月9日	如何成为一流的税务总监（*Salon*）	1	上海
2012	11月20日	最新税务法律法规解读与应用（下半年度）（*Webinar*）	1	网络研讨会
2012	12月13~14日	中国年度税务总监评选暨中国税务总监高峰论坛（*Hot*）	2	上海